汽车先进技术译丛
日本汽车技术协会·汽车技术经典书系

汽车模拟技术

［日］间濑俊明　主编
刘显臣　译

机 械 工 业 出 版 社

《汽车模拟技术》对汽车产品开发过程中模拟分析的全过程，以及通常采用的建模及模拟方法进行了描述，对将来的汽车模拟技术发展趋势也加以阐述。本书中的研究与实验方法贴近工程实际，非常值得国内技术人员阅读借鉴。

Translation from Japanese language edition：自動車開発のシミユレーシヨン技術，自動車技術会編集

Copyright © Originally published in Japan in 1997 by Asakura Publishing Company, Ltd.

Chinese translation rights arranged with Asakura Publishing Company, Ltd. through TOHAN CORPORATION, TOKYO.

All Rights Reserved.

版权所有，侵权必究。

This title is published in China by China Machine Press with license from Asakura Publishing Company, Ltd. This edition is authorized for sale in China only, excluding Hong Kong SAR, Macao SAR and Taiwan. Unauthorized export of this edition is a violation of the Copyright Act. Violation of this Law is subject to Civil and Criminal Penalties.

本书中文简体版由Asakura Publishing Company, Ltd. 授权机械工业出版社在中国境内（不包括香港、澳门特别行政区及台湾地区）出版与发行。未经许可之出口，视为违反著作权法，将受法律之制裁。

北京市版权局著作权合同登记　图字：01-2015-0551。

图书在版编目（CIP）数据

汽车模拟技术/（日）间濑俊明主编；刘显臣译. —北京：机械工业出版社，2020.3

（汽车先进技术译丛. 日本汽车技术协会·汽车技术经典书系）

ISBN 978-7-111-64984-7

Ⅰ.①汽⋯　Ⅱ.①间⋯ ②刘⋯　Ⅲ.①汽车工程-工程模拟-技术　Ⅳ.①U46

中国版本图书馆CIP数据核字（2020）第039510号

机械工业出版社（北京市百万庄大街22号　邮政编码100037）

策划编辑：孙　鹏　责任编辑：孙　鹏
责任校对：张　征　封面设计：鞠　杨
责任印制：张　博

三河市国英印务有限公司印刷

2020年5月第1版第1次印刷

184mm×260mm·10.75印张·262千字

0 001—1 900册

标准书号：ISBN 978-7-111-64984-7

定价：70.00元

电话服务

客服电话：010-88361066
　　　　　010-88379833
　　　　　010-68326294

封底无防伪标均为盗版

网络服务

机　工　官　网：www.cmpbook.com
机　工　官　博：weibo.com/cmp1952
金　书　网：www.golden-book.com
机工教育服务网：www.cmpedu.com

序

  本丛书是日本汽车技术协会主编的汽车技术经典书系，书系共 12 册。本系列丛书旨在阐述汽车相关的焦点技术及其将来的发展趋势，由活跃在第一线的研究人员和技术人员编写。

  日本汽车技术协会的主要责任是向读者提供最新技术课题所需要的必要信息，为此我们策划了本系列丛书的出版发行。本系列丛书的各分册中，相对于包罗万象的全面涉及，编者更倾向于有所取舍地选择相关内容，并在此主导思想下由各位执笔者自由地发表其主张和见解。因此，本系列丛书传递的将是汽车工程学、技术最前沿的热点话题。

  本系列丛书的主题思想是无一遗漏地包含基础且普遍的事项，与本协会的"汽车工学手册"属于对立的两个极端，"汽车工学手册"每十年左右修订一次，以包含当代最新技术为指导思想不断地进行更新，而本系列丛书则侧重于这十年当中的技术进展。再者，本系列丛书的发行正值日本汽车技术协会创立 50 年之际，具有划时代的意义，将会为今后的汽车工学、技术，以及工业的发展发挥积极的作用。

  在本系列丛书发行之际，我代表日本汽车技术协会向所有为本系列丛书提供协助的相关人员，以及各位执笔者所做出的努力和贡献表示衷心的感谢。

社团法人　日本汽车技术协会
汽车技术经典书系出版委员会
委员长　池上 询

前　言

最近，数值分析技术和计算机软、硬件技术的进步是有目共睹的。伴随着这些进步，与模拟分析相关的专业书籍、研究论文等也大量问世。如同这些相关文献，本书如果仅对汽车专业的模拟分析应用技术进行介绍，那将很难称得上是一本有特色的技术书籍。

本书全面贯彻本丛书的发行目标，希望能对汽车开发相关的模拟分析技术发挥更好的作用，基于以下观点，我们编辑了本书。

1. 从第 1 章到第 7 章，对模拟分析技术相关的内容进行系统性的阐述，在车辆开发整个过程中，模拟分析技术到底包括哪些。因此，不仅针对分析方法，还对建模方法、前处理、可视化技术、模拟显示技术等模拟分析技术所涉及的实用内容都会进行全面的论述。

2. 在全部的章节中，先是对实际的车辆开发中所使用的代表性的理论基础知识进行阐述，之后对这些理论知识如何应用到实际工作中去进行了介绍。基于这些实际应用，保证理论与实际有很好的结合。另外，为了能灵活使用未能包含的理论基础知识，还列举了一些各个方面的应用案例。同时，为了方便部分读者进行更深层次的学习，在各个章节结束时都详细列出了相关的参考文献。

3. 由于篇幅的限制，未能全面论述汽车模拟技术全貌，但是对现阶段前沿、先进的理论及应用案例，以及今后的发展方向、技术焦点等都进行了详细的介绍，各个部分的模拟技术与理论及应用部分，都是由各个专业活跃在生产、科研第一线的专家、学者执笔的。

4. 即使是对于 CAD 建模的理论及实际应用，也较为详细地进行了叙述。在推进模拟技术的实际应用过程中，分析模型的生成及网格划分等需要耗费大量时间，这成了发展的瓶颈。因此，今后对 CAD 模型的灵活使用，提高模拟模型的建成效率将成为关键。CAD 模型和模拟模型的高效及自动对接，将会对致力于汽车开发和研究的技术人员提供协助，基于此，本书增加了 CAD 建模的相关内容。

5. 超级计算机及 EWS，或者计算机的硬件性能及特征，与分析技术和方法有着密切的联系。这方面的知识对于技术人员来说也是至关重要的，因此，本书中也对该部分内容进行了讲解。

希望本书能助力于以上多个目标的实现。

间濑俊明

编 辑 的 话

本书是由日本汽车技术协会组织编写的"汽车技术经典书系"的第3分册《自動車開発のシミュレーション技術》翻译而来的。本丛书的特点是对汽车设计、测试、模拟、控制、生产等技术的细节描写深入而实用,所有作者均具备汽车开发一线的实际工作经验,尤其适合汽车设计、生产一线的工程师研读并应用于工程实践!本丛书虽然原版出版日期较早,但因为本丛书在编写时集聚了日本国内最优秀的专家,使本丛书具有极高的权威性,是日本汽车工程技术人员必读图书,故多次重印,目前仍然热销。非常希望这套丛书的引进出版能使读者从本丛书的阅读中受益!本丛书由曾在日本丰田公司工作的刘显臣先生推荐,也在此表示感谢!

日本汽车技术协会
"汽车技术经典书系"
出版委员会

委 员 长	池上　询	京都大学工学部
副委员长	近森　顺	成蹊大学工学部
编辑委员	安部正人	神奈川工科大学工学部
	井上惠太	丰田汽车
	大沢　洋	日野汽车
	冈　克己	本田技术研究所
	小林敏雄	东京大学生产技术研究所
	城井幸保	三菱汽车
	芹野洋一	丰田汽车
	高波克治	五十铃工程技术有限公司
	迁村钦司	新ANSYS有限公司
	農沢隆秀	马自达汽车
	林　直义	本田技术研究所
	原　田宏	防卫大学校
	东出隼机	日产柴油发动机有限公司
	间濑俊明	日产汽车
	柳濑徹夫	日产汽车
	山川新二	工学院大学工学部

主　　编
　　　　间濑俊明　日产汽车
参　　编
　　　　间濑俊明　日产汽车
　　　　稻荷泰明　日产汽车
　　　　长田一夫　日产汽车
　　　　吉村　忍　东京大学大学院
　　　　藤谷克郎　日产汽车
　　　　荻原一郎　东京工业大学
　　　　矢川元基　东京大学大学院
　　　　都井　裕　东京大学
　　　　高桥　进　日产汽车
　　　　山部　昌　金沢工业大学
　　　　铃木真二　东京大学大学院
　　　　堀田直文　丰田汽车
　　　　小林敏雄　东京大学
　　　　谷口伸行　东京大学
　　　　鬼头幸三　沃尔沃汽车
　　　　栗山利彦　大发汽车
　　　　恩田　祐　日产汽车
　　　　森　博己　日产汽车
　　　　藤井孝藏　文部省

目　　录

序
前言
编辑的话
1 绪论 …………………………………… 1
　1.1 汽车开发现状 ……………………… 1
　1.2 "优化设计"与 CAD/CAM/CAE
　　　的职责 …………………………… 2
　1.3 模拟分析技术所追求的目标 …… 2
　1.4 目前的课题 ……………………… 3
　1.5 虚拟开发的目标 ………………… 4
2 建模和前处理 ………………………… 5
　2.1 建模技术 ………………………… 5
　　2.1.1 形体模型的概念 ……………… 5
　　2.1.2 形体模型 ……………………… 10
　2.2 前处理技术 ……………………… 18
　　2.2.1 概要 …………………………… 18
　　2.2.2 结构网格的生成方法 ………… 19
　　2.2.3 自动网格划分功能的开发 …… 23
　　2.2.4 四面体单元和六面体单元 …… 24
　　2.2.5 3维单元任意形状的
　　　　　自动分割法分类 ……………… 26
　　2.2.6 模糊知识处理方法 …………… 27
　　2.2.7 后期误差评价和单元再分割 …… 31
　　2.2.8 前处理自动化和熟练过程 …… 35
　结束语 ………………………………… 37
3 有限元法 ……………………………… 41
　3.1 有限元法的基础 ………………… 41
　　3.1.1 利用试验函数的近似解法 …… 41
　　3.1.2 在泊松方程式中的应用 ……… 42
　　3.1.3 单元的种类和数值积分 ……… 46
　　3.1.4 方程式的解法 ………………… 48
　3.2 静态结构分析中的应用 ………… 50
　　3.2.1 线性结构分析 ………………… 50
　　3.2.2 非线性结构分析 ……………… 52
　　3.2.3 非线性结构分析的应用案例 …… 57
　3.3 频率响应分析中的应用 ………… 62
　　3.3.1 固有值分析 …………………… 63
　　3.3.2 与流体相关的振动/结构–声场
　　　　　耦合分析 ……………………… 63
　　3.3.3 模态迭加法 …………………… 66
　　3.3.4 固有模态灵敏度分析 ………… 71
　　3.3.5 耦合系统的部分结构合成法 …… 73
　3.4 过渡响应分析的应用 …………… 78
　　3.4.1 线性过渡响应分析 …………… 78
　　3.4.2 非线性过渡响应分析 ………… 82
　3.5 树脂流动分析 …………………… 87
　　3.5.1 支配方程式的导出 …………… 87
　　3.5.2 流动分析应用案例（Ⅰ）…… 89
　　3.5.3 流动分析应用案例（Ⅱ）…… 90
　　3.5.4 将来的课题 …………………… 90
4 边界元法 ……………………………… 93
　4.1 静态结构分析 …………………… 93
　　4.1.1 静态结构分析的理论 ………… 93
　　4.1.2 应用案例 ……………………… 95
　4.2 在声场分析中的应用 …………… 97
　　4.2.1 声场分析方法 ………………… 99
　　4.2.2 应用案例 ……………………… 101
　总结 …………………………………… 103
5 差分法 ………………………………… 105
　5.1 流体基础方程和差分法 ………… 105
　5.2 湍流的处理 ……………………… 107
　　5.2.1 基于雷诺方程式的解法 ……… 107
　　5.2.2 LES ……………………………… 108
　　5.2.3 基于3次精度迎风差分法的
　　　　　模拟直接解法 ………………… 109
　　5.2.4 湍流模型的比较研究案例 …… 109
　5.3 汽车的热流场分析 ……………… 110
　　5.3.1 汽车热流场分析领域 ………… 110

5.3.2 数值模拟分析的方法和特征 … 111
5.3.3 分析案例 …………………… 114
总结 …………………………………… 119
6 优化分析 ………………………………… 121
6.1 优化理论 ……………………………… 121
6.1.1 问题描述 …………………… 121
6.1.2 优化数值计算的历史 ……… 122
6.1.3 优化理论 …………………… 123
6.1.4 最优准则法的相关理论及应用案例 …………………………… 128
总结 …………………………………… 135
7 分析硬件 ………………………………… 137
7.1 前处理和硬件 ………………………… 137
7.1.1 图形终端的历史 …………… 137
7.1.2 高速化和小型化 …………… 137
7.1.3 硬件的进步及带来的好处 … 138
7.1.4 对硬件制造商的期待 ……… 138

7.2 服务器用硬件 ………………………… 139
7.2.1 超级计算机的历史和分析实用化 …………………… 139
7.2.2 各种计算机的运算能力 …… 140
7.2.3 计算成本 …………………… 141
7.2.4 各种计算机的分类使用 …… 142
总结 …………………………………… 142
8 后处理 …………………………………… 143
8.1 可视化处理的必要性 ………………… 143
8.2 可视化技术 …………………………… 144
8.2.1 可视化技术的基础知识 …… 144
8.2.2 画线处理 …………………… 147
8.2.3 面的表示 …………………… 152
8.2.4 立体可视化 ………………… 156
8.2.5 交互多界面和模拟 ………… 157
9 今后的动向 ……………………………… 160

1 绪 论

1.1 汽车开发现状

汽车开发需要大量的人力、资金、设备投入，一般情况下，完成汽车批量生产，仅仅是汽车主机厂就需要数千人月的投入，再加上零部件供应商在产品开发过程中的投入，实际上所需要的投入将会扩大几倍。

汽车开发需要庞大的资源投入，在欧美从概念设计阶段开发到产品上市销售，通常需要花费4～5年时间，即使是开发周期最短的日本，也需要2～3年的时间（图1-1）。

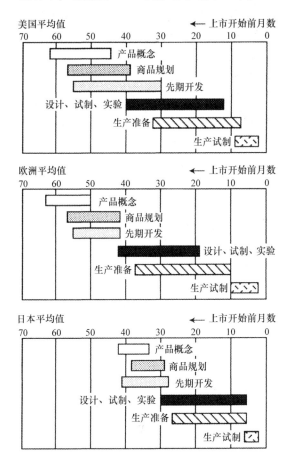

图1-1 各国产品开发流程和前置时间（1980年）

汽车称得上是高度精密机械及电子产品的集合体。外饰或者内饰造型等，即所谓的流行元素部分，也同用户的关心密切联系在一起。因此与通常的工业产品略有不同，汽车产品单单从性能、功能方面满足目标已经无法吸引顾客的注意力。从投资规模的角度来看，汽车行业当属风险极高的事业。

基于以上背景因素，在汽车产品开发过程中，具有以下几方面的特征。

i）汽车的销售受流行因素的影响非常大。因此，尽力降低产品的风险是汽车企业的重大任务。为了实现这一点，缩短开发周期是关键的课题。

ii）除汽车自身的高性能、高品质化以外，最近对汽车产品的安全性能、对环境的影响等社会需求正在急剧升高。汽车开发除前面提到的庞大的必要资源以外，安全装置等难以反映到销售价格里去的部分导致开发成本大幅上升。由此造成汽车企业的负担增加，需要采取有效的措施加以控制。

iii）日本汽车以品质著称，如果出现产品质量上的问题将会造成无法挽回的损失。因此，产品质量的确保和提升是汽车企业生存和发展的绝对条件，提供品质超过其他公司的产品是每一个汽车企业永远的追求。

基于以上需求，近年来与汽车开发相关的技术课题越来越复杂、越来越困难。在产品的QCD改进过程中，还要顾及产品开发周期缩短的需求。这些不仅关系到产品风险的控制，还会影响到产品开发的成本。

在这些需求当中，为了实现最急切的缩短开发周期的目标，实践证明以下三个方面是有效的。

- 提高设计阶段的预测能力。

- 并行工程的推进和充实。
- 部件（含系统、构造）的通用化及种类的消减。

通过以上措施的组合应用，在更短的时期内提供更好品质的产品将成为可能。总之，优化后的缩短开发周期策略对各个阶段的QCD产生良好的效果。

1.2 "优化设计"与CAD/CAM/CAE的职责

在汽车开发的各种活动中，决定成败的最关键的因素当属设计的好坏。可以说开发费用仅占总费用5%的概念设计阶段决定了85%的产品成本。因此，设计初期阶段的活动和意义是最为重要的。

那么设计到底是什么？用一句话回答："为低成本并合理地生产出满足各种性能指标的产品，提供没有变更的指导方向"。

代表设计活动的最典型的关键节点输出物是设计图样（CAD模型）。最近，虽然有复杂多样的设计成果通过各种渠道，如媒体、现场发布等向外公布，但其中最具象征意义的当属设计图样（CAD模型）。因此，好的设计就是好的图样（CAD模型）设计。那么好的图样应该是什么样的呢？

现在常用的设计方法，多是继承前辈积累下来的各种设计知识和技巧，通过灵活运用，编制新的标准规范，钻研工程感知，学习材料、工艺、价格等设计所需要的各种必要知识，同时从各专业专家们对设计的评审活动中提升专业技能。

为了提升产品性能预测能力（设计的重要能力之一），对实际中所发生的与各种产品性能、品质、工程等相关的现象，预先通过计算机等辅助手段进行模拟，是非常必要的。

过去的二三十年，CAD/CAM的应用对工程专业做出了非常大的贡献，同时也带来了重大的变化。在与制造业紧密相关的生产流程的革新和产品质量提升及成本消减等方面，CAD/CAM都有显著的影响。对于日本的汽车产业在世界上占有一席之地，CAD/CAM发挥了重要的作用。

如上所述，计算机对提高制造业及相关行业的生产效率做出了重大的贡献。然而工程专业设计活动的效率低于全行业平均水平。幸运的是最近的计算机性能得到了飞速发展，为设计开发的效率化即产品性能预测能力的提升起到了直接作用，这其中CAE（模拟技术）的有效性得到了空前重视。

今后，从辅助制造产业过程的CAD/CAM，到协助设计开发的CAE的过渡中，计算机的有效利用将越来越受到重视。

1.3 模拟分析技术所追求的目标

在汽车开发过程中模拟分析技术所追求的目标到底是什么？或者说怎么做才能更加有效地利用模拟分析技术？接下来我们对此加以论述。

至今为止，通过各种评价推选出来的多种分析方法，适用于不同的设计目的，以系统集成的形式融入实车开发的过程，这些都为消减实验次数及提升图面质量做出来重大的贡献。

但是，以汽车的正面碰撞分析为例，搭建节点数超过1万的整车模型时，按照通用的建模方法需要花费数百个小时，这是一个庞大的工时需求。对于这种情况，不管计算的精度如何高，在实车开发过程中大范围应用还是有很大的局限性。即使如此，假设效果非常好且时间非常充裕的情况下，那么工时再多，也必须针对不同的分析目的来搭建模型和划分网格。如果分析对象增加，则所花费的时间、成本却不会成比例增加。

为了有效地应用模拟分析技术，与其相关的技术也需要不断地进步，并且必须与开发过程中所构建的数据体系有效地结合在一起。

下面从如何保证模拟分析技术的实用性，从使用者（工程师）、工具和业务流程三个方面来加以考察。

a. 对工程师的要求

对普通设计工程师的要求应当是本职的设计技能，加上实验评价技术等，要求对新的分析工具能够熟练使用。所使用的分析方法涉及假设和建模方法、实际现象的预测能力和模拟结果的评价能力等，依据个人经验对技巧的积累是非常重要的。工具的有效性会由于使用者的不同而出现较大的偏差。今后熟练掌握分析工具对于工程师来说个重要的课题。

b. 对工具的要求

这里所说的工具是指软件和硬件，包括建模、前处理、求解器、后处理等整个系列的软件以及超级计算机、EWS等硬件。

当提到软件，例如使用求解器进行模拟分析时，搭建模型是理所当然的。但是，为了搭建模型还需要专用的软件，由于需要花费一定的时间、需要特殊的技能，我们到底要做哪种分析有时却难以分辨清楚。技术人员如果能具有实际现象对应的分析能力，就可以灵活应用分析软件，发挥软件的功能，基于这些期待软件的更进一步改善。

接下来讨论一下硬件。在进行模拟分析时，例如对于有限元法，一般来说网格划分得越细（建模的假说如果正确的话），那么分析结果的精度就越高。但是产品开发都是在有限的期间内进行的，不管精度多么高，应该在一天内得到的结果却花费几天的时间，还是称不上实用性。为了保证能够在实际开发周期允许下得到应用，进一步控制建模时间及提高计算速度是非常必要的。

c. 为了业务流程的革新

模拟分析技术应用于车辆开发过程初期得到了很高的有效性。然而，每一种分析方法及所使用的系统必须适当地应用在车辆开发的各个阶段。为了灵活有效地应用CAD/CAM模型数据，开发流程中哪个阶段搭建哪种模型，进行哪种分析，应该根据每一种模拟分析的特征来灵活选择，这样才能构建最有效的业务流程。

如上所述，为了发挥模拟技术在实际业务流程中的高效性，人、工具、业务流程三位一体的有机结合是最为重要的。

1.4 目前的课题

前面对模拟分析技术所应该具备的功能进行了论述，下面对实现这种业务流程的目前课题进行阐述。

伴随着便利的分析工具的普及，出现了人才培养相关的问题。如图1-2所示，随着工具性能的提升确保分析精度在不断地提高，另一方面，工具内部的逻辑理论逐渐进化为黑盒子。其结果是，即使未能掌握现象的根源，也会陷入问题已经得到了解决的错觉，或者即使得到了分析结果却难以判断其是否正确。为了消除这些弊端，对工具本身需要下一定的工夫，或者以黑盒子化为前提，掌握其他有助于分析能力学习的方法。

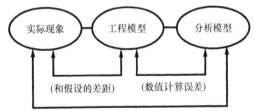

（假设差距和数值计算误差的混合存在）

图1-2 分析简易化和黑盒子化的冲突

对有问题需要解决，并且对现象具有分析能力的技术人员来说，工具本身应该是能够容易使用的。但是实际上如果不具备与分析工具相关的深厚理论知识是无法有效使用的。因此，今后使所有的设计人员能够方便使用是工具改良的重大课题。

另外一个较为重要的课题，是克服人与工具各自的问题点的同时，进一步发挥模拟分析技术的有效性，实现流程变革，并使之固化在整个研发流程中。对于传统开发流程的革新，现实中不仅仅是技术层面的问题，在意识层次也需要不断地深化改革。由于阻力的存在，变革必然会有很高的风险。消除实验、消减试制样车的数量等，这些变革都在等待模拟技术的建立，然而现实在该方面的进步是缓慢的。在某种程度上制定方针策略并逐步应用是重要的环节。为了确保模拟分析技术有效性提高，期待能够从上到下全体人员的努力。

1.5 虚拟开发的目标

在工程领域，"虚拟"这一词语越来越多地被提到。这是由于与CAD技术一样，模拟技术真正地融入实际业务当中了，CAD/CAM/CAE对车辆开发的变革发挥了重要作用。

如同车辆改型等某种程度上的定型化商品开发，模拟造型、模拟试制、模拟实验等，在产品开发的所有环节中期望能够全面地推进模拟技术。尽可能地减少样品试制或者消除实验，来完成产品的开发，从而缩短开发周期并降低开发成本。

目前的建模及模拟技术还无法承担虚拟开发的重担。今后不仅仅是单一的形状设计，研究还应包含性能在内的模型定义，通过在开发过程中不断应用，一点点地接近真正的虚拟开发。因此，与模拟分析相关的技术也必须同时开展研究和应用。

另外在实际业务应用方面，为了能够在并行开发中灵活运用模拟分析技术，也要积极地推进开发流程的变革。

伴随着以数字模型为基础的车辆开发的技术进步，真正的全球化并行开发应该很快就可以实现了。

参 考 文 献

[1] 三浦 登：新しい競争のスタイル―自動車におけるコンカレントエンジニアリング―，日本機械学会誌，Vol.98，No.916，p.16-18（1995）

[2] 間瀬俊明：CAD/CAM/CAEはどのように役にたったか，今後の方向は，精密工学会誌，Vol.60，No.4，p.477-482（1994）

2 建模和前处理

在开展模拟分析活动中，建模及前处理如图 2-1 所示。建模是指利用计算机等工具用计算数据来描述物体的形状，前处理是指单元分割或者网格生成以及边界条件设定等内容。

汽车开发业务中，一直以来模拟分析都被用来对车辆整体性能及部件性能进行研究和分析。最近，伴随着汽车开发周期的缩短化推进，与其相关的开发形态已经由灵活运用试制样件的设计，进化到更先进的性能预测型设计，发生了翻天覆地的变化。因此，模拟分析已经超越以往，在产品开发过程中占据了重要地位。但是面对这些现实，还有许多课题需要解决，特别是建模、前处理等所面对的难题，是产品流程变革的重要一环。

从汽车开发业务方面来说明的话，将涉及以下几方面的内容。

现阶段的设计开发是针对设计对象（如发动机舱）、零部件制定的设计方案，均是以性能、成本、品质以及与周边部位、零部件的匹配为出发点，经过多轮次的检查、调整，以寻找最佳解决方案，所讨论的项目数量是非常庞大的。而且这些过程通常都是在数周单位的短期内完成的。模拟分析技术对前面所述的设计行为中设计方案中的各物理量进行评价，按照图 2-1 所示的流程被广泛地使用。

但是建模和前处理属于手工作业，如果这些工作量过大，建模和前处理过程中的单元分割或者网格生成则需要巨大的工时，就会造成在规定的时间内无法完成任务的局面。因此，不管任务量大小，建模和单元分割或者网格生成需要在限定时间内完成，即

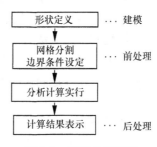

图 2-1 模拟分析流程

建模时间和单元划分（网格生成）周期缩短也将成为重要的课题。

另外，汽车公司通常都是在一年内同时开展多个车型的开发，通过工作流程标准化来提高效率已经是普遍的做法，模拟分析技术就是其中的一项。

但是在实际应用模拟分析技术时，均是以专门的知识、技能及操作能力为前提条件的，这一点的改善（专业知识的弱化）也是相当重要的。

本章中，以解决这些问题为目的，阐述建模及前处理的基础知识和最新的技术动向。

2.1 建模技术

2.1.1 形体模型的概念

现实世界中存在的对象物体，例如螺栓及螺母，在计算机上所表现出来的形状称形体模型，需要搭建的形体模型因问题领域的不同而不同。例如，如果是以描述形状的轮廓为目的，那么在计算机中以边（棱线）来描述物体的形状即可，但是涉及物体之间的干涉时，就必须描述物体所占据的空间领域。形体模型的搭建过程，就是对现实世界中存在的对象物体通过数学等方法用抽象的

概念进行表达，以概念模型为基础，生成能够输入计算机的计算模型（或称为内部模型）。

为了确定概念模型对物体的表现、操作、表示的本质，重要的一步就是定义概念模型。在这里以拓扑元素和几何元素来区分，并以形体模型的表现方法为中心来加以说明。例如，在表现实体时，一般是用构成表面的6个面和表示相互之间连接的拓扑关系来描述各个面在三维欧几里得（Euclid，公元前300年左右的古希腊数学家）空间的形态和位置。其次，对描述物体形状的概念模型的基本单元，即拓扑和几何加以说明，之后还将对形体模型的线框模型（wireframe model）、表面模型（surface model）、实体模型（solid model）进行说明。

a. 拓扑

拓扑是用来表达形状的连接关系的，希腊字母"T"和"Y"如果从拓扑的角度来看是相同的。即由橡胶条构成的"T"不用切割和连接，仅通过形状弯曲就可以变成"Y"。希腊字母虽然是一维单元，但是二维单元也是同样的，如构成实体的各个表面通过变形就可以完全粘贴并覆盖到球的表面上。从拓扑的观点出发观察形状，实体的表面和球体的表面是相同的。

像这样不用分割和再连接仅通过变形就可以变成其他形状的，则称其拓扑形状是相同的，或者具有相同的拓扑关系。如果以单元区分，并用这些单元的组合来表现形状，拓扑则可以用构成形体模型的单元和所有单元之间的连接方式来描述。拓扑对于形体模型的描述，最初是从表现实体模型边界条件的方式开始的，但并不仅仅局限于实体模型，对表面模型及线框模型也同样适用。接下来对形状概念模型的多元体加以叙述。

(i) 多元体 n次多元体是指由 0~n 个元素构成，分解为直和元素，各元素与开球同相。并且，n维元素的边界具有(n-1)元素以下的直和。即，0维元素为0次元素。1维元素是不再分解的一次元素，不包含两端的边界0维元素。2维元素是和圆盘同相的二次元素，边界是0维元素和1维元素，按照顺序连接成的闭合曲线（图2-2），但是不包含0维元素和1维元素。构成多元体的拓扑元素由边界元素结合在一起。一般来说相邻近的n维元素和n维元素相连接，其边界的(n-1)维元素由以下的元素连接。如图2-3所示，1维元素由边界的0维元素连接，2维元素由边界的1维元素和两端的0维元素连接。

图 2-2 n 维元素

图 2-3 各元素的连接

(ii) 欧拉-庞加莱公式 在构建形状时，按照欧拉-庞加莱公式进行操作以确保所生成形状的正确性。接下来对欧拉-庞加莱公式加以说明。构成多元体 (k) 的 i 次元素假设为 a_i，i 次元素的 BETTI 数假设为 β_i，则欧拉基数 $\chi(k)$ 可以用式 (2-1) 来表示。这个公式就称为欧拉-庞加莱公式。

$$\chi(k) = \sum_{i=0}^{n}(-1)^i a_i = \sum_{i=0}^{n}(-1)^i \beta_i$$

(2-1)

0次元素的 BETTI 数 (β_0) 等于按照连接成分的数量分解成元素的数量。1次元素的 BETTI 数 (β_1) 与分割数量相同，对象的元素是1维元素时，即使去掉适当的 i 个 1次元素，连接成分也不会增加，当无论什

么样的 $i+1$ 个 1 维元素去除后连接成分都不会增加时，1 次元素的 BETTI 数为 i。还有其他的方式如 1 次元素的 BETTI 数等于孔的数量。对象元素是 2 次元素时则与 1 次元素不同，选择适当的 i 个多边形，并且即使去除后也无法分割，不管选择什么样的 $i+1$ 个多边形，被切断的连接成分也不会增加，此时 1 次元素的 BETTI 数为 i。2 次元素的 BETTI 数（β_2）是 3 维空间内根据闭合曲面加以分割成的闭合 3 次元素领域的数量。

其次，对欧拉-庞加莱公式在线框模型和表面模型、实体模型等各种形体模型上的应用情况加以说明。线框模型是由 0 维元素和 1 维元素的集合体来表现的 1 次多元体，称为图形，欧拉-庞加莱公式用 $\{\chi(k) = \alpha_0 - \alpha_1 = \beta_0 - \beta_1\}$ 来表示。例如，构成"日"字的各个单元的数量和各 BETTI 数为 $\{\alpha_0 = 6, \alpha_1 = 7, \beta_0 = 1, \beta_1 = 2\}$，欧拉基数为 $\{\chi(k) = 6 - 7 = 1 - 2 = -1\}$。

第二个应用对象表面模型，根据所连接的 2 次元素，构成了类似多人用救生圈的 1 个闭合 3 维领域，从其中去除多个 2 维元素，开了 r 个孔，就形成了多样体的多元体。另外，如果存在一个闭合的 3 维领域的贯通孔，分割数常常是 2，如果存在 g 个贯通孔（种类），1 次元素的 BETTI 数则可以用 $2g$ 来表示。从以上的观点来看，能够适用于 1 个连接体、其种类为 g 个、表面上孔数为 r 的表面模型的欧拉基数可以用 $\{\chi(g,r) = \alpha_0 - \alpha_1 + \alpha_2 = 2 - 2g - r\}$ 来表示。对于第三种实体模型，上面所描述的表面模型的孔用多元体堵塞，欧拉基数可以用 $\{\chi(g) = \alpha_0 - \alpha_1 - \alpha_2 = 2 - 2g\}$ 来表示。图 2-4 为表面模型和实体模型的欧拉-庞加莱公式的应用案例。

b. 几何

对于用拓扑元素分割形体，并通过相互之间的组合来表现的几何体，如果是在 3 维

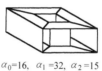

面模型 　　　　立体模型
$\alpha_0=16$, $\alpha_1=32$, $\alpha_2=15$ 　　$\alpha_0=16$, $\alpha_1=32$, $\alpha_2=16$
$\beta_0=1$, $\beta_1=2$, $\beta_2=0$ 　　　$\beta_0=1$, $\beta_1=2$, $\beta_2=0$
$g=1$, $r=1$, $\chi(k)=-1$ 　　　　$g=1$, $\chi(k)=0$

图 2-4　欧拉-庞加莱公式的应用

的欧几里得空间，拓扑元素则是表现其位置的元素。几何元素是指不同阶次的拓扑元素的顶点（vertex）、边（edge）、面（face）所对应的点、线、面元素。

几何体的线元素的解析图形为直线、圆弧、双曲线、抛物线及自由曲线，面元素的解析图形则包括平面、圆柱面、圆锥面、球面和自由曲面等。

伴随着形体模型技术的进步是有一定特征的，有大量的曲线公式和曲面公式被总结出来。此处，对具有代表性的多项式 Bezier 曲线和 B 样条曲线，以及有理式的 NURBS 曲线（Non-Uniform Rational B-Spline，非均匀性放射 B 样条曲线）的表现方式和特征加以描述。

（i）Bezier 曲线的表现和特征　Bezier 曲线和曲面是控制其形状的点乘以加权函数即伯恩斯坦标准函数来表示的。式（2-2）表示 n 次 Bezier 曲线。

$$R(t) = \sum_{i=0}^{n} B_{i,n}(t) P_i \quad (2-2)$$

式中，$B_{i,n}(t)$ 为伯恩斯坦标准函数，P_i 为曲线的控制点。并且伯恩斯坦标准函数是从 0 到 1 的范围内变化的。伯恩斯坦标准函数可以用式（2-3）表达。

$$B_{i,n}(t) = {}_nC_i t (1-t)^{n-1} \quad (2-3)$$

式中，${}_nC_i = n! / \{(n-i)! \; i!\}$。

伯恩斯坦标准函数如同式（2-4）所表示的 2 次项系数的形式，不管 t 取何值总和经常为 1。

$$\sum_{i=0}^{n} B_{i,n}(t) = \sum_{i=0}^{n} C_n^i t^i (1-t)^{n-i} = (1-t+t)^n = 1$$

$$\sum_{i=0}^{n} B_{i,n}(t) = 1, \quad B_{i,n}(t) \geq 0 \quad (2-4)$$

图2-5中3维伯恩斯坦标准函数表示图2-6中的Bezier曲线。$m-n$次的Bezier曲线可以用式（2-5）来表达。

$$S(u,v) = \sum_{j=0}^{n} \sum_{i=0}^{m} B_{i,m}(u) B_{j,n}(v) P_{ij}$$

（2-5）

式中，$B_{i,m}(u)$、$B_{j,n}(v)$为伯恩斯坦标准函数，P_{ij}为曲面的控制点。而且参数u、v在$0\sim 1$的范围内变化。图2-7中所示为双3维Bezier曲线。伯恩斯坦标准函数的积的总和如式（2-6）所示为1。

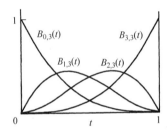

图2-5 3维伯恩斯坦基底函数

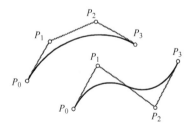

图2-6 2维Bezier曲线

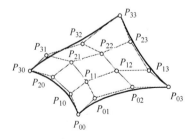

图2-7 3维Bezier曲面

$$\sum_{j=0}^{n}\sum_{i=0}^{m} B_{i,m}(u) B_{j,n}(v) = (1-u+u)^m (1-v+v)^n = 1$$

（2-6）

Bezier曲线和曲面的表现方式为控制点的重心结合，曲线、曲面、控制点均包含在凸多面体内。这个性质对干涉计算的错误检查是有用的。另外，根据Bezier曲线的表现方式计算得到的点进行Affine变换后，和控制点Affine变换后再用Bezier曲线的表达式求得的点的坐标值相同，具有几何不变性。Bezier曲线在移动控制点对形状进行控制时，被移动控制点附近的形状变化最大，距离越远则变化越小，变化对形状的整体有影响，但是不会产生局部变形。因此为了实现局部变形，可以将需要的对象形状分割为多个Bezier曲面，并加以连接，控制点移动时会在连接部位产生连续性问题。

(ii) B样条曲线的表现和特征　B样条曲线解决了Bezier曲面形状控制中局部变形能力和连接部位的连续性问题。$p-1$次的B样条曲线可以用式（2-7）表达。

$$R(t) = \sum_{i=0}^{n} N_{i,p}(t) P_i \quad (2-7)$$

式中，$N_{i,p}(l)$是B样条曲线的底函数，P_i是曲线的控制点。$N_{i,p}(l)$根据具有$t_i \leq t_{i+1}$关系的节点矢量（knot vector $[t_0, t_1, t_2, \cdots, t_m]$）依据式（2-8）的再回归来定义。底函数的$p$为位数，次数为$p-1$。

$$N_{i,1}(t) \begin{cases} =1 & (t_i \leq t \leq t_{i+1}) \\ =0 & (t<t_i, t>t_{i+1}) \end{cases}$$

$$N_{i,p}(t) = N_{i,p-1}(t)\{(t-t_i)/(t_{i+p-1}-t_i)\} + N_{i+1,p-1}(t)\{(t_{i+p}-t)/(t_{i+p}-t_{i+1})\}$$

（2-8）

B样条曲线的底函数具有式（2-9）所示的性质。

$$\sum_{i=0}^{n} N_{i,p}(t) = 1, N_{i,p}(t) \geq 0 \quad (2-9)$$

图2-8为B样条曲线的底函数，图2-9

为 B 样条曲线。$p-1$，$q-1$ 次的 B 样条曲线可以用式（2-10）表示。

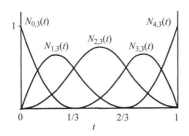

图 2-8　2 维 B 样条的底函数

图 2-9　B 样条曲线

$$S(u,v) = \sum_{j=0}^{n}\sum_{i=0}^{m} N_{i,p}(u)N_{j,q}(v)P_{ij}$$
(2-10)

式中，$N_{i,p}(u)$，$N_{j,q}(v)$ 是 B 样条曲线的底函数，P_{ij} 是曲面的控制点。

B 样条曲线的表达式和 Bezier 曲线相同通过控制点的重心结合，曲线、曲面、控制点均包含在凸多面体内。再者，B 样条曲线和 Bezier 曲线同样具有几何不变性。B 样条曲线所表达的形状的节点以外都可以无限次微分，节点部分如果用 p 代表位数，用 k 代表多重度，则可以进行 $p-k-1$ 次微分。为了控制 B 样条曲线所表达的形状，移动控制点，在移动点附近产生局部变形。例如，移动 n 次 B 样条曲线的控制点 P_i，则其形状参数从 t_i 到 t_{i+1} 的范围内变化。

(iii) NURBS 的表达和特征　NURBS 表达方式的基本思路是在 3 维空间的普通坐标系中的点 $P(X,Y,Z)$ 和 4 维同次坐标系中的非无限远点 $P^w(wX,wY,wZ,w)$ 同样表达，该点的正规化点 $H\{P^W\} = (X,Y,Z,1)$ 和普通坐标系的点 $P(X,Y,Z)$ 相同，在 4 维同次坐标系中定义 B 样条曲线，并向 3 维空间的普通坐标系投影所形成的 NURBS。$p-1$ 次的 NURBS 曲线可以用式（2-11）表达。

$$R(t) = \sum_{i=0}^{n} N_{i,p}(t)W_iP_i \Big/ \sum_{i=0}^{n} N_{i,p}(t)W_i$$
(2-11)

式中，P_i 为曲线的控制点，W_i 为加权系数。

图 2-10 为 NURBS 曲线的加权系数（W_i）变化时 NURBS 曲线的变化，对 2 维 NURBS 曲线的加权系数（W_i）进行控制，则可以表示出严密的圆形，如图 2-11 所示。

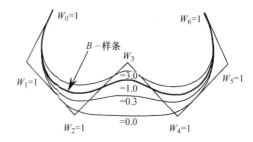

图 2-10　NURBS 曲线

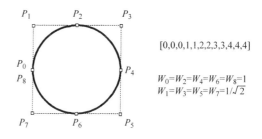

图 2-11　基于 NURBS 圆的表现

$p-1$，$q-1$ 次的 NURBS 曲面用式（2-12）表达。

$$S(u,u) = \sum_{j=0}^{n}\sum_{i=0}^{n} N_{i,p}(u)N_{j,q}(v)W_{ij}P_{ij} \Big/ \sum_{j=0}^{n}\sum_{i=0}^{n} N_{i,p}(u)N_{j,q}(v)W_{ij}$$
(2-12)

式中，P_{ij} 为曲面的控制点，W_{ij} 为加权系数。

图 2-12 中是对二元 NURBS 曲面的加权系数（W_{ij}）进行控制，所表现出来的严密的球面图形。

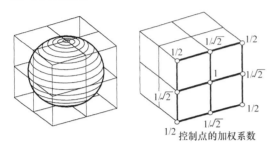

图 2-12 基于 NURBS 球面的表现

NURBS 的加权系数（W）变化时其形状会发生变化，其变化趋势为加权系数（W）变大时形状向控制点接近，变小时则远离控制点。对该加权系数（W）进行控制则可以得到严密的解析图形。NURBS 的基本是与 B 样条曲线相同的，都具有凸包性、几何不变性和局部变形。

2.1.2 形体模型

基于概念模型在计算机内搭建的模型称为计算机模型（内部模型），通过计算机模型对形状的表现方式分为线框模型、表面模型和实体模型三种。计算机模型的拓扑元素虽然和几何元素的构成元素相同，但是称呼方法却不同，构成几何元素的 0、1、2 维元素称为顶点（vertex）、边（edge）、面（face）。而计算机模型的拓扑连接体则称为壳元素（shell），面元素（surface）的边界线称为环（loop），环是自身没有交叉点的连续闭合曲线，顶点和边反复出现，起始点和终点为同一个顶点。

接下来对线框模型、表面模型、实体模型的表达方式和适用情况加以说明。

a. 线框模型[6]

线框模型是对形状的特征部分如边和顶点进行描述的模型，对形状的记忆式样简单，需要的计算机内存容量少，构成形体模型的数据存取迅速。但是，线框模型无法充分了解形状，需要其他补充信息的辅助来识别形状。例如，当用线模型表示实体时，4 条边围起来的面，其中间是平面还是曲面，是表达不清楚的。同时，即使是表面全部由平面构成的实体，也会有图 2-13 所示的三种不同的解释。像这种对物体的表达模糊的模型是无法求得其体积和表面积的。

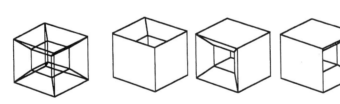

图 2-13 线框模型的模糊表现示例

（i）线框模型的表现　线框模型有各种各样的表现方式，此处根据线框模型构成单元的阶次构造和邻接关系的不同，对 2 种代表性的表现方式加以叙述。

（1）Shell based wireframe model：这种线框模型的概念模型是 1 维几何体。计算机模型则包括拓扑元素的环、边和顶点，不包括面单元，但是有作为表面边界的环。与构成环的边相邻接面的边界，或者板状物体的终端中的任意一个，用属于边的环的数量来区分，识别出与顶点邻接的边的边界，并和多个边结合。上述形体模型的构成单元及单元之间的邻接关系、单元的阶次关系，存在形体模型、环、边、顶点的关系。因此，确定各个拓扑元素在 3 维欧几里得空间中的位置，是与几何元素相关的（图 2-14）。

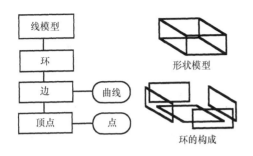

图 2-14 形体模型的拓扑元素

（2）Gemoetric set：这种线框模型与构成形状的单元之间没有关系，用几何单元的点和线的集合来表现，是最简单的计算模型。

（ⅱ）线框模型的应用状况 像汽车这样需要必须满足各种各样的法规及限制条件的产品设计，需要进行大量的研讨和分析，在这个过程中，需要进行频繁的形状生成、评价和变更。

目前的技术状态，即使形体模型已经完全表现出来了，也还没有实现用计算处理来完成设计者的判断。其结果是，付出了搭建完全的形体模型所需要的费用还不能达到预见的效果。根据这种状况，虽然线框模型的表现方式是模糊的，但设计者通过其他信息的辅助仍然可以对对象的形状充分认识，就可以很容易生成和修改模型，或者开展其他更多的活动（图 2-15）。

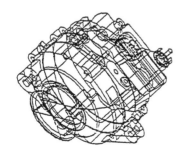

图 2-15 线模型的例子

b. 表面模型

表面模型是用面、边、顶点来表现物体的形状的。决定构成表面模型的拓扑元素在 3 维空间中的位置的几何元素有解析图形、自由曲线、自由曲面等。自由曲线及自由曲面有 Bezier 曲线、B 样条曲线、NURBS 等多种表达方式。这种表面模型和线框模型同样不能用单一的形状来表现。例如，当用表面模型表示实体时，这种模型无法真实地表达其内部的状况。但是线框模型与能够严密地表现物体形状的实体模型相比，具有以下的有利点。

第一，像车身板件这样板厚一定的物体，板的内部或者外部表面的任意一面能够表现的话，其他方向就很容易地得到显示，与实体模型相比，数据量减少一半，减轻了系统的负荷。第二，和实体模型一样，通常并不是保持封闭的 3 维空间的形体模型，可以用构成形状的面单元来处理，形状的操作是很轻松的。由于表面模型具有以上的优势，适用于车辆的设计、车身板件的设计、模具的 NC 加工等与表面形状密切相关的作业。

（ⅰ）表面模型的表达 表面模型有多种多样的表达方式，此处根据构成形体模型的拓扑元素邻接顺序关系不同，介绍两种表达方式。

（1）shell based surface model：这种模型是适用于 3 维欧几里得空间的有边界的弧状连接的 2 维多样体，能够表现多种连接方式（存在孔时）。即，这种方式能够用相同的拓扑关系表现对象领域内的任意一点附近的圆和边界线上的任意一点附的半圆。例如，希腊字母的"T"是沿着书写 T 所在的平面垂直方向移动和与水平面垂直的平面相结合而成的形状，两个平面结合的部分由于不是 2 维多样体，因此用这种形体模型是无法表达的。将 2 维多样件进行细分就可以用平面图形来表示了。这种平面图形称为平表面模型，这种形体模型就能够通过这种平表面模型来表现物体的形状了。

通过以上对概念模型的说明，实际中就可以用表面模型的开放曲面（open shell）作为面的连接体来表现了。面属于二维单元应用广泛的元素，其领域是用环来区分的。环单元有外侧和内侧两种，外侧的边界线称为外环，内侧的边界线称为内环。因此，面单元中可以有一个外环和任意多个内环。环可以用边的连接体来表现，边的领域用两端部位的顶点来区分。因此，这些拓扑元素的连接按照面、边、顶点的邻接拓扑顺序关系来表示。即，根据环状圆（loop cycle）、径向圆（radial cycle）、盘状圆（disk cycle）来表示。

第一种环状圆是由构成环的边和顶点往复循环，有一定的顺序。第二种径向圆是与边邻接的面和3维空间领域的往复循环顺序，而2维单元多样体则是表现与边邻接的两个面。第三种盘状圆是按照与顶点邻接的边和面的循环顺序。以上所述的是构成形体模型的拓扑元素和表示单元之间连接的邻接顺序关系。拓扑元素的阶次关系从上层开始有壳、面、环、边和顶点，为了规定各个拓扑元素在三维欧几里得空间中的形状和位置，需要有几何元素之间的关系（图2-16）。

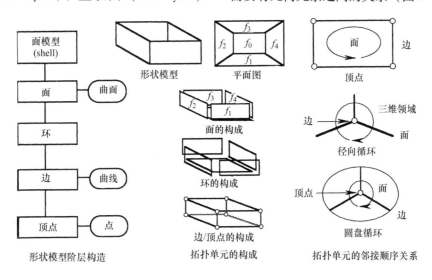

图2-16 基于壳的表面模型

（2）Face based surface model：这种表现方式与上述的 shell based surface model 一样存在壳、面、环、边、顶点等的拓扑元素，表示这些拓扑元素连接的邻接顺序关系只有环状圆存在，径向圆和盘状圆是不存在的，物体的形状是用面的集合来表现的。

（ii）表面模型的应用状况 在1970年左右，以缩短汽车开发周期为目标的"CLAY TO DIE"的概念指导下，各个汽车公司大力推进表面模型（surface modeler）的搭建，确定了车身的CAD系统表面模型。各个汽车公司的车身系统CAD按照业务的不同，开发出了各具代表性的CAD系统，如线图CAD、造型CAD、车身设计CAD、模具设计CAD等。

线图CAD是基于表现车身外形和车内关系形状的物理模型的油泥模型的测试值，为了描述光滑表面的形状而在计算机内搭建而成的系统。这个系统的核心是技术，包括线、面的控制技术和评价技术。由于线图CAD技术的发展，可实现根据上游造型过程中辅助类型CAD，素描或者数值化后的概略形状输入到计算机中，基于这些数值数据设计意图的形状生成辅助系统。这个系统的操作者按照车身外形构成的个个表面反复进行生成、评价、修改，在计算机内搭建车身的外观形体模型。

造型 CAD 生成的基本面的类型，如图 2-17 所示，有 H 型、十字型、口型共 3 种。所生成的面的评价由图 2-18 所示的高亮线和断面线表示、面的参数定线表示、射线表示等。评价结果如果是意料中的面形状，为了控制面，修改生成面时使用基准线或者参照线，再次生成面。车身 CAD 是利用线图 CAD 及造型 CAD 生成的车身外观形体模型及车身总布置数据，来辅助车身设计的系统。车身 CAD 是从满足车身法规，决定功能件、制造件等的形状来进行设计检验，并在这个结果的基础上生成部件的形体模型的系统。

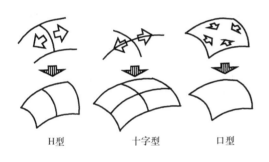

图 2-17　生成面的基本类型

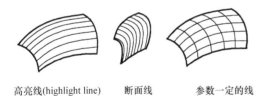

图 2-18　面的评价功能

车身部件分为外板件和内板件，外板件分割为能够冲压成形为车身外观的形状，在所分割的车身外观形体模型中追加法兰边及榫接部位。另外一个是内部件，以车身的强度及刚度为中心进行检验，来决定车身构造及功能件的形状。

这些车身部件如图 2-19 所示，作为表面模型被创作出来，就可以过渡到下一阶段的工程。模具工程设计 CAD 是灵活使用车身部件数据来辅助模具的设计。模具设计是制作零部件模具必需的，考虑各个工序的加工内容、成形后的变形量及成形性，来设计分模面（die face）及加工余量。压铸模具是基于模具形状和产品形状的表面模型，计算加工工具的轨迹，直接用 NC 加工的方法生产出来的。

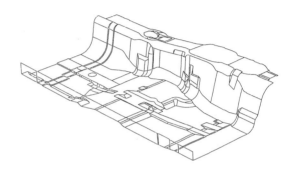

图 2-19　车身部件的面模型

c. 实体模型

实体模型是用来表达形状所占据的空间的模型，可以唯一表现形状，自动处理各种形状时非常有利。但是，与其他的形体模型相比，系统的稳健性、可靠性、易操作性等方面都难以保证。

（i）实体模型的表达方式　实体模型的表达方式虽然各种各样，本文仅对 Decomposition model、CSG（Constructive Solid Geometry）、B – Rep（boundary Representation）这 3 种类型加以说明。

（1）Decomposition model：这种模型是将物体所占据的空间划分成简单形状，通过对该空间的表现方法，可以分为几种类型。这种表现方法在立体的干涉、体积和惯性矩的计算时很容易。根据这种表现方法所表达的形体模型可以作为有限元模型来使用。此处对空间网格法（spatial enumeration）和单元分割法（cell decomposition）进行说明。

第一种空间网格法，如图 2-20 所示，是通过对对象物体所占据的 3 维空间分割为 3 元网格状，每个网格上所分配的基本单元为实体（volume cell），表示在物体内部是否存在来表现物体形状的。这种表现方法，对象物体的表面与各轴直交，而且各个网格上如果有平面，那么其表达精度会很高；如果一般的对象物体的表面是曲面，那么即使有平面也是与轴倾斜的。这样就可以对对象物体的表面通过台阶状来近似表现。提高这种形体模型的精度只能通过减小基本实体的尺寸实现，因此必然会造成模型的规模过大。使用 8 叉木法（octtree method）可以有效减小模型规模。

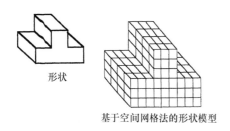

图 2-20　空间网格法

8 叉木法是表现对象物体基本实体大小可变的方法，内部使用较大的基本实体，靠近表面的地方使用尺寸较小的实体。即，对基本实体和对象物体的关系进行分析，依据对象物体是否可以完全存在于基本实体内，来决定需要表现的形体模型。如果对象物体的一部分存在于基本实体内时，将基本实体沿 x、y、z 轴进行 2 分割，那么基本实体就被分割成 8 个，同样地对分割成的实体与对象物体的关系再次进行调查，当对象物体仍只有一部分位于基本实体内时，再进一步沿 x、y、z 轴进行 2 分割。通过循环上述操作，就可以高精度地将基本实体分割，来表现对象物体的形状。

第二种单元分割法是将对象物体分割成简单的四面体或者六面体，通过其集合来表现物体的形状。这种方法也被有限元法使用。

（2）CSG（Constructive Solid Geometry）：这种形体模型由对象物体在 3 维空间的点的集合运算来表示。根据事先准备好的基本实体及其定义方法以及集合运算的表现方式分为两种类型。第一种类型是使用北海道大学的冲野等人开发的 TIPS-1 二阶构造。第二种表现方法是由美国罗福斯坦大学的 Voclcker 等人开发的 PADL-1 树结构（Tree structure）。接下来对每一种形体模型的表达方式加以说明。

（a）TIPS-1 二阶构造。TIPS-1 如图 2-21 所示，根据半空间的积集合来表现基本实体，通过基本实体的和集合来表达对象物体的形体模型。作为半空间边界面的平面、二次曲面、自由曲面等，由这些面来组成长方体、球、圆柱、圆锥、自由曲面体等基本形状。半空间的边界如果用 $F(x,y,z)=0$ 来表示，空间上的点不管是存在于内部还是外部，代入表示半空间边界的函数，对各个符号进行检查就可以很容易地加以判别。

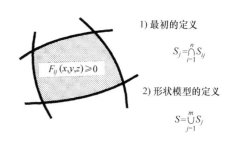

图 2-21　TIPS-1 的二阶构造

（b）PADL-1 树结构。PADL-1 树结构的基本实体限定于长方体和圆柱体，对象物的形状是由各个基本立体的集合运算的顺序通过二进制树型网络来表达（图 2-22）。集合运算包括和、差、积等。算子用节点、基本实体用板（leaf）来记忆的。

（3）B-Rep（Boundary Representa-

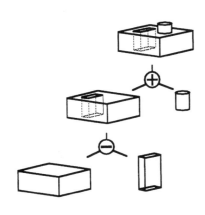

图 2-22 PADL-1 的二阶构造

tion）：B-Rep 根据对立体内部和外部分界面的表达来表示立体的。通过点的集合来表现实体，在 3 维欧几里得空间的有界闭集合，其内部的封闭包与其自身一致的集合，即，以正则集合（regular set，r-set）来定义。例如，由线、面、立体混合在一起的形状就不是正则集合，如图 2-23 所示。B-Rep 并不是由所有的正则集合能够表现的，边界面上的任意一点附近只与圆盘同相的 2 维多元体。例如，图 2-24 中所示的形状虽然是正则集合，三棱锥和长方体接触部位附近和圆盘并不是同相的，这种形状的表面就不是 2 维多元体，无法用 B-Rep 来表现。

图 2-23 非正则集合

图 2-24 r-set 的非多元体

再者，还可以通过对 2 维多元体的边界面进行细分，用平面图形来表示。这个平面图形称为平面模型，B-Rep 用这个平面模型对对象物体进行表现。作为边界面的 2 维多元体的三棱锥及其平面模型如图 2-25 所示。这个平面模型是由适用于顶点的边及面构成的。但是，当用平面模型来表现 2 维多元体时，以下两个条件必须得到满足。第一，顶点及边与其他的顶点及边组合在一起。第二，当适用面是地面时，各个面共用的边的方向相互之间应该是不同的。根据这些条件就可以适用于构成形体模型的面，这种适应性根据实体内部和外部来区别使用。

图 2-25 三棱锥和平面模型

以上对 B-Rep 概念的说明，具体来说，实体的边界即闭合曲面（closed shell）作为面的接合体来表现。在其领域内根据自身无交叉的环来隔开。环是作为边的连接体来表现的。边是用没有分支的 1 维单元的顶点来区别的。例如，图 2-26 中显示的是实体模型和拓扑元素。因此，拓扑元素的连接根据环状圆、径向圆、盘状圆来表现。其次，为了规定构成实体的拓扑元素在 3 维欧几里得空间内所占据的形态和位置，就会与几何元素产生关联。即，面用几何曲面、边用几何曲线、顶点用坐标值来给定。图 2-27 和图 2-28 中展示的就是这种关系。

基于 B-Rep 的最初的形体模型 BUILD，是剑桥大学的 I. C. Braid 等人开发的。这套系统中的数据结构，构成面的棱线的记忆领域是长度可变的计算机难以使用的。之后，Baumgart 又提出了简化的数据结构翼边结构方案。但是，这种结构是表现单一连接的面，当面上有孔时就无法使用了。在那之后，

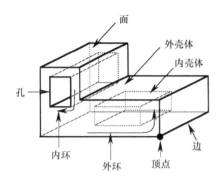

图 2-26 实体模型的拓扑单元

同样地 I. C. Braid 等人又将其导入能够表现多重连接的面的环的概念,即使面上有孔时也能够使用。

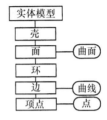

图 2-27 实体模型的分层构造

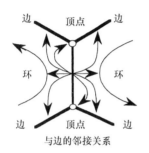
与边的邻接关系

顶点和边的邻接关系

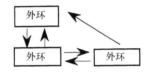
外环与内环的关系

图 2-28 翼边结构

(ii) 边界表现模型的形状操作 B-Rep 的形状操作大致可以分为以下 5 种,接下来对各种操作方法进行说明。

(1) 欧拉操作:对形状进行操作时作为保证形状正确性的手段,在实体形状的概念模型上允许多元体上存在分面(用单一的闭合曲线分隔开的平面或者曲面的一部分)的环(ring),允许立体上存在空洞(cavity)的多元体是成立的,根据欧拉-庞加莱公式来定义拓扑算子。使用该算子对形状进行操作的方式称为欧拉操作。

$$V - E + (F - r) = 2(S - H) \quad (2-13)$$

式中,V 是节点单元的数量;E 是边单元的数量;F 是面单元的数量;r 是环单元的数量;S 是面单元的数量;H 是球单元的数量。

这个函数表示了六元空间的超平面,存在 5 个独立的变量。如果对这 5 个独立的拓扑算子加以定义,就表示可以进行所有的操作。

欧拉操作有很多的优点,其中最主要的是在搭建形状时可以隐式处理复杂的拓扑关系,可以灵敏使用每一个拓扑关系中存在的反相位运算,记录形状过程中的拓扑算子的操作系列,根据逆向操作取消形状的操作也是允许的。

接下来,在图 2-29 中显示对这 5 个独立的拓扑算子及其逆向运算。

<欧拉操作>　　　<欧拉操作说明>

① mvfs/kvfs; make vertex face shell; kill vertex face shell

② mev/kev; make edge bertex; kill edge vertex

③ mef/kef; make edge face; kill edge face

④ kemr/mekr; kill edge make ring; make edge kill ring

⑤ kfmrh/mfkrh; kill face make ring

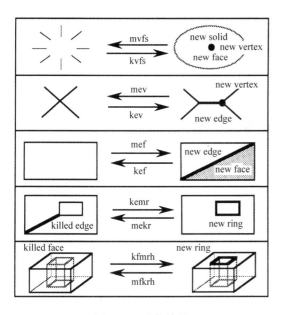

图2-29 欧拉算子

hole；make face kill ring hole

（2）基本形状的生成：形体模型提供的基本形体模型的生成方法包括以下几种。

①长方体/角柱/圆锥/球等的体素的生成。②挤压形状的生成。③旋转体的生成。④扫描体的生成。⑤混合形状的生成。

根据欧拉操作生成这些形体模型以后，就可以做出有正确拓扑关系的模型。例如，图2-30所示的根据欧拉操作生成三棱锥的顺序。

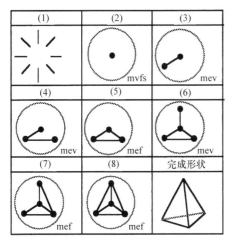

图2-30 根据欧拉算子生成三棱锥

（3）旋转、平行移动：通过对形体模型的旋转及平行移动来加以配置。

（4）局部变形操作：通过对实体的一部分进行变形操作，例如，画圆、开孔、移动面等操作。这些操作虽然可以通过下面将说明的集合运算的方式来处理，对于实体来说局部的变更的效率更好。但是，这种处理方式可能会产生自身交叉等相互矛盾的形状，因此必须对生成的形状进行检查验证。由于这种检查验证所产生的负荷很高，常常会将它委托给操作者（图2-31）。

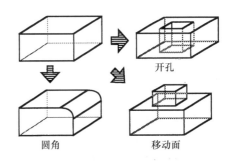

图2-31 局部变形操作例

（5）集合运算：实体是点的集合，可以通过两个实体的集合运算来生成新的实体。集合运算包括和集、差集、积集，其定义如下所示。

① 和集　$A \cup B = \{x : x \in A \text{ or } x \in B\}$

② 差集　$A - B = \{x : x \in A \text{ and } x \in B\}$

③ 积集　$A \cap B = \{x : x \in A \text{ and } x \in B\}$

使用这些集合的运算，由于其中包含差集运算，图2-32所示的被去除的部分例边界消失，这就会造成运算无法完成。

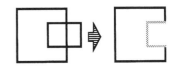

图2-32 差集计算例子

为了对这种情况进行修正，A. A. G. Requicha按照式（2-14）定义了正则集合（regular set）。

$$X = k(i(X)) \quad (2\text{-}14)$$

式中，X 是 3 维欧几里得空间的部分集合；K 是闭合包；i 是内部。

点集 X 的闭合包是指包含 X 的最小的封闭集合，封闭集合是由边界包围的点集合，可以直观理解（图 2-33）。

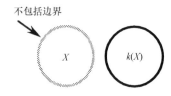

图 2-33 闭合包的概念

此处，与正则集合相对应的正则集合运算 $\cup$、$-$、$\cap$ 按照以下的方式定义。

① 和集　$A \cup B = k(i(A \cup B))$
② 差集　$A -^* B = k(i(A - B))$
③ 积集　$A \cap B = k(i(A \cap B))$

（iii）实体模型的应用状况　实体模型适用于表示汽车发动机零部件等壁厚形状，虽然由于形体模型的稳定性确保困难和较高的计算负荷等阻碍了实用化，但是由于其对形状表现的完美性、较高的自动化处理功能以及最近 EWS 的进步带来的高性能计算能力，使得以前存在的问题都得到了很好解决，已经在部分领域内开始实质性应用。根据 B-Rep 实体模型生成器做成的零部件形体模型如图 2-34 所示。

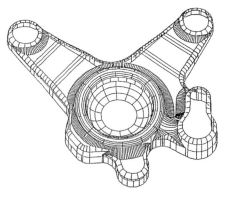

图 2-34 锻造部件的立体模型

2.2 前处理技术

2.2.1 概要

代表计算力学的有限元法、边界元法、差分法等各种方法，不管是哪一种，都必须对物体点据的空间进行分割（空间方向的离散化）。具体的操作过程前两者一般称为单元划分（mesh generation），后者一般称为网格生成（grid generation）。但是不管是哪一种方法，如果空间为 2 维平面的三角形或四边形、3 维实体的四面体或六面体，在执行分割操作时其本质上都是相同的。但是差分法的解法在性质上最好是使用直交性较高的六面体网格（结构网格，structureed mesh），如图 2-35a 所示。

与之相比，有限元法及边界元法所需要使用的并不是把任意形状分割为任意尺寸的六面体，而是分割四面体的单元称为非结构网格（unstructured mesh），如图 2-35b 所示。不需要单元分割而生成网格的方法与结构网格或者非结构网格有较大的差异。本节中首先对结构网格的生成方法进行简单的叙

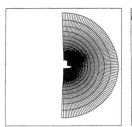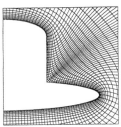

a) 结构网格的例子

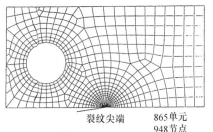

裂纹尖端　　865 单元
　　　　　　948 节点

b) 非结构网格的例子

图 2-35 网格

述，之后再以自动化程度很高的非结构网格的生成方法为焦点进行详细的论述。

2.2.2 结构网格的生成方法

a. 网格的种类

结构网格首先可以大致分为直交坐标系的网格（直交网格）和曲线坐标系的网格。前者是由等间隔或者不等间隔的直交网格来近似描述形状的。图 2-36 为简单的例子。直交网格的网格线在各个方向都直交延伸，在物体表面附近并不是沿着曲面，从而出现不稳定现象。因此不能正确地表现实际的开关，另外网格点的局部也难以集中。尽管这样，不管是哪种几何开关，如果用表面模型及实体模型来定义，就可以自动生成网格。直交网格经常被用在零部件开关及计算领域非常复杂的问题求解中。

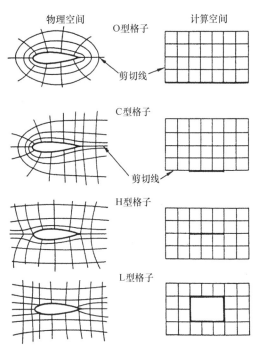

图 2-37 各种曲线坐标系的网格

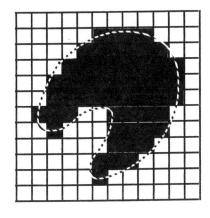

图 2-36 直交网格的例子

另一方面，曲线坐标系的网格也称为合身系统，能够沿着表面开关生成网格。如图 2-37 所示，根据网格节点的排列方法分为 C、O、H、L 型，根据求解领域的开关来选择适当种类。如果使用网格节点分布效率非常高的 C 型及 O 型网格，就可以在物体表面的边界层上很容易地生成集中网格。因此即使是对求解剥离点位置的流场问题，也可以生成计算精度和效率非常高的网格。

曲线坐标系网格的难点在于对复杂开关的适应性低。如前所述，网格型从基本上来说是把 2 次单元按 2 个方向、3 次单元按 3 个方向正则化后使排列起来的网格节点产生变形，因此这种网格在表现轮胎、扰流板等实际的汽车零部件形状以及热防护板等内部零部件时就有局限性。求解这种复杂问题所使用的网格时，是在计算领域内分割为多个网格，或者重复使用多个网格。图 2-38 所示为简单的应用案例。在这个例子中，在圆柱的附近用 O 型，在周边用 H 型网格。另外还有只使用 H 型网格的多块法，由于在领域内容易分解，最终只生成一个网格系统，计算也非常简单，因此在汽车领域内应用很广泛。这种方法将在后面详细说明。

另一方面，多个网格重叠在一起的方法称为重合网格，是航空领域内经常使用的方法。图 2-39 是这种重合网格的简单例子。生成这里所讲的重合网格时，各个网格的类型、分布等的自由度非常大，可以高效地确定网格的分布。但是对于过渡重叠的部分，需要根据求解程序的信息接收状况，来进行

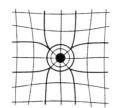 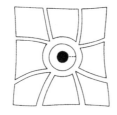

图 2-38　复合网格的简单例

内插计算。

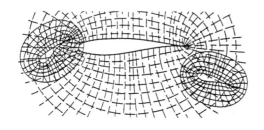

图 2-39　重合网格的简单示例

使用这些多块或者重合网格几乎可以应对所有的复杂开关，网格的生成也非常容易。但是不管是对空间如何分割，还是如何重叠，都会因问题的不同而不同，使这个过程自动化又是一个新的课题。

b. 直交网格的生成

生成直交网格时，首先在物体所占据的领域全部生成网格。由于是直交的，就可以用网格点的坐标和网格间隔及构成点数来简单地决定。然后再判断该网格点的各个节点是否被包含在物体内部，例如，包含在物体内部为 1，在空间内为 0，根据这样的分配方法就可以生成网格了。

判断节点是否包含在物体内部的方法可以按照物体表面的多元体所包围起来的开关来定义，这样的话就很简单了。如图 2-40 所示，从物体外部的任意参照点向任意的网格节点引一条直线，如果在物体的外部则与物体表面的交叉次数为偶数，如果在物体内部则交叉次数为奇数。但是，由于汽车的板件等混合存在时为非多样体，上述的这种方法就无法进行计算。对于这种情况，分别生成板件和实体部件的网格，最后再重合在一起就可以解决这个问题。

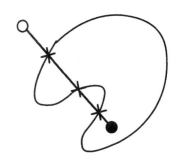

图 2-40　任意点的内外判定例

c. 曲线坐标系网格的生成

曲线坐标系网格的生成是用代数方法通过内插计算求得的，利用拉古拉斯或者泊松方程等偏微分议程即可。对于前者，网格生成的速度高，而且分布也容易控制。而后者网格的生成时间稍长，节点的分布也难以控制，但是网格的开关是非常光滑的。

此处以最基础代数生成方法的无限元内插法来加以详细介绍。

如图 2-41 所示来考虑由 2 维的 4 条曲线包围起来的领域，其中网格节点的坐标矢量为 f，可以用以下公式表达。

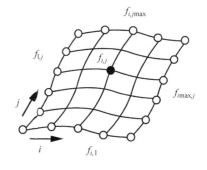

图 2-41　无限元内插法

$$f_{0i,j} = (1-\alpha_i)f_{1,j} + a_i f_{imax,j}$$
$$f_{i,j} = f_{0i,j} + (1-\beta_j)(f_{i,1} - f_{0i,1})$$
$$+ \beta_j(f_{ijmax} - f_{0ijmax}) \quad (2\text{-}15)$$

式中，α 和 β 是单调增加函数，满足以下的条件。

$$\alpha_1 = 0, \alpha_{i\max} = 1$$
$$\beta_1 = 0, \beta_{j\max} = 1 \quad (2\text{-}16)$$

表示外侧边界网格分布的 $f_{1,j}$、$f_{i\max,j}$、$f_{i,1}$、$f_{i,j\max}$ 可以事先在边界曲线上设定。例如，网格的分布可以是等分布的，也可以利用等比级数及 tanh 函数向单个方向集中。另外，虽然此处用到了 α 和 β，但是生成的网格也是变化的。例如，根据边界线的网格间隔给定时，可以按照下式来求得 α 和 β。

$$\alpha_i = \sum_{m=2}^{i} |f_{m,1} - f_{m-1,1}| / \sum_{m=2}^{i\max} |f_{m,1} - f_{m-1,1}|$$
$$\beta_j = \sum_{n=2}^{j} |f_{1,n} - f_{1,n-1}| / \sum_{n=2}^{j\max} |f_{1,n} - f_{1,n-1}|$$
$$(2\text{-}17)$$

这里所显示的内插法情况，由于不能给定网格的直交性，包围领域的曲线确保直交或者用代数方法移动网格来保证直接性。

再者，生成 3 维网格时可以从周围的 6 个面内插，如下面所显示的样子，通过两步的计算公式就可以求得网格节点的坐标。

$$f_{0,i,j,k} = (1 - \alpha_i) f_{1,j,k} + \alpha_i f_{i\max,j,k}$$
$$f_{1i,j,k} = f_{0i,j,k} + (1 - \beta_j)(f_{i,1,k} - f_{0i,1,k})$$
$$+ \beta_j (f_{i,j\max,k} - f_{0i,j\max,k})$$
$$f_{i,j,k} = f_{1i,j,k} + (1 - \gamma_k)(f_{i,j,1} - f_{1i,j,1})$$
$$+ \gamma_k (f_{i,j,k\max} - f_{1i,j,k\max}) \quad (2\text{-}18)$$

式中，α、β、γ 和式（2-16）同样为单调增加函数，另外以 $f_{1,j,k}$、$f_{i\max,j,k}$、$f_{i,1,k}$、$f_{i,j\max,k}$、$f_{i,j,1}$、$f_{i,j,k\max}$ 为例，通过式（2-15）就可以求出周围 6 个曲面上的网格分布。

d. CAD 数据的使用方法

在显示实际的网格生成流程之前先叙述一下 CAD 数据的使用方法。如在第 2.1 节中所叙述的显示 CAD 开关的有线、面、实体模型，因为实体模型经常是被当作表面模型使用的，所以在此处对线框模型、表面模型生成的网格来加以详细描述。另外，表面模型经常是利用构成曲面的多边形来近似得到的，这些也一起介绍。

（i）线框模型网格的生成　从线框模型生成的网格，使节点在曲线上以适当的间隔分布，这些网格节点使用前面所述的方法等生成 3 维空间内的网格。曲线公式如下所示，是参数 t 为变量的函数式。

$$R = f_c(t) \quad (2\text{-}19)$$

因此，设定 t 以保证适当的间隔，按照该函数式，如果计算出左边的值，就可以定义线模型上的网点格。

各种各样的 CAD 使用不同的曲线公式。正因为如此，虽然可以使用 B 样条曲线、Bezier 曲线等的曲线公式来保证正确使用 CAD 数据，一般来说在读入数据时会近似为单一的曲线公式。如果考虑分析计算的网格宽度、精度等因素，网格节点的坐标值可以有些许误差。

（ii）从表面模型生成网格　这种情况下大致可以分为两种方法。一个是和线框模型相同，先在参数空间计算，然后将曲面的表达公式向物理空间转换。如图 2-42a 所示，首先在参数空间内生成网格，这里用 u、v 代表参数值，向图 2-42b 的物理空间转换。此时，变换是基于以下的曲面公式进行的。

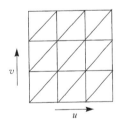
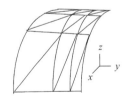

a) 参数空间的网格　　b) 物理空间的网格

图 2-42　网格参数空间到物理空间的变换

$$S = f_s(u, v) \quad (2\text{-}20)$$

这种方式的难点在于网格生成的自身在参数空间进行的，在向物理空间转换时容易发生翘曲变形，或者表面模型包含多数的剪切面，结构网格难以生成。为了处理这些问题需要将原来的曲面再次生成，因此要花费额外的时间。

另外一个表面模型的使用方法,是首先在物理空间内生成网格,并在其基础上向曲面上投影。图 2-43 所示为简单的例子。投影的方向一般是沿着曲面的垂线方向。这种情况下投影方式如图 2-43 所示,按照牛顿的收敛计算就可以得到结果。

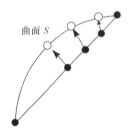

图 2-43 网格点向曲面上的投影

$$S = P + Nt \tag{2-21}$$

式中,

$$N = \frac{\partial s}{\partial u} \times \frac{\partial s}{\partial v}$$

式中的 P 为网格节点的坐标值。

这种方法是在物理空间内生成的网格节点,因此其分布是容易控制的。另外,即使把 CAD 数据去除,也不会影响网格的生成,这是其优势所在。

两种方法都要求网格生成的曲面公式必须有运算功能。但是和线框模型相同,允许有微小误差,因此可以使用单一的曲面公式。

(iii) 多边形生成网格 这种方法是要首先在 CAD 模型的表面上用多个平面多边形近似,以这些平面多边形的形状数据为依托生成网格。对于这种情况,由于曲面在空间内不存在,暂且生成空间网格,然后将其向多边形平面投影而成。另外,在使用直交网格时使用平面多边形来判断空间网格的内部和外部的交叉面。在这个例子中,如图 2-44a 所示,先取得平面多边形的 CAD 数据,在其基础上判断内外侧,然后按照图 2-44b 所示生成直交网格。

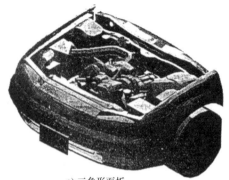

a) 三角形面板

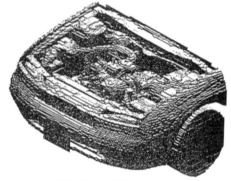

b) 矩形棱柱网格(屏蔽数据=0)

图 2-44 直交网格的生成案例

这种方法的优点是 CAD 数据的处理,因为要计算平面与直线的交点以及向平面投影网格的节点,所以对于特殊的曲线、曲面,所生成的网格并不用将实际匹配到网格生成一侧。另一方面,最大的难题是保证 CAD 输出高品质的平面多边形。最近一种称为 Stereo lithography 的近似高精度数据输出方法,正在被广泛地使用。

e. 多块法的汽车板件网格生成案例

根据多块法生成汽车板件网格案例的流程,如图 2-45 所示。

首先,从 CAD 数据开始,划分空间区域时,将物体上的棱线等特征线抽出(图 2-46)。接下来,为了将空间领域分成不同的块需要生成必要的辅助线(图 2-47),因此空间领域就被划分成了不同的块。然后就可以将这些特征线、辅助线作为曲线数据使用。

2 建模和前处理

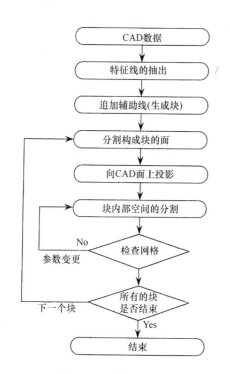

图 2-45 网格生成流程

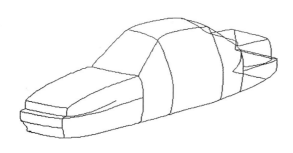

图 2-46 网格生成用的特征线

在这些曲线上设定节点。这些点将决定之后生成的网格节点的分布，因此需要考虑在表面上的集中和直交性。为了保证直交性有时需要对曲线自身进行修正。

使用这些曲线在小块区域的周围分割成六个表面（图 2-48）。使用如前所述的无限元内插法。混合函数也在使用边界线间隔。物体表面上形成网格的部分由于是在内部的面上，网格点向原来的 CAD 面上投影。

再者这些内部的节点向周围六个面的网格点内插。这一步的内插使用的是前面所述

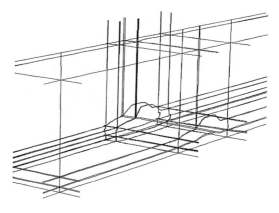

图 2-47 块的构成

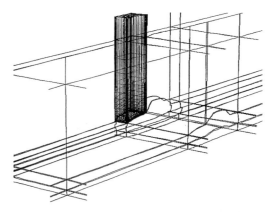

图 2-48 块表面的分割点

的无限元方法。因此，此处的操作在全体的块上进行，最后再将所有的块连接起来，同时保证网格线光滑（图 2-49）。虽然这一步光滑处理使用哪种方法都可以，但本例中在向表面集中时使用的是代数式的最小限的光滑方法。

2.2.3 自动网格划分功能的开发

最近计算力学的进展非常迅速，利用超级并行计算机及超级计算机的网络环境，能够实现超过 100 万自由度的超大规模的有限元分析。对于这种大规模的分析计算，使复杂形状物体的前、后处理负荷显著增加。而且单元分割还会影响求解精度、收敛性、可靠性、计算时间等，完全实现单元分割自动化非常困难，在单元网格划分上的负荷逐年

23

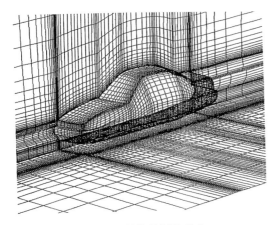

图 2-49 整体的网格分布

增多。因此,减小网格划分的时间是提高计算力学分析整体效率的最关键的一环。

一般来说实现网格自动划分所需要的必要条件汇总如下。

① 能够划分任意的形状。
② 适当分配细小的或粗大的单元。
③ 尽量消除单元的翘曲变形。
④ 单元的总数量可以控制。
⑤ 输入数据尽可能简化。
⑥ 数据输入能够在可对话的环境上进行。

在这些条件当中,①是单元划分的基本要求,②~④提高计算精度和缩短计算时间。这些要求是与单元分割相互矛盾的,需要协调处理以实现最佳的时间分配。⑤、⑥对于提高可操作性,缩短操作者的处理时间具有重要的意义。

另一方面,利用自动方法来试验最佳的单元划分(即最佳的单元尺寸分布的划分),事后的误差评价和自动单元划分方法组合应用的主动方法也受到了越来越多关注。因此,首先对最新的自动网格划分技术动向加以叙述,其次对事后误差评价组合应用的主动分析实例进行介绍。

2.2.4 四面体单元和六面体单元

对于 2 维平面或者 3 维壳构造的情况,能够实现任意形状的三角形或者四边形单元的自动划分。但是,对于任意形状的 3 维实体,完全的自动网格划分系统几乎都是又四面体单元为对象的。虽然所有的能用系统软件都具有六面体单元划分功能,但是并不一定能够适用于所有的形状,常常是仍然需要操作者花费大量的时间去手工修改。

当使用差分法来生成结构网格(也是六面体)时,也会遇到同样问题。另外,如图 2-50 所示,由于可以通过四面体中心平面来分割成四个六面体单元,最开始可以完全用四面体来分割,然后将各个单元分割成四部分,就可以生成完全的六面体单元了。但是,用这种方法分割成的六面体经常会有翘曲和变形,因此无法进行高精度分析。另外,这种单元划分的方法无法与像结构网格那样完美排列的六面体单元划分结合在一起。最近,报告了一种在这种状况下能够完全自动分割任意形状的 HEXAR 系统。图 2-51 为该系统所划分的单元例子。这个系统的方法在文献中虽然没有详细的说明,根据 HEXAR 系统划分六面体网格的流程如下。

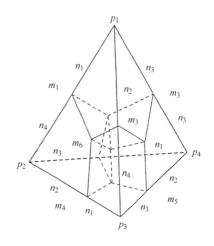

图 2-50 四面体分割成六面体

① 将 CAD 面数据转换为三角形面补丁,变换时,CAD 的面数据应该覆盖分析

对象的所有表面。

② 在三角形的面补丁周围生成四边形单元。此时可以对表面单元尺寸的变化率加以控制。

③ 从所有表面的四边形单元的内部分割为六面体单元。即,与内部相关的单元粗密信息没有必要。

详细文献中并没有对第③项的六面体分割流程明确定义,但是按照以下的方法可以推测。开始时在分析领域内尽可能地填入六面体单元。其次,将该六面体块表面上的节点向领域边界内投影。最后将顶点和投影点结合在一起,就在领域边界的间隙处填充了六面体。这种方法的特征是从整个表面的单元划分信息来决定内部的分割。这样一来对减小操作者的数据输入压力是有利的,但是从另一个角度来看,控制内部单元粗密方面的限制又成为一个新的课题。另外,最大的问题是扩张角形状,在角的顶点及棱线附近确定投影是非常困难的,因此也难以得到良好的单元网格。基于这种情况,图 2-51 所示与圆形地带的单元分割相比,扩张角形状的网格划分具有一定难度,对于扩张角必须将单元划分得很细,使得模型的规模变大。另外,根据这种算法无法确定是否包含细长的六面体单元。

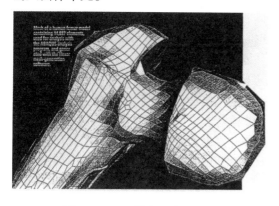

图 2-51　六面体自动单元分割

目前,相对于四面体单元,分析人员更倾向于六面体。其理由如下所述。

① 结构网格中的六面体单元不需要特别后处理技术,用平面表现的评价断面很容易就能取出来。

② 与一阶六面体单元相比,一阶四面体单元的精度差。

③ 高阶次的四面体单元能够实现精度很好的线性分析。但是,在进行非线性分析时,同阶次的六面体单元的精度要高很多。

④ 同六面体单元相比,在相同的领域内划分出来的网格,四面体的单元数和节点数都非常的多。

对于①,目前已经有很多操作方便的后处理技术能够利用,几乎所有的问题都能够得到解决。②是当前的事实。对于④,随着计算机容量和计算速度不断提高,限制条件已经大大地缓解了。因此,当选择单元时最关键的是③中所提到的问题。尽管如此,对于这个问题,在讨论单纯的四体体单元和六面体单元 之前,有必要了解以下几方面的事实状况。

对于③,首先大量研究报告显示,翘曲率低的二阶单元,四面体、六面体的精度毫不逊色。

其次,六面体单元的物理变化少,即使使用较大长短边比的单元,精度也没有明显降低。但是,长短边比较大的二阶四面体单元,精度会急剧下降。

第三,目前市场销售的几乎所有的自动化网格划分系统,虽然能够完全自动地划分四面体单元,但是因对象物体的不同在一些局部位置可能会出现多余的单元或者长短边比较大的单元。对于这种情况,当然无法达到预期的分析精度。

第四,能够将任意形状分割为六面体单元的方法,网格划分本身就要消耗大量的时间。另外,与以前的半自动化六面体单元分割技术相比,容易出现变形较大的单元。

总之，如果能够将任意形状划分成变形少的四面体单元（但是需要高阶的），就几乎不会产生影响计算精度的问题。事实上，即使对于参考文献[48]，二阶三角形/四面体单元也要比一阶四边形/六面体单元精度高，与二阶四边形/六面体单元相比精度也毫不逊色。后面会提到，即使是对三元线性/非线性分裂分析及非压缩性流体分析，也能保证良好的精度。

通过对以上事实的了解，下面叙述能够分割任意形状的基于四面体单元的自动网格划分技术。

2.2.5　3维单元任意形状的自动分割法分类

几乎所有3维空间内任意形状物体的自动网格划分技术，都是使用四面体单元。在以前的自动单元分割法当中，所使用的三元实体可以分为以下3类。第一，利用8叉木法（octree method）及修正8叉木法（modified octree method）对单元尺寸进行控制，以生成四面体单元[52,53]。在图2-52中所显示的是根据4叉木法（quadtree method）对二元平面的划分例子。4叉木法也好8叉木法也好，其基本思路是相同的，如图2-52中的流程所示。

这种方法是根据反复的领域分割用分层数据结构（4叉木法、8叉木法）来表面单元分割的。反复分割法能够使用的实体，有2维的四边形、3维的六面体，搭建四边形的4叉木模型或者六面体8叉木模型，最后再分别分割成三角形或者四面体。使用这种方法根据反复地分割能够表现任意形状的对象，这是根据树木结构的阶层深度原理来控制单元尺寸。另外，由于模型数据具有树木结构，表面单元分割的必要信息可以大幅度压缩。另一方面，单元尺寸的变化率受2的冥的限制。其结果是将难以表现任意单元尺寸比，对于包含边界形状的问题，如果不适

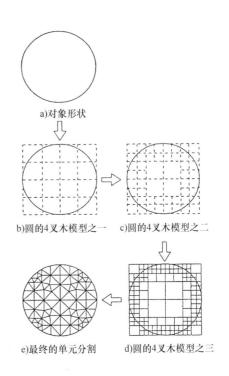

图2-52　根据树模型法单元分割案例

当指定分割阶层，较小的突起将被消除，造成单元分割失败。

第二种方法称为节点生成法（node generation method），通过多种方法在全体对象领域内生成节点，从这些节点群利用前沿法（advancing front）或 Delaunay 法生成四面体。这种方法相比于第一种方法能够柔性控制单元尺寸的变化。但是，如何指定在任意3维形状内部的节点分布，以及如何生成节点是最大的困难。因此，以前几乎所有的情况下的适用对象都不是2次问题，而是2.5次问题。但是，如同后面将提及的，根据最近才流行起来的模糊知识处理方法的应用，已经开发出来了能够自由控制单元尺寸变化率的自动单元分割技术，以前出现的难题都得到了大幅的改善。

第三种方法是图2-53所示的对复杂构造进行部分分割[54,62]，把各部分通过投影变换成简单的形状，然后在这些基础上进行单元分割，一边对原始的形状进行投影修

正，一边用事先准备好的单元分割形状加以填充。市场上销售的六面体单元分割软件，都在某种程度上采用了这种原理。在复杂的形状内部生成结构网格时也常常采用这种方法[30]。这种方法最大的缺点是不一定对任意领域都需要划分单元，或者说为了分割领域造成使用者信息输入量大增。

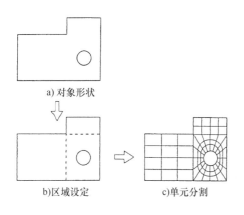

图 2-53　根据区域分割法的单元分割案例

另外，对于稍许复杂的结构，或者多个应力集中的部位，可能出现无法生成单元的问题。

2.2.6　模糊知识处理方法

最近，有报告公布了一种对 3 维任意形状进行任意的疏密单元分布的网格划分方法[41-44]。它是利用模糊知识处理原理，对节点疏密信息进行控制，利用计算机几何学方法以和节点数成比例的速度生成节点和单元的。这种方法和后面将要介绍的主动分析技术的匹配性非常好，能够开展高精度的分析任务。这种方法满足 2.2.3 项中所列示的自动单元划分的所有①~⑥项要求。

a. 处理流程

这种方法按照 2.2.5 项中叙述的节点生成方法进行分类，处理流利如下所示。

① 利用实用 CAD 软件的形状定义功能，生成分析对象的几何模型。

② 在几何模型的顶点、棱线、边界面上以及领域内部生成节点。此时，根据模糊知识处理原理对节点的疏密程度进行控制，高速生成节点的一种计算几何学方法中的一个，即 Bucket 法。

③ 利用计算几何学方法之一的前沿法（advancing front）及 Delaunay 法来生成单元。

④ 为了修正节点连接位置单元的变形，进行拉普拉斯平滑化处理。

下面，对各个步骤的要点加以叙述。

b. 形状定义

形状定义部分利用能够对自由曲面进行操作的实用 CAD 软件。这些 CAD 软件当中，保持由 3 维形状的边界面（有理自由曲面）、棱线（B 样条曲线及 Bezier 曲线等自由曲线）、顶点等数据结构。另外，对于 3 维壳单元的情况，保持全体形状数据集中在小的领域（有界曲面）内。各个小领域在全局坐标系和局部坐标系中定义。

c. 节点密度控制

如 2.2.5 项中所述，决定节点生成法性能的是 3 维任意形状内的节点分布函数的定义方法以及适用于节点生成方法的算法。这里所说的方法，是使用单元分割本来就有的模糊性。例如，单元尺寸的粗、细，与裂缝近、远等模糊知识处理方法。

这种方法体现了熟练操作者的思想在内。为了说明其原理，考虑图 2-54a 中所显示的包含裂缝和圆孔的矩形平板（考虑到对称性只取了 1/2）的单元分割。如果是熟练人员，在理论知识和过去积累丰富的技能基础上，对于裂缝和圆孔等特征部分，应该事先熟知这是应力容易集中的部位。因此，在裂缝前端和圆孔周围等部位要对单元进行细化，从这些位置开始，对逐渐远离的位置渐渐放大单元的尺寸。这样分割而成的单元，对于局部位置是最合适的。因此，如果将这样的模型加以组装在一起的话，就可以事先生成最佳的分析模型。不过，如何分割网格才适合于分析要求，如图 2-54a 中所显示的，两种图案重叠的部分会产生多余的节点，因此有必要将其除去。为了实现这样的自动化处理过程，就适用模糊知识处理方法。

首先，在每个局部的节点图案定义隶属函数（membership function）。这个函数在对特征点（前端开裂及圆孔边缘）处节点表示"远近程度"的同时，还能表示"该位置处节点的密度"。这种情况在应力分析中，由于特征点常常是应力集中点，常常表现出"希望距离特征点越近越要更细密的节点分配"。图 2-54b 中在裂缝前端和圆孔附近用对应两个节点图案的隶属函数来表示的。现在，如同图 2-54b 那种两个图案重合的情况，就要对每个位置的隶属函数进行比较，哪一边的值较高则留用哪一边的节点图案［取和集的模糊理论（fuzzy theory）］，或者如图 2-54c 所显示的那样，求得隶属函数的包络张。同时，可以自动分离全分析领域内的裂纹前端和圆孔范围。在每一个领域内对应的节点图案进行分配，如图 2-54b 那样按照操作者的主观意愿进行自然分配。

裂缝和圆孔这种特征的节点图案称为特殊点图案。这些是从熟练分析人员的经验及固体力学理论等中导出来的最佳单元分割知识。这种方法根据适用领域的不同对局部的图案进行整理，并保存在数据库中。例如，在进行流体分析时，对于边界层附近及流速急剧变化的点；在电磁场分析时的点附近等需要细化网格图案中经常被用到。另外，除了特殊节点图案以外，覆盖对象形状整体的网格状节点图案（称为基本节点图案，隶属函数取一定值）也是常用的。

隶属函数通常是数值，通常取为 0～1。即使如此保持规格化的数据库以使节点图案的隶属函数的最大值为 1。当从数据库中选择重合在一起时，乘以图 2-55 所示由分析

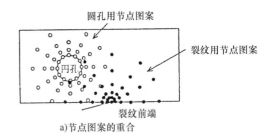

a) 节点图案的重合

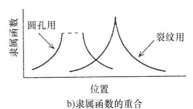

b) 隶属函数的重合

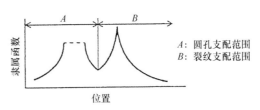

c) 隶属函数的和集处理

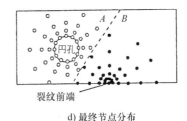

d) 最终节点分布

图 2-54 使用模糊知识处理方法对节点密度控制的原理

者指定的系数 C_i［表示各种图案相对重要度的系数，称为重要度系数（importance factor）］，可以对相互的高度进行调整。因此，这种方法对于 3 维分析领域内的节点密度，根据从数据库中选择的节点图案其配置位置以及重要度系数的指定来控制。

d. 节点生成

节点的生成在单元生成的同时，在自动单元分割程序中占据非常多的处理时间。因此，成为提高效率的重要的课题。使用这种方法生成节点时，需要考虑以下两种方法。

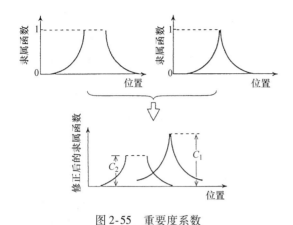

图2-55 重要度系数

第一种方法是从本项 c. 中叙述的从节点密度控制原理直接导出来的。首先，在节点图案数据库中，录入了局部位置最佳的节点图案的密度分布函数（隶属函数）和根据该函数对节点配置的程序。其次，同时进行节点图案的组合和节点配置。即，每一种图案生成节点后，在节点的位置比较全部的隶属函数，当自身图案的隶属函数值最大时就采用该节点，否则就要把该节点去除。按照这种方法对所有图案的全部节点可以进行排序。

第二种方法是在数据库中只录入节点图案的密度分布函数。因此，求得所有节点图案对所有重合领域内的节点密度分布，然后按照其分布来生成节点。

第一种方法是对每一个图案的每个节点的配置位置进行精密控制，但是为了实现每个图案的节点配置程序需要编写专门的程序。第二种方法却对节点配置程序的编程没有需求。因此，向数据库中录入时不仅很容易，而且在使用软件时操作者可能通过界面对话来录入图案，搭建了一种更为简易的操作界面。

以前的节点生成方法有一个非常大的缺点，即当节点总数为 n 时，所需要的时间为 $O(n^2)$。这样对于几千个节点的 2 维问题还不会造成问题，但对于数万甚至数十万个节点的大规模 3 维实体问题来说则成为致命的问题。对于这个问题，根据计算几何学方法之一的篮子法可以解决。

图 2-56 中，像图 2-54 所示的 2 维问题为例的篮子法原理。首先，如图 2-56a 所示，先分析对象领域内的给定节点密度分布。其次，如图 2-56b 所示，在分析对象领域内分割成完全包围起来的长方形（三维问题是则为立方体）。这样的长方形称为一个的篮子，在每一个篮子上生成节点。根据一个篮子法应用例子，考虑其内部所生成的节点。首先如图 2-56c 所示的以十分细小的间隔（根据该篮子中预计生成节点间隔的最小值，在某种程度上如果设定得较小的话是有利的，此处设为 1/5）准备多个候补节

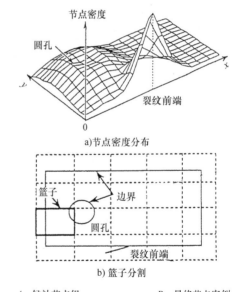

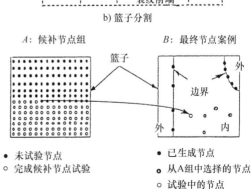

图 2-56 根据篮子法生成节点

点。从左下角的候补节点开始按照顺序置于分析领域内,当满足以下的两个判定基准时,则采用该点。

① 候补节点(白色圆)存在于分析领域内[内外判定(IN/OUT check)]。

② 候补节点和已经配置完成的节点(黑色圆)当中最近的节点的距离与节点的密度相等。

对于①的 IN/OUT 检查,虽然有多个算法,此处根据形状定义数据(边界数据)和节点位置信息,"在封闭领域内部的节点延伸出来的半直线和其领域边界有奇数次的相交"原理来加以判断。在对应的篮子边界附近点的采用与否的判断,当按照基准②执行时,也要对已经完成节点配置的邻接篮子内的节点进行调查。根据判定标准①,首先对每个篮子检查,只对跨越边界的篮子中的每个节点进行评价。根据篮子法的应用,搜索接近点的次数显著减少,生成节点所需要的时间变成 $O(n)$。这样一来,对于3维实体问题类的大规模节点生成特别有效。

e. 单元生成

当需要生成多个节点时,能够获得连接节点且变形少的三角形及四面体算法中,最有名的当属进阶法(advanceing method)和 Delaunay 法。这些方法在参考文献[30,58]中有详细的论述,详细内容请参考该文献。本文中仅对其中的若干注意点加以介绍。

进阶法是以一个三角形或者四面体为出发点,按照顺序查找邻接的三角形或者四面体。其生成速度与 Delaunay 法相比约慢一个等级,但是在某些边界面上很容易指定单元分割的图形,操作手法很灵活。

而后者 Delaunay 法,利用图形反复进行三角形或者四面体的分割操作。生成速度与节点数对应为 $O(n)$,是最近的单元生成的主流方法。这种方法仅从节点的信息来生成单元,即使是凹状形状,也能顺利地生成单元。但是单元生成以后单元的重心等进行 IN/OUT 检查就可以解决这个问题。另外,在凹陷部分以生成跨越边界的单元也很容易。对于这种问题,使用模糊知识处理方法控制节点密度分布的方法,在边界上生成的节点密度能够设定得比边界附近领域的节点密度稍微高些,通过这种方式就可以自动避免[44]。

进阶法和 Delaunay 法虽然只能直接生成2维单元三角形,但是根据以下的四边形生成算法,就可以最终通过四边形单元分割得到。首先,利用 Delaunay 等方法对三角形进行分割后,反复进行相邻两个三角形的结合操作,就能够得到四边形。在这个阶段,虽然数目不多,但是还是有一些三角形混在里面。连接残存的三角形和新生成的四边形的重心和各边的中点,并逐一进行3分割或者4分割。通过这种方式就能够在整个领域内得到四边形。为了使用这种方法得到变形小的四边形,应该预先在合适的位置配置节点。

对于3维实体的情况,由于是用进阶法和 Delaunay 法来生成四面体单元,通过各个单元的重心进行4分割就有可能生成六面体。但是像这样生成的六面体单元变形大,计算精度还有待提高。另外,结构网格类的秩序井然的六面体单元与这种方式生成的单元无法连接,因此还无法应用到实际中。

f. 光滑化

根据 c.~e. 项的算法,在非常接近特征形状的位置残留了原始的节点图形,可以生成形状良好的单元。但是,在节点图形的连接位置和边界附近,有时会生成变形较大的单元。因此,应用拉普拉斯光滑化处理[59],对单元的变形进行修正。这种方法会将某些节点坐标向邻近该节点构成的多面体(二维的多边形)的重心坐标转换。光滑化处理通常只需要几次反复即可。

g. 单元分割案例

使用模糊知识处理方法进行的自动单元

分割，通过以下3个过程加以控制。

① 从数据库中选择节点图形。

② 指定各个图形的配置位置。

③ 指定各个图形的重要度系数 C_i。

其中，在确定①和②的阶段，保持各节点图形的重要度系数 C_i 的相对关系，如果使所有的重要度系数按照相同的比率变化，就可以控制相对的节点疏密分布的节点总数（它与重要度系数成比例）。在图 2-57b 和图 2-57c 中，是以图 2-57a 中的 3 维壳结构（以汽车的轮罩为例：小领域数为34）的单元划分（两个特殊图案和一个基本图案）为对象进行的总节点控制（约 2000～1300 个节点）案例。由于总的节点数直接影响分析时间及使用的内存容量，希望能实现与计算机环境对应的适应性控制。而利用上述方法就可以轻松实现。

在图 2-57d 中，是同一个分析形状配置不同节点图案的例子（特殊图案经过一次变更）。从图 2-58b、d 的比较可以得到，通过细微的数据操作就可以进行不同的单元分割，这也是本方法的特征。

2.2.7 后期误差评价和单元再分割

a. 以前的后期误差评价法

在 2.2.6 项中，叙述了与单元分割相关的积极利用原始信息自动进行单元分割的方法。另外一种不依赖原始信息以最佳的单元分割为目标的方法，为后期误差评价法。有限元法分析所涉及的分析误差，包括搭建分析模型的时候模型化误差和支配方程式的有限单元近似时产生的有限单元误差两种。对于有限单元误差，还可以分为分析之前对误差进行预估的前期误差评价和分析完成后对分析结果进行的后期误差评价两种。为了对误差进行定量评价必须要进行后期评价。后期误差评价法在严格意义上来讲为是了得到最佳的单元分割，使用适当生成的初期单元划分先进行一次分析，在分析结果的基础上

对误差进行推测。基于误差的分布对划分的单元进行调整，然后再次进行分析。通过反复这样的处理保证分析误差能够控制在允许

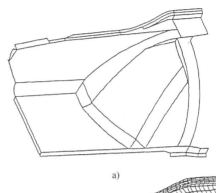

a)

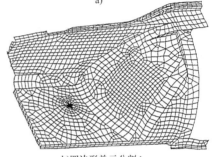

b)四边形单元分割1
(节点数=1979，单元数=1889，CPU=65s)

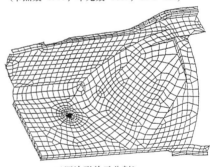

c)四边形单元分割2
(节点数=1323，单元数=1252，CPU=42s)

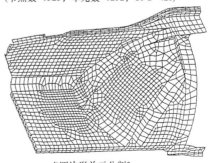

d)四边形单元分割3
(节点数=1996，单元数=1904，CPU=66s)

图 2-57 3 维壳结构的单元分析

的范围内。如上所述,后期误差评价法主要是由分析完成后的误差评价过程和单元再分割过程构成的。

后期误差评价法根据分析领域及关注的物理量不同有多种不同的方法。例如,常常用到的由 Zienkiewicz and zhu 发布的简易误差评价法[71~74]是基于以下思路的。通过只要求函数值连续性的 C_0 单元(如一阶三角形单元或四面体单元)得到的有限单元的解,如图 2-58 所示那样尽管保证了位移的连续性,其微分量的应力解却产生了较大误差。一般来说,真正的应力多是在单元边界上而且是连续的,在所得到有限元法应力解的基础上,以保证单元边界上的连续性为前提,引导应力分布的平均化。当它与真正的应力比较接近时就可以假定它与应力解的误差近似,用这种方法来推测能量基准。从经验上得知这个能量基准值一般都是给定的比真正的值低,因此需要对其用参数加以修正[71]。使用分析领域内所有的误差基准的大小来判断解的好坏,而每个单元的误差基准,在单元再次分割时局部单元尺寸(h)及内插函数的次数(p)推测时使用。与此对应,Ohtsubo and Kitamura[75]、Oden 等人[76]、Babuska and Rheinboldt[77]的误差指标,使用的是从支配方程式中导出的应该满足误差要求的边界值问题。它与之前叙述的 Zienkiewicz and zhu 法相比是更加严密的数学方法,但是计算成本非常高,对于非线性问题则失去了数学严密性。

另一方面,接受后期误差评价的单元再分割方法,大致可以分为 p 法、h 法和 r 法。

p 法是不对单元分割进行变更,只提高单元的次数。而提高单元的次数时,存在提高所有单元的次数和按照每个单元的棱线单独指定某些单元,提高其次数共两种方法。后一方法只需与定义形状相同的工时就可以进行单元分割。但是定义初期的单元分割所必要的条件是不变的。为了在裂缝及角点等特异点处无限制地提高单元的次数,因此有必要在这些部位设定上限等特别的处理。为了进行更加有效的分析,有必要在特异点附近进行单元的再分割。这种方法称为 hp 法。另外,为了利用 h 法和 hp 法,必须对分析代码加以调整。

h 法及 r 法要对单元分割本身进行调整。r 法不变更单元分割的拓扑逻辑,只对节点进行移动。其适用性虽然很高,但是具有单元最佳化的限制。h 法包括两种方法。第一种是不对初期的单元分割的节点位置进行变更,只对一部分单元有规则地进行细分(追加节点),也称为局部 h 法、单元附加法。第二种是与初期单元分割无关,对新生成的单元进行重新划分,也称为大域 h 法、再分割法。有时也采取上述两种方法的组合应用。局部 h 法比较容易实行,高速性也值得期待。但是误差评价精度多依赖于初期单元的分割,另外为了对单元进行有规则的分

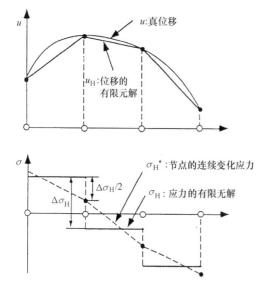

图 2-58 位移解和应力解的连续性

割，会生成过多的不必要的节点，是一种不经济的方法。另外，为了对四边形单元及六面体单元简易地使用局部 h 法，有必要与某些单元角点附近的单元中间节点连接。而大域 h 法在初期单元分割时会生成不相关的节点，细化也好粗化也好，都期待着高效率分析。但是能够利用对应 3 维单元任意误差分布的高速自动单元分割方法是不可欠缺的。下一项将利用 2.2.6 项的 d. ~ f. 中叙述的方法，根据后期误差评价所生成的最佳单元尺寸分布（节点密度分布），对能够高速实行忠实反映单元再次分割的方法进行叙述。

b. 3 维单元误差分布节点密度分布信息的表现

以前为了通过误差评价来表现单元疏密分布（节点密度分布），经常要利用将面对的单元分割的数据结构[74]。或者说，假定单元疏密分布是光滑的，并将其转化为等高线图。这些方法在生成初期单元时不能使用，因此作为初期单元分割粗略地进行等尺寸均分。当初期单元分割的尺寸较为粗大时，误差评价的精度也恶化，要求更多的细化分割，或者出现收敛慢的可能。如 2.2.6 项的 d. 中叙述那样，使用基于篮子法的节点生成方法，利用已经掌握的知识和经验，在初期单元分割和后期误差评价的基础上统一进行单元的再分割。

基于篮子法的节点生成方法对于任意的坐标系必须能够高速提取节点密度分布信息。另一方面，一般的自适应方法对每一个单元的单元再分割指标进行评价。因此，单元再分割时的节点密度/单元尺寸如同文献 [74] 所述，保持即将分割的每一个单元，或者对每个单元的再分割指标分配到各个节点上，根据有限元插值法从任意坐标中提取出来。不管是哪一种方法，数据的读取速度都很慢。另一方面，在进行初始单元分

割时，在实际上得到分割的单元之前，必须能够对节点密度分布信息进行自由编辑、可视化处理。

考虑到以上多个事项，设定单元分割和独立的 3 维空间内的直交差分网格，并据此来近似反映原始信息及单元再分割指标的复杂节点密度分布。即，设定直交差分网格以覆盖全体分析领域。在求解关于某个坐标的节点密度值时，查找包含该坐标值的长方体网体，其次从该长方体网格的八个角顶点的节点密度值根据线性插值求出坐标中的节点密度值。根据这种计算方法，与节点密度的复杂程度无关，在一定的处理时间内计算节点密度/单元尺寸值。

c. 自适应法分析流程

自适应法分析流程如图 2-59 所示。最初在进行单元分割时，确认是否能够利用原始信息，如果能够利用，则先完成节点密度分布，进行单元分割。之后，在分析结果得到的误差指标的基础上对节点密度分布进行调整，每次均需重新进行单元分割。作为后期误差评价方法，虽然哪一种方法都可以使用，此处仅以 Zienkiewicz and zhu 法（Z – Z 误差指标）为例加以说明。

首先，设 M 为总的单元数。以 $\bar{\eta}$ 为允许误差精度，单元再分割指数 ξ 可以按照每

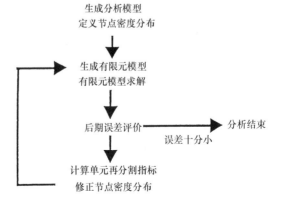

图 2-59　自适应法的处理流程

一个单元以下式求得。

$$\xi = \|e\|_m / \{\overline{\eta}(\|u\|^2 + \|e\|^2)^{1/2} / \sqrt{M}\}$$
(2-22)

式中，$\|e\|$，$\|u\|$ 为误差及解在全体领域内的能量法则，$\|e\|_m$ 为每个单元的误差能量法则。

为了求得误差能量法则，必须知道真正解的微分量。如图 2-58 所示那样，按照每个单元的积分点将求得的分析值的微分量向节点投影，一般均可以求得解的微分量。Z-Z 误差指标是指用上述方法代替真正解的微分量的。

再者，在根据 h 法进行的单元再分割时，设 p 为单元的次数，再分割前后的各单元尺寸分别以 h_{old}、h_{new} 来代表，有以下的关系式存在。

$$h_{\text{new}} = h_{\text{old}} / \xi^{1/p} \quad (2-23)$$

使用每一个单元的再分割指数（单元尺寸的变更率），对分析模型的节点密度分布进行调整。分析模型的节点密度分布用 b. 项中所述及的那样根据能够覆盖全体分析领域的三维单元直交差分网格来近似。各个网格顶点的单元再分割指数，利用与有限元模型对应的任意坐标系中的物理量的抽出技术，通过各个单元的再分割指数来计算。

本来单元再分割指数或节点分布密度应该是与分析模型相关的光滑大范围内的信息。另一方面，由于单元再分割指数的计算过程中使用了以单元为单位的积分，对于每个单元再分割指数的尺寸值，容易受到局部混乱状态的影响。对于这个问题，在复杂形状的边界附近，或者网格疏密急剧变化的部位发生的可能性较高。因此，在以下 3 个阶段需要对单元再分割指数进行修正。

① 从各个单元位置的节点密度分布来推测体积，与各个单元的实际体积进行比较、修正。

② 对于与周围单元相比过大/过小的单元再分割指数，利用与单元的邻近关系来修正。

③ 对于每个节点密度分布的近似直交差分网格顶点，利用邻近网格节点的值进行光顺处理。

d. 实行结果与考察

为了验证自适应法的实用性，如图 2-60 所示，在复杂形状内部的热传导问题上加以应用。设定后方左侧的突起上部为 0℃，前方右侧的突起上部为 100℃ 的温度边界条件，使用一阶四面体单元进行分析。通过 2 次分析将目标误差控制在 10% 以内，达到了 9.1% 时结束分析。此时，节点数为 12798，单元数为 68078。图 2-60a 和图 2-60b 为每一种初始的单元分割和最终的单元分割结果。

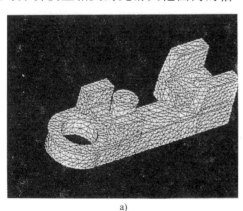
a)

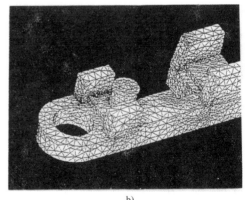
b)

图 2-60　关于三维热传导问题的初始单元分割和自适应单元分割

另外，对于比上例稍许简单的形状，使用一阶单元及二阶单元所得到的误差和平均单元尺寸的关系如图 2-61 所示。不管是使用哪一种单元，根据自适应法都能够减少 1/3 ~ 1/4 的自由度数。

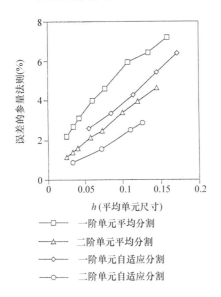

图 2-61 误差收敛的样式

2.2.8 前处理自动化和熟练过程

终极的前处理需要根据分析对象的形状和边界条件，实现"一键操作"式的最佳有限元模型自动生成，并进行高精度分析。这样一来，分析人员没有必要对单元分割花费多余的工夫，根据 2.2.7 项中叙述的后期误差评价和单元再分割的自适应法，目前正在针对这种自动化过程开展研究。这种研究的目的是 CAE 的完全黑盒子化。黑盒子化具有任何人都能够使用的魅力。但即使得不到这样结果的分析原理，如果使用者不提高对现象的理解能力及对计算结果真伪的判断能力，那么它也不会发挥应有的作用。也就是说不管到什么时候，使用者都是处于初学状态。对于不具备必要能力的使用者，如果遇到超过软件适应范围的问题，那么对于问题就会分辨不清，从而无法采取有效的解决措施。

另一方面，展望一下目前的研究状况，后期误差评价能够对应的问题是有限制的，特别是针对实用性复杂结构的分析，还称不上黑盒子化分析。当然分析结果的好坏在今后短期内还依赖于分析人员的熟练程度。在很多情况下还要依赖于建模、特别是单元分割的熟练程度。因此，同 2.2.6 项中所叙述的那样，能够积极利用与单元分割相关的原始知识的自动单元分割软件，在现实问题中确实发挥了很好的作用。

2.2.6 项中所叙述的软件对使用者唯一的要求，以应力分析为例，是能够判断在哪些位置容易出现应力集中。这些与其说是 CAE 的问题，更大程度上应该是对力学现象的掌握问题。实际中，熟练的分析人员，通过尽可能多的案例分析来更多地掌握力学现象和原理。目前所面临的问题是通过上述方式获得的能力很难通过文字或者语言的形式向其他人传递。结果是在面对 CAE 问题时，每个人都是从初学者开始，逐渐成为分析经验丰富的熟练人员，如果这个人由于某些原因离开了，那么他所掌握的熟练技能和知识也同时消失了。对于其他的初学者来说，还要经历完全相同的反复过程。为了解决这样的问题，接下来介绍一下判断应力集中部位的辅助软件系统。

a. 辅助的目的

有了 2.2.6 中所叙述的基于模糊知识处理方法和计算几何学方法的自动化单元分割技术，对于熟练的分析人员来说分析工作变得非常简单了。但是对于初学者来说，仍然面临着"从分析对象中，预测看起来像是应力集中的部位"的阻碍。

尽管可以根据分析对象的形状在某种程度上预测应力集中位置，而实际上在该位置上并没有发生所谓工程学意义上的应力集中，在很大程度上仍然依赖于边界条件的设定。也就是说基于误差评价理论和后期误差评价的自适应方法的研究，本来就有以"无法推测容易发生应力集中或者误差积累的位置"为前提在开展的嫌疑。但是现实中如果是熟练的分析人员，根据变形状态或者力的传递进行定性推测，就可以在某种程度上预测应力集中部位及应力斜率较大的部位。因此，利用原始知识的自动化单元分割的辅助系统，充分利用分析案例数据库，能够提高初学者对应力集中部位判断的能力。

b. 基本思路

为了支持应力集中部位的判断，一种常用的方法是基于 IF·TILEN 法则搭建的专用软件系统。但是关于该方法的理论知识较为浅显，是一种模糊处理方式，对于基于法则基础型的专用系统软件难以适用。而其他的方法，如以形状识别为目标的且已经取得显著进展 CBR（Coded Boundary Representation）[80]法也已经被广泛应用。但是由于 CBR 法缺少全体领域内的信息，在连续体领域内发生的应力集中部位的判断上难以应用。另外，将分析对象用等间隔的网格进行划分，对网格节点之间的冲突过程加以标记，尝试进行求解定性值的方法，但是单元分割等前处理工作量非常庞大。

接下来，将对包含应力集中部位及应力斜率较高领域的典型分析案例按照以下两种形式积累到数据库中。

① 详细的分析结果，即能够定量表示应力集中部位及力的传递过程的相当应力分布及主应力分布。

② 对应力集中为什么会发生及如何发生的问题定性说明。

初学者在开始实际的有限元分析之前，根据本辅助系统软件的应用，能够接触到产生应力集中分析的代表性案例，同时学习有助于判断应力集中部位的定性推论技术。这些都是快速提高分析经验积累速度的有效方式。

c. 处理流程

本软件系统的处理流程如下所示。

① 使用者从画面上显示的多个分析形状中选择一个，接下来系统会提示针对分析形状的数据库中的各种各样的边界条件，并从其中选择一个舒适的。

② 分析对象（形状+边界条件）选择好以后，显示其详细的模型，系统会提示与其相对应的详细分析结果（相当应力分布或主应力分布）。

③ 分析结果尽管显示了对于特定问题的正确信息，但仅仅如此还无益于判断应力集中部位的能力培养。因此，还需要有相关的提示来说明为什么应力集中发生在这个部位。

基本的思路如下所示：

首先对于分析对象，忽略其细微的形状，进行抽象化处理，同时提示基于材料力学的基础知识推论出来的主变形模态与推论理由。

其次，取出具有特征形状的部分领域，同时提示其变形模式（副变形模式）。

第三在以上的主变形模式、副变形模式的同时，对应力集中部位或应力斜率较大的部位加以说明。另外，即使是对于应力集中度，也要尽可能说明与形状及力学条件之间的关系。

d. 数据案例

一般来说，应力集中容易出现在均质材料的圆孔、沟槽、圆角这3处，而对于非匀质材料，还包括异质材料边界的自由边界端面及焊接部位等。另外，在有过大的弯曲变形的如梁类的形状，即使是比较光滑的，有时也会在局部产生应力斜率过大的情况。这些存在于单体零部件上的问题，虽然几乎不存在对应力集中判断时的失误，但是当它们组装到一起后，判断就会越来越困难了。

例如，对于图 2-62 中的情况，虽然点 A 的拐角处是容易出现应力集中部位，但是在图中所示的边界条件时却不会发生应力集中。如果用图 2-63 所示的梁来模拟，就可以根据对主变形模式的推测来加以说明，但是如果是对图 2-64 中所示的部分领域的变形模式进行推测的话，可又预测压缩应力斜率略高些。

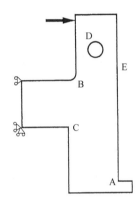

图 2-62 有多个应力集中位置的分析对象案例

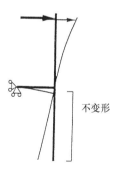

图 2-63 分析对象的主变形模式

本系统软件中，准备了 10~20 个从单独出现应力集中到混装在一起后出现应力集中的形体模型，分别对每一个模型的抗拉载荷、弯曲载荷、剪切载荷、强制位移等的不

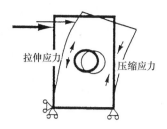

图 2-64 分析对象的一部分的变形模式

同组合进行了 5~10 个边界条件设定，共计积累了 50~200 个分析数据。

结　束　语

本章阐述了建模和前处理的基础技术和最新动向。建模技术部分对线框模型、表面模型、实体模型的基础技术及其应用状况，以及前处理过程中结构网格和非结构网格的单元分割和网格生成的自动化内容进行了介绍。

建模及前处理两者的最新技术动向是相互补充的。汽车开发过程中的形体模型是利用自由曲面的拓扑模型转换而来的，这种形体模型包含了几何和拓扑或几何元素之间的矛盾关系，在搭建形体模型的过程中通常会伴随着非线性运算，因此难以确保系统的稳定性。为了解决这个问题点，通常是将形体模型细分划为多面实体模型或者细小的空间领域，以其集合体的形式来表现，但是实现这种转换需要配置高速 CPU 及大容量内存的高性能计算机，今后还有待于高性能计算机的发展。另外，现在的形体模型在设计需要变更时还缺乏变更灵活性。而对于近期受到众多关注的参数化建模或特征建模课题，这种方法还不能灵活应对变更前后形体模型的拓扑关系变化。除此以外，比如即使有了明确想要变更的部分，但是调整哪个参数才能按照意愿实现形状的变更还无法准确掌握，对于这方面的用户界面的开发等问题，还需要解决。

而对于单元分割、网格生成的自动化，

最近有很多3维形状的六面体自动分割软件问世，但是还残留着处理时间及单元质量等方面的问题，达到完全实用的目的还需要进一步改善。

另一方面，像这种单元分割技术的研究开发流程，最近不需要节点－单元的计算力学方法已经着手开发，称为无网格法及EF-GM（Element Free Glaerkin Method）等的方法也已经开始有人在研究。这种方法在数值积分时需要背景网格，除了必须指定最小2乘法的适用范围外，分析精度也需要逐一加以验证，到实用地步还有待于进一步改善。

像这种各个领域内的研究，灵活运用一体化的试验CAD数据以便与分析模型共用，以缩短模拟分析所需要的总体时间为目标的计算机软件开发及图2-65所示的利用四面体单元进行完全自动网格划分的特征，仅需

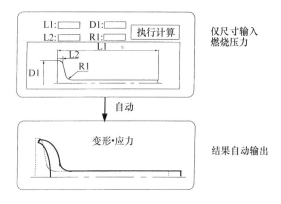

图 2-65　自动设计案例

要指定设计条件就可以自动进行模拟分析的计算机软件系统已经开始着手开发。对于上述的建模、前处理的独立技术开发及一体化虽然已经有所尝试，但是距离实用化还有待时日，建模及前处理方面存在的众多课题还有待进一步完善和解决。

［稻荷奉明・长田一夫・吉村忍・藤谷克郎］

参 考 文 献

[1] 矢川元基ほか：あいまい知識処理手法に基づくシェル構造物の自動要素分割システムの開発，自動車技術会学術講演会前刷集，No.912, p.217-220 (1991)

[2] 後藤輝正：失敗しないCAE導入法と技術者育成，型技術，Vol.6, No.7, p.37-40 (1991)

[3] 瀬山士郎：トポロジー：柔らかい幾何学，日本評論社 (1991)

[4] P. Bezier：Numerical Control：Mathematics and Applications, London, John Wiley & Sons (1972)

[5] W. J. Gordon, et al.：B-spline curve and surface, Computer Aided Geometric Design, New York, Academic Press, p.95-126 (1974)

[6] L. Piegl, et al.：Curve and surface construction using rational B-splines, Computer-aided design, Vol.19, No.9, p.485-498 (1987)

[7] 越川和忠：Topology/Shape Model：実現へ向けて第一歩を踏み出したCADデータ交換国際規格STEP, 日本コンピュータ・グラフィックス協会, p.39-63 (1989)

[8] 近藤幹夫ほか：データ一元化方式による車体開発及び型治工具準備システム，日産技報，No.16, p.194-200 (1980)

[9] 東　正毅ほか：外形スタイルCADシステムの開発，トヨタ技術，Vol.33, No.2, p.83-91 (1983)

[10] 笠井則義ほか：スタイルCADシステム（STYLO）の開発，日産技報，No.29, p.139-145 (1991)

[11] 中村　康ほか：設計電算化システムCAD-II, 日産技報，No.14, p.175-187 (1979)

[12] 蔵永泰彦ほか：対話型ボデー設計援助システムの開発，トヨタ技術，Vol.31, No.1, p.84-94 (1983)

[13] 長谷川栄ほか：新モデリングシステム"SPURT"の開発，日産技報，No.30, p.113-119 (1991)

[14] 沢田晃二：プレス金型の工程計画のためのCAD/CAEシステム，日産技報，No.31, p.39-43 (1979)

[15] 平松辰夫ほか：プレス成形途中の伸びと材料移動のCAD評価，トヨタ技術，Vol.36, No.2, p.16-26 (1986)

[16] 近藤幹夫ほか：αCAD-IIのプレス金型への適用，型技術，Vol.8, No.9, p.20-25 (1993)

[17] 池田秀樹ほか：プレス金型複合自由曲面NC加工システム開発，トヨタ技術，Vol.38, No.1, p.64-75 (1988)

[18] A. G. Requicha：Representation for Rigid Solid：Theory, method and system, ACM Computing Surveys, Vol.12, No.4, p.437-464 (1980)

[19] C. L. Jackins, et al.：Oct-trees and their use in representing three dimensional object, Computer Graphics and Image Processing, Vol.4, p.143-150 (1980)

[20] 沖野教郎：自動設計の方法論，養賢堂 (1982)

[21] H. B. Voelcker, et al.：Geometric modelling of mechanical parts and processes, IEEE Computer, Vol.10, No.12, p.48-57 (1977)

[22] M. Mantyla：An Introduction to Solid Modeling, Maryland, Computer Science Press, p.29-57 (1988)

[23] I. C. Braid, et al.：Computer-Aided Design of Mechanical Components with Volume Building Blocks, In Proceedings of PROLAMAT '73 (1973)

[24] B. G. Baumgart：A Polyhedron Representation for Computer Vision, In National Computer Conference, In AFIPS Proceedings, p.589-596 (1975)

[25] I. C. Braid, et al.：Stepwise construction of polyhedra in

geometric modeling. Mathematical Methods in Computer Graphics and Design, New York, Academic Press, p.123-141 (1980)

[26] M. Mantyla：An Introduction to Solid Modeling, Maryland, Computer Science Press, p.139-160 (1988)

[27] 鈴木建彦ほか：鋳鍛造金型用「曲面立体共存モデラ」の開発と実用化，日産技報，No.26，p.205-213 (1989)

[28] R. Tsuboi, et al.：Proceedings of the 3rd International Conference on Numerical Grid Generation in C.F.D. and related Fields (1991)

[29] J. F. Tompson, et al.：Numerical Grid Generation：Foundations and Applications, North-Holland (1985)

[30] 中橋和博ほか：格子形成法とコンピュータグラフィックス，数値流体力学シリーズ第6巻，数値流体力学編集委員会編，東京大学出版会 (1987)

[31] J. P. Steinbrenner, et al.：Multiple Block Grid Generation in the Interactive Environment, AIAA paper, No.90-1602 (1990)

[32] P. G. Buning, et al.：Numerical simulation of the integrated space shuttle vehicle in ascent, AIAA paper, No.88-4359-CP (1988)

[33] K. Sawada, et al.：A Numerical Investigation on Wing/Nacelle Interfaces of USB Configuration, AIAA paper, No.87-0455 (1987)

[34] K. Fujitani, et al.：A CAD Data Oriented Grid Generation System and its Application to Automotive Aerodynamics, Proceedings of the 3rd International Conference on Numerical Grid Generation in C.F.D. and related Fields (1991)

[35] 佐藤和浩ほか：エンジン房内流れの解析，自動車技術会学術講演会前刷集，No.956，p.121-124 (1995)

[36] 藤谷克彦：複雑形状と計算格子，機械の研究，Vol.45, No.1, p.122-125 (1993)

[37] 吉岡 顕ほか：大規模・超高速計算力学のためのネットワーク・コンピューティング手法の開発，日本機械学会論文集（A編），Vol.57, p.1964-1972 (1991)

[38] G. Yagawa, et al.：A Parallel Finite Element Method with Supercomputer Network, Computers and Structures, Vol.47, p.407-418 (1993)

[39] 矢川元基ほか：データ分散管理型超並列有限要素法，シミュレーション，Vol.14, p.232-239 (1995)

[40] G. Yagawa, et al.：Parallel Finite Elements on a Massively Parallel Computer with Domain Decomposition, Computing Systems in Engineering, Vol.4, p.495-503 (1993)

[41] 矢川元基ほか：あいまい知識処理手法による自動要素分割システムの開発，日本機械学会論文集（A編），Vol.56, p.2593-2600 (1990)

[42] G. Yagawa, et al.：Automatic Two- and Three-Dimensional Mesh Generation Based on Fuzzy Knowledge Processing, Computational Mechanics, Vol.9, p.333-346 (1992)

[43] 矢川元基ほか：あいまい知識処理手法と計算幾何学に基づく大規模自動要素分割法：二次元平面，三次元ソリッドおよび三次元シェルへの応用，日本機械学会論文集（A編），Vol.58, p.1245-1253 (1992)

[44] G. Yagawa, et al.：Automatic Mesh Generation of Complex Geometries Based on Fuzzy Knowledge Processing and Computational Geometry, Integrated Computer-Aided Engineering, Vol.2, p.265-280 (1995)

[45] 矢川元基ほか：あいまい知識処理手法と計算幾何学に基づく大規模自動要素分割法：三次元アダプティブ解析に関して，日本機械学会論文集（A編），Vol.61, p.652-659 (1995)

[46] 矢敷達朗ほか：非圧縮性粘性流れのアダプティブ有限要素法：事後誤差評価と節点分布密度制御に基づく方法，日本原子力学会誌，Vol.37, p.228-237 (1995)

[47] HEXAR1.0概要説明，日本クレイ (1994)

[48] Y. C. Liu, et al.：Assessment of Discretized Errors and Adaptive Refinement with Quadrilateral Finite Elements, International Journal for Numerical Methods in Engineering, Vol.33, p.781-798 (1992)

[49] S. Yoshimura, et al.：Finite Element Analysis of Three-Dimensional Fully Plastic Solutions Using Quasi-Nonsteady Algorithm and Tetrahedral Elements, Computational Mechanics, Vol.14, p.128-139 (1994)

[50] 吉村 忍ほか：3次元き裂の応力拡大係数解析の自動化，日本機械学会論文集（A編），Vol.61, p.1580-1586 (1995)

[51] S. Yoshimura, et al.：Automated System for Analyzing Stress Intensity Factors of Three Dimensional Cracks：Its Application to Analyses of Two Dissimilar Semi-Elliptical Surface Cracks in Plate, Trans. ASME, Journal of Pressure Vessel Technology, Vol.119, p.18-26 (1996)

[52] M. A. Yerry, et al.：Automatic Three-Dimensional Mesh Generation by the Modified-Octtree Technique, International Journal for Numerical Methods in Engineering, Vol.20, p.1965-1990 (1984)

[53] W. J. Schroeder, et al.：A Combined Octtree/Delaunay Method for Fully Automatic 3-D Mesh Generation, International Journal for Numerical Methods in Engineering, Vol.29, p.37-55 (1990)

[54] S. H. Lo：A New Mesh Generation Scheme for Arbitrary Planar Domains, International Journal for Numerical Methods in Engineering, Vol.21, p.1403-1426 (1985)

[55] A. Bowyer：Computing Dirichlet Tessellations, The Computer Journal, Vol.24, p.162-166 (1981)

[56] D. F. Watson：Computing the n-Dimensional Delaunay Tessellation with Application to Voronoi Polytopes, The Computer Journal, Vol.24, p.167-172 (1981)

[57] R. Sibson：Locally Equiangular Triangulations, The Computer Journal, Vol.21, p.243-245 (1987)

[58] 谷口健男：FEMのための要素自動分割，森北出版 (1992)

[59] J. C. Cavendish：Automatic Triangulation of Arbitrary Planar Domains for the Finite Element Method, International Journal for Numerical Methods in Engineering, Vol.8, p.679-696 (1974)

[60] W. H. Frey：Selective Refinement：A New Strategy for Automatic Node Placement in Graded Triangular Meshes, International Journal for Numerical Methods in Engineering, Vol.24, p.2183-2200 (1987)

[61] S. H. Lo：Automatic Mesh Generation and Adaptation by Using Contours, International Journal for Numerical Methods in Engineering, Vol.31, p.689-707 (1991)

[62] I. Imafuku, et al.：Generalized Automatic Mesh Generation Scheme for Finite Element Method, International Journal for Numerical Methods in Engineering, Vol.15, p.713-731 (1980)

[63] O. C. Zienkiewicz, et al.：An Automatic Mesh Generation Scheme for Plane and Curved Surfaces by Isoparametric Co-ordinates, International Journal for Numerical Methods in Engineering, Vol.3, p.519-528 (1971)

[64] R. Haber, et al.：A General Two-Dimensional, Graphical Finite Element Preprocessor Utilizing Discrete Transfinite Mappings, International Journal for Numerical Methods in Engineering, Vol.17, p.1015-1044 (1981)

[65] 千代倉弘明：ソリッドモデリング，工業調査会 (1985)
[66] H. Chiyokura：Solid Modeling with DESIGNBASE：Theory and Implementation, Addison-Wesley (1988)
[67] L. A. Zadeh：Fuzzy Algorithms, Information and Control, Vol.12, p.94-102 (1968)
[68] L. A. Zadeh：Outline of a New Approach to the Analysis of Complex Systems and Decision Process, IEEE Transactions on Systems, Man and Cybernetics, SMC-3, p.28-44 (1973)
[69] 浅野哲夫：計算幾何学，朝倉書店 (1990)
[70] 大坪英臣：有限要素法における事後誤差評価とアダプティブメッシュ，応用数理，Vol.2, p.249-263 (1992)
[71] O. C. Zienkiewicz, et al.：A Simple Error Estimator and Adaptive Procedure for Practical Engineering Analysis, International Journal for Numerical Methods in Engineering, Vol.24, p.337-357 (1987)
[72] O. C. Zienkiewicz, et al.：Error Estimation and Adaptivity in Flow Formulation for Forming Problems, International Journal for Numerical Methods in Engineering, Vol.25, p.23-42 (1988)
[73] O. C. Zienkiewicz, et al.：Effective and Practical h-p-Version Adaptive Analysis Procedures for the Finite Element Method, International Journal for Numerical Methods in Engineering, Vol.28, p.879-891 (1989)
[74] O. C. Zienkiewicz, et al.：Adaptivity and Mesh Generation, International Journal for Numerical Methods in Engineering, Vol.32, p.783-810 (1991)
[75] H. Ohtsubo, et al.：Element by Element a Posteriori Error Estimation and Improvement of Stress Solutions for Two-dimensional Elastic Problems, International Journal for Numerical Methods in Engineering, Vol.29, p.223-244 (1990)
[76] J. T. Oden, et al.：Toward a Universal h-p Adaptive Finite Element Strategy, Part 2, A Posteriori Error Estimation, Computer Methods in Applied Mechanics and Engineering, Vol.77, p.113-180 (1989)
[77] I. Babuska, et al.：Error Estimations for Adaptive Finite Element Computations, SIAM Journal of Numerical Analysis, Vol.15, p.736-753 (1978)
[78] 矢川元基ほか：有限要素法へのニューロ・ファジィの応用，シミュレーション，Vol.13, p.34-46 (1994)
[79] 吉村　忍ほか：FEMモデリングへのAI応用，日本機械学会講演論文集，No.900-14A, p.472-474 (1990)
[80] 福田収一：信頼性設計エキスパートシステム（形態の処理とその応用），丸善 (1991)
[81] 村松寿晴：熱流動解析コードの運用効率化，ファジィ推論（矢川元基（編）），培風館，p.53-104 (1991)
[82] B. Nayroles, et al.：Generating the Finite Element Method：Diffuse Approximation and Diffuse Elements, Computational Mechanics, Vol.10, p.307-318 (1992)
[83] T. Belytschko, et al.：Element-Free Galerkin Methods, International Journal for Numerical Methods in Engineering, Vol.37, p.339-356 (1994)
[84] 森西晃嗣：グリッドレス法による高レイノルズ流れの数値計算の検討，第7回数値流体力学シンポジウム講演論文集，p.511-514 (1993)
[85] 奥田洋司ほか：エレメントフリーガラーキン法に関する基礎的検討（第1報，常微分方程式への適用），日本機械学会論文集（A編），Vol.61, p.2302-2308 (1995)
[86] 矢川元基ほか：Free Mesh法（一種のMeshless法）の精度について，第19回構造工学における数値解析法シンポジウム講演論文集，p.315-320 (1995.7)

3 有限元法

本章中将对分析技术中通用性最高、应用最广泛的有限元法（FEM）进行论述。连续体力学中，一般是用偏微分方程、边界条件以及初始条件进行描述的。而对于有限差分法（FDM），在解析空间或者时间轴上使用有限的尺寸分割成小格子，使用格子节点定义的变量，在这些方程式中出现的微分演算是通过直接差分的方法近似的。与此相对应，在 FEM 及边界元法（BEM）中导出这些方程式的等价积分方程式，在解析领域或者领域的边界面上分割为小的多面体或者多边形，使用其节点定义的变量来近似评价积分方程。

FEM 是在 20 世纪 50 年代由美国的航空机械设计人员最初应用到工程学科中的。自那之后，FEM 法与变分法的近似解，即 Ritz 法结合起来，并迅速地应用到固体力学、结构力学中。从 60 年代后半时期开始，以带加权的残差法为基础的近似解法，与 Galerkin 法为代表近似解法结合在一起，其应用范围进一步扩大，在电磁学科的 Maxwell 方程式，以及没有通用函数的流体力学中代表性占支配地位的纳维 – 斯托克斯（Navier – Stokes）方程式中也得到了应用。因此，本章首先对通用的 FEM 理论知识进行阐述，其次对这些性能中固有的 FEM 的分析技术和应用案例进行介绍。并且对与性能分析相同，使用 FEM 方法进行板件成型及前防撞梁的外观改进等与制造相关的案例也加以介绍。

3.1 有限元法的基础

3.1.1 利用试验函数的近似解法

对于与场相关的问题的近似解法，首先对试验函数（也称为试行函数）所使用的方法加以叙述。为了简化问题来考虑以一个独立函数为未知数的问题。

与领域 v 和边界 s 对应的支配方程式

$$P(u) = Q(u) \quad (3-1)$$

式中，P、Q 是 u 的函数。先来考虑求得满足式（3-1）的解 $u(x_i)$。此处，u 可以用以下的数列 u_M 来近似表达。

$$u_M = \sum_{r=1}^{M} a_r \phi_r \quad (3-2)$$

式中，ϕ_r 是领域 v 内及边界 s 上定义的相互独立的 x_i 的函数，a_r 是未知定数。

如果有必要，可以在式（3-2）中加上定数项 ϕ_0。此处所描述的近似解法，结果会回归到未知数 a_r 的求解中去。

a. 带加权的残差法

根据带加权的残差法，对于近似解 U_M，用

$$R = P(u_M) - Q(u_M) \quad (3-3)$$

定义的残差 R，那么 $f(R)$ 为何值时才能使 R 的函数式满足式（3-4）。

$$\int_v wf(R)\,\mathrm{d}v = 0 \quad \int_s wf(R)\,\mathrm{d}s = 0$$

$$(3-4)$$

式中，$w(x_i)$ 称为加权函数。根据式（3-3）所表现的场的方程式，边界条件有两种。根据积分方程式的种类内部领域 v 或者边界条件 s 上进行计算。将式（3-2）及式（3-3）代入到式（3-4），所得到的未知数 a_r 的解来确定解 U_M。

加权函数的选择方法包括选点法、部分领域法、直交法、Galerkin 法、最小二乘法等多种。其中特别是使用试验函数式（3-2）的底函数 ϕ_r 的加权函数 Galerkin 法

是 FEM 法经常用到的。

b. 变分原理直接法

在很多物理学上的问题中，存在支配方程式的等价通用函数 $I(u)$，我们知道用 $I(u)$ 的极值来作为精密解 $u(x_i)$。此处，将试验函数式（3-2）代入 $I(u)$，如果成为与未知数 α_r 相关的极值，就可以得到与 α_r 相关的方程式，解方程式后就可以求得 α_r，从而决定了近似函数 U_M。

如上所述，使用带加权的残差法及变分原理直接法，原来的微分方程式及偏微分方程式则变换为与试验函数中所包含的未知数 α_r 相关的联立代数方程，这种变换一般称为离散化。

3.1.2 在泊松方程式中的应用

在本项内容中，以势能流及热传导问题、静电场、静磁场问题的基本方程式，即泊松方程式为例，对 FEM 法进行解说。以变分原理直接法一种的泊松法，以及带加权残差法一种的 Galerkin 法为基础的定型化进行叙述。

a. 泊松方程的边界值问题

如图 3-1 所示，在领域 v 内，考虑以下的边界值问题：

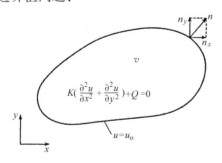

图 3-1　2 维领域和支配方程式

场的方程式：
$$\kappa\left(\frac{\partial^2 u}{\partial x^2}+\frac{\partial^2 u}{\partial y^2}\right)+Q=0 \quad (3\text{-}5a)$$

基本边界条件：
$$u=u_0, s \quad (3\text{-}5b)$$

很容易证明这个边界值问题与以下的变分问题等价。

通用函数：
$$I(u)=\int_v\left[\frac{1}{2}\kappa\left\{\left(\frac{\partial u}{\partial x}\right)^2+\left(\frac{\partial u}{\partial y}\right)^2\right\}-Qu\right]\mathrm{d}v$$
$$(3\text{-}6a)$$

基本边界条件：
$$u=u_0, s \quad (3\text{-}6b)$$

在边界 s 上式（3-6b）为最小值。

此处，式（3-5）或者式（3-6）就可以根据有限元法进行求解了。

b. 单元划分和内插函数

如前所述的问题，从原理上来讲，对试行函数进行适当的定义，根据加权残差法及变分原理直接法就可以求解。但是对于一般性的问题，在解析领域全体能够得到良好的近似解的试行函数，是很难设定适当的多项式的。因此，在解析领域内划分为称为单元的小块领域，在各个小领域内用适当的试行函数来定义。

为了对此进行说明，图 3-2 所示以 1 维领域为解析对象时，所给定的解析领域划分为有限个部分领域，这个部分领域即称为单元。关于单元的划分，单元和单元之间要保证没有重叠，也不能有间隙。划分后的单元需要给定顺序号，称为单元号。单元与单元连接的点称为节点。图 3-2 所示，在各个单元的两端配置节点。节点也需要给定顺序号，称为节点号。另外，每个单元都要分配节点号，称为单元节点号。

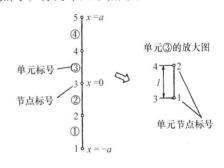

图 3-2　1 维问题的单元分割

FEM 法中，第 e 个单元的各个节点用未知数 $U_i^e(i=1,2)$ 对应，通过它就可以考虑对单元内部的未知量 $U^e(x)$ 进行内插。2 节点单元的内插式一般可以用以下公式来描述。

$$U^e(x) = N_1(x)U_1^e + N_2(x)U_2^e \quad (3-7)$$

式中，$N_1(x)$、$N_2(x)$ 为内插函数或者形状函数。

内插函数一般所对应的节点为 1，除此之外的节点具有 0 的性质。另外，还具备以下的关系式：

$$N_1(x) + N_2(x) = 1 \quad (3-8)$$

式（3-7）为单元内部定义的未知函数 $U^e(x)$ 的试行函数，是应该由节点的值 U_1^e，U_2^e 决定的未知数。

2 维解析领域单元划分的形状通常有三角形和四边形。在领域 v 内三角形单元的划分式样如图 3-3 所示。在单元划分时当然也要保证单元之间不能有间隙和重叠。对于 3 节点的三角形单元其内插式可以按照式（3-7）相同的方式来定义。

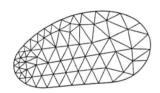

图 3-3　2 维问题的单元分割

$$U^e(x,y) = N_1(x,y)U_1^e + N_2(x,y)U_2^e$$
$$+ N_3(x,y)U_3^e \quad (3-9)$$

式中，$N_i(x,y)$ 满足以下方程式。

$$\sum_{i=1}^{3} N_i(x,y) = 1 \quad (3-10)$$

$$N_i(x_j,y_j) = \delta_{ij}(i,j=1\sim 3) \quad (3-11)$$

式（3-11）中的 δ_{ij} 表示 Kronecker 的记号 δ（delta），当 $i=j$ 时为 1，$i\neq j$ 时为 0。

c. 基于 Ritz 法的有限元法

使用式（3-9）中的内插函数，对式（3-6）中的通用函数进行评价。

作为在解析领域全体的积分量的通用函数表示为单元上的积分量之和。即：

$$I(u) = \sum_{e=1}^{m} I^e(u) \quad (3-12)$$

来定义。式中 m 表示全体单元的数量，$I^e(u)$ 根据式（3-6）由下式来定义。

$$I^e(u) = \int_{v^e}\left[\frac{1}{2}\kappa\left\{\left(\frac{\partial u}{\partial x}\right)^2 + \left(\frac{\partial u}{\partial y}\right)^2\right\} - Qu\right]dv$$

$$(3-13)$$

关于上式的积分在各个单元的领域内 v^e 内实行时需要加以注意。

这里所出现的问题是未知数 $u(x,y)$ 的单元之间的连续性。首先，使用线性内插函数 N_i（$i=1\sim 3$）时，通过式（3-9）给定的近似函数 u 能够自动满足相邻接单元之间的连续条件。这是由于不管沿着哪个边函数 u 都是沿着直线变化的，三角形的顶点（邻接单元的共用节点）的值如果一致，单元就可以给定相同的函数值。

其次，考虑下函数 u 的微分连续性问题。首先，由式（3-9）给出的函数 u 被 x 进行 1 次偏微分的话，将在单元边界产生不连续性问题（参照图 3-4b）。但是其值为仅限于有限值。如图 3-4 所示，只在单元之间考虑微小幅值的 Δx，当考虑单元之间积分量的极限值（$\Delta x\rightarrow 0$）时，只包含 u，$\partial u/\partial x$，$\partial u/\partial y$ 的通用函数对单元边界的通用函数没有贡献。

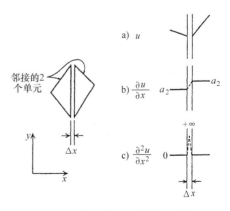

图 3-4　单元之间函数的连续性

与此相对应通用函数包含 2 阶微分时如图 3-4c 所示的 2 阶微分将无限大，单元之间的积分值变为"无限大×0"，将会在边界处对通用函数值 $I(u)$ 产生不确定的影响。对于这种情况，对未知函数 u 的内插函数 N_i 只有函数 u 具有连续性，式（3-12）一般是不成立的。

这里所提及的问题，由于在通用函数内包含的函数的微分阶数至多为一阶，只需单元之间的函数 u 具有连续性就已经足够了。

另外，将式（3-9）代入式（3-8）来计算 $I^e(u)$，即

$$I^e = \int_{v^e} \left[\frac{1}{2}\kappa\left\{\left(\frac{\partial U^e}{\partial x}\right)^2 + \left(\frac{\partial U^e}{\partial y}\right)^2\right\} - QU^e\right]dv$$

$$= \int_{v^e}\left[\frac{1}{2}\kappa\left\{\left(\frac{\partial N_1}{\partial x}U_1^e + \frac{\partial N_2}{\partial x}U_2^e + \frac{\partial N_3}{\partial x}U_3^e\right)^2\right.\right.$$

$$\left.+ \left(\frac{\partial N_1}{\partial y}U_1^e + \frac{\partial N_2}{\partial y}U_2^e + \frac{\partial N_3}{\partial y}U_3^e\right)^2\right\}$$

$$\left.- Q(N_1U_1^e + N_2U_2^e + N_3U_3^e)\right]dv$$

(3-14)

式中，只需要关注第 e 个单元相关的积分值相对于 $I^e(u)$ 属于单元 e 的节点值 U_i^e（$i = 1 \sim 3$）即可。

上式是取得节点值 U_i^e 的偏微分，如果用矩阵表示的话，则可以得到下式。

$$\left\{\frac{\partial I^e}{\partial U^e}\right\} = [k]\{U^e\} - \{f\} \quad (3-15)$$

式中，$[k]$ 和 $\{f\}$ 的成分分别为

$$k_{ij} = \kappa\int_{v^e}\left(\frac{\partial N_i}{\partial x}\frac{\partial N_j}{\partial x} + \frac{\partial N_i}{\partial y}\frac{\partial N_j}{\partial y}\right)dv$$

(3-16a)

$$f_i = \kappa\int_{v^e}QN_idv \quad (3-16b)$$

式（3-15）的右边第 1 项的行列式是单元的系数矩阵，右边第 2 项为矢量符号变化后称为单元的右侧矢量。其次式（3-16）将生成集合起来的全体系数矩阵及全体的右侧矢量。因此，当节点编号 β（全体的编号）的函数值为 $u\beta$，n 为节点的总数时，

$$\frac{\partial I}{\partial u_\beta} = \frac{\partial}{\partial u_\beta}\left(\sum_{e=1}^{m}I^e\right) = 0 \quad (\beta = 1 \sim n)$$

(3-17)

表示与 Ritz 法的意义相对应。另外，对于式（3-17）得到所有单元的总和时，由于实际上下式能够成立，没有必要求得所有的单元的总和，这一点需要注意。

$$u_\beta = U_i^e, \frac{\partial I^e}{\partial u_\beta} = \frac{\partial I^e}{\partial U_i^e} \quad (3\text{-}18a)$$

当 u_β 不属于单元 e 时，

$$\frac{\partial I^e}{\partial u_\beta} = 0 \quad (3\text{-}18b)$$

因此，最终的方程式将成为下面的形式。

$$[K]\{u\} = \{F\} \quad (3\text{-}19)$$

式中，$[K]$ 是全体的 $n \times n$ 的系数矩阵，$\{F\}$ 是全体的右侧矢量。另外，$\{u\}$ 是 $u\beta(\beta = 1 \sim n)$ 为顺序排列的全体节点矢量。

在式（3-19）中考虑式（3-6b）的边界条件，求解联立一次方程式即可求解。

导入边界条件的方法在边界 s 上当 $u = u_0$ 时可以有给定，边界上的节点所给出的值可以转换成 u_0。即，当节点 γ 位于边界上时，消去行列式的第 γ 个行（设为 0），对角成分（γ, γ）以 1 代入的同时，右边矢量的第 γ 个值就通过节点 γ 的坐标值变成已知的边界值。

d. 基于 Galerkin 法的有限元法

接下来对根据带加权的残差法通过式（3-5）给定的边界值问题加以说明。式（3-5）乘以加权函数（$-w_i$）（$i = 1 \sim n$），实行与领域 v 相关的积分，就可以得到以下的方程式。

$$\int_v(-w_i)\left\{\kappa\left(\frac{\partial^2 u}{\partial x^2} + \frac{\partial^2 u}{\partial y^2}\right) + Q\right\}dv = 0$$

$$(i = 1 \sim n) \quad (3\text{-}20)$$

其次，式（3-20）的左边表示为单元上的积分量之和，即

$$G_i(u) = \sum_{e=1}^{m} G_i^e(u) \quad (i = 1 \sim n) \tag{3-21}$$

式中，

$$G_i^e(u) = \int_{v^e} (-w_i) \left\{ \kappa \left(\frac{\partial^2 u}{\partial x^2} + \frac{\partial^2 u}{\partial y^2} \right) + Q \right\} dv$$

$$(i = 1 \sim n) \tag{3-22}$$

和本项 c. 的论述相同，如果对式（3-21）进行评价，从未知函数 u 的连续性条件，邻接单元之间 u 的 2 阶微分无限大时，单元之间产生针对式（3-21）的积分不定量的影响。因此，到此为止，不能使用 1 次内插函数 N_i。为了避免这种情况发生，与式（3-20）有关的 2 阶微分项，根据格林－高斯定理进行部分积分。即

$$G_i(u) = \sum_{e=1}^{m} \int_{v^e} \left\{ \kappa \left(\frac{\partial w_i}{\partial x} \frac{\partial u}{\partial x} + \frac{\partial w_i}{\partial y} \frac{\partial u}{\partial y} \right) - w_i Q \right\} dv$$

$$- \sum_{e=1}^{m} \int_{s^e} w_i \kappa \frac{\partial u}{\partial n} ds = 0 \quad (i = 1 \sim n) \tag{3-23}$$

式中，

$$\frac{\partial u}{\partial n} = \frac{\partial u}{\partial x} n_x + \frac{\partial u}{\partial y} n_y \tag{3-24}$$

式中，n_x、n_y 为各自的 x 方向、y 方向的方向余弦。对于式（3-23）来说，因为缓解了未知函数 u 的连续条件，即使使用一次内插函数 N_i，也不会产生与积分量相对应的单元之间的影响。但是在这种情况下，加权函数 w_i 必须能够进行 1 次微分。和 Galerkin 法一样，如果加权函数 w_i 和试行函数有相同的连续性时就不会出现问题。

根据 Galerkin 法使用各个单元式（3-9）的内插函数时，加权函数为

$$w_i = \begin{cases} N_i (\text{第 } e \text{ 个单元}) \\ 0 (\text{除此以外的单元}) \end{cases} \tag{3-25}$$

将式（3-25）代入式（3-23）的左边，只计算第 e 个单元的积分的贡献的话则有下式：

$$G_i^e = \sum_{j=1}^{3} \int_{v^e} \kappa \left(\frac{\partial N_i}{\partial x} \frac{\partial N_j}{\partial x} + \frac{\partial N_i}{\partial y} \frac{\partial N_j}{\partial y} \right) dv \cdot U_j^e$$

$$- \int_{v^e} Q N_i dv - \int_{s^e} N_i \kappa \frac{\partial u}{\partial n} ds \tag{3-26}$$

如果将上式用简单的矩阵来表示，则变为

$$\{G^e\} = [k]\{U^e\} - \{f\} - \left\{ \int_{s^e} N_i \kappa \frac{\partial u}{\partial n} ds \right\} \tag{3-27}$$

式中，$[k]$、$\{f\}$ 的成分分别与式（3-16a）、式（3-16b）一致。如此得到的各单元的 G_i^e 对于全体单元的综合，根据式（3-23）将为 0。

不过，当加上所有的单元时，式（3-27）单元之间边界的边界积分的影响与邻接单元相互抵消。这是因为被积分量的绝对值相等的同时，积分按照逆时针方向定义时，邻接单元的共用边向相反方向积分。也可以换句话讲，邻接单元的共用边外法向矢量的方向是相反的，这意味着关于单元边界的 $k(\partial u/\partial n)$ 的连续性相对于单元边界具有平均的意义。另外，一般来说，式（3-27）的边界积分项在全领域 v 的外侧边界 s 上，仅残存积分项，用这种方式可以处理自然边界条件。但是在这种情况下，边界 s 的所有的边界条件按照式（3-6b）给定的基本边界条件，边界积分项当然可以消去。对于这种结果最终的方程式为

$$[K]\{u\} = \{F\} \tag{3-28}$$

如同基本边界条件的导入方式，即式（3-19）中所描述那样，像这种基于 Galerkin 法和 Ritz 法的 FEM 法，常常会得到同样的结果。

e. 实际中的流程

FEM 方法标准的使用流程汇总如下：

① 将连续体在解析领域内分割成有限个单元，并给定全体单元序号、全体节点序号、单元节点序号。

② 生成单元的系数矩阵及右侧矢量。

③ 生成全体的系数矩阵及右侧矢量。与节点的全体节点序号和单元节点序号对应的同时，将单元的矩阵和矢量追加进来。

④ 伴随着基本边界条件的导入，对全体的系数矩阵和右侧矢量进行变换。

⑤ 求解最终的矩阵方程式（联立一次方程式）。

3.1.3 单元的种类和数值积分

a. 单元选择的基本方法

在选择单元时必须考虑以下两点。首先，未知数 $u(x)$ 一般使用内插函数 $f_i(x)$ 和一般化坐标 q_i，如下式般近似得到。

$$u(x) = \sum_{i=1}^{m} f_i(x) q_i \quad (3-29)$$

式中，一般化坐标 q_i 是关于节点的 u 的值，即节点值 U_i^e 及其导函数的值。有限元法的定型化时，$f_i(x)$ 一般为多项式。内插的精度依赖于所使用的多项式的最高次数，一般来说与单元内的节点数密切相关。另一方面，如同 3.1.2 项的 c.、d. 中所叙述那样，系数矩阵及右侧矢量的评价，需要大量的积分计算。这些作业可以利用多种数值积分来进行。

下面，首先对内插函数的思路进行叙述，其次对使用 FEM 法的数值积分方法进行阐述。

b. 内插函数的思路

有限元法如果对应维元问题，那么可以用三角形及四边形来表示，如果是三维问题则需要用四面体及六面体来表达。但是当考虑到内插函数及数值积分的一般思路时，使用正规化后的局部坐标系 ξ 在 $-1 \leq \xi \leq 1$ 的范围内考虑时则相对简单。即使是实际上的体系用 x 坐标来表示时，根据适当的坐标变换，关于坐标系 ξ 的内插函数和 x 坐标系的内插函数就可以产生相关性。

现在，作为最容易思考的例题，考虑 $-1 \leq \xi \leq 1$，$-1 \leq \eta \leq 1$ 的二元正方形领域。对于这个单元，例如图 3-5 所示的具有从 1 到 8 个节点，利用这些节点的节点值 U_i^e，未知函数 $u(\xi, \eta)$ 就可以用下式来表示。

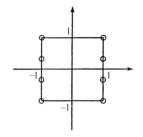

图 3-5 正规划的 2 维坐标和 8 节点单元案例

$$u(\xi, \eta) = \sum_{i=1}^{8} N_i(\xi, \eta) U_i^e \quad (3-30)$$

我们来看一下如何决定适用于该单元的内插函数 $N_i(\xi, \eta)$。

如果用 ξ、η 的多项式来表示内插函数，沿着上边（$\eta = 1$）和下边（$\eta = -1$），为了确保单元之间的 u 的连续性，u 的变化必须是线性的。另一方面，对于左右的两个铅直边（$\xi = \pm 1$）假定有三次变化，各边上的四个节点的节点值是由这个三项式来决定的，当然也就保证了单元之间的连续性。如果式（3-30）能够满足以上的条件，单元之间的未知函数 u 的连续性就能得到保证。

另一方面，对于 u 的 ξ 及 η，为了使一次微系数可以取任意的值，将 ξ 及 η 的值全部代入一次项的式（3-30）即可。另外，使用 8 个节点的函数是按照相同的方式决定的，当将式（3-30）的多项式展开时的系数限定为 8 个。从以上可知未知数 $u(\xi, \eta)$ 可以写成如下的公式。

$$u(\xi, \eta) = a_1 + a_2\xi + a_3\eta + a_4\xi\eta + a_5\eta^2 + a_6\xi\eta^2 + a_7\eta^3 + a_8\xi\eta^3 \quad (3-31)$$

如同这样决定了近似式的形式，代入各个节点的坐标值（ξ_i，η_i），那么从节点值等于 U_i^e 这一条件就可以得到两组联立方程。

$$\begin{Bmatrix} U_1^e \\ U_2^e \\ \vdots \\ U_8^e \end{Bmatrix} = \begin{bmatrix} 1\xi_1\eta_1\xi_1\eta_1\xi_1^2\eta_1^2\xi_1^3\eta_1^3 \\ \cdots \cdots \\ \cdots \cdots \\ \cdots \cdots \end{bmatrix} \begin{Bmatrix} a_1 \\ a_2 \\ \vdots \\ a_8 \end{Bmatrix}$$
(3-32)

或者用下面的简单的矩阵来表示。

$$\{U^e\} = [c]\{a\} \quad (3\text{-}33)$$

式 (3-33) 形式上的解为

$$\{a\} = [c]^{-1}\{U^e\} \quad (3\text{-}34)$$

将其代入到式 (3-31) 中，未知函数 u 就可以写成如下的形式：

$$u(\xi,\eta) = [1\xi\eta\xi\eta\eta^2\xi\eta^2\eta^3\xi\eta^3][c]^{-1}\{U^e\}$$

$$= \sum_{i=1}^{m} N_i(\xi,\eta) U_i^e \quad (3\text{-}35)$$

式中，N_i 为内插函数或者是形状函数。

上面所介绍的方法是直接的，实际上也经常被用到，$[c]$ 的逆矩阵如果不存在，或者即使存在也难以用代数的方法合成，那么在很多情况下是无法使用的。因此，一些直接的内插函数 N_i 的求解方法就很有必要。在叙述这一点之前，首先对内插函数 N_i 的一般性质加以说明。

从式 (3-35) 中得知，为了保证这个公式对于所有的节点和节点值 U_i^e 一致，下式必须成立。

$$N_i(\xi_j,\eta_j) = \delta_{ij} \quad (i,j=1\sim8) \quad (3\text{-}36)$$

式中，δ_{ij} 是克罗内克符号（Kronecker delta）。再者，为了保证单元之间的连续性，在决定唯一的节点值时必须有内插函数。

作为满足以上条件的单元，serendipity 单元和拉格朗日单元经常被用到。关于这些单元，请参照文献 [1]。另外，在汽车工学专业内经常用到的单元类型，在后面也会具体叙述。

c. 坐标变换和等参数单元

实际中的 FEM 通常都是由不规则单元，例如四边形单元，而不是长方形单元构成的。在这种情况下，具有曲率的边界将使用具有曲率的单元。对于这种情况，与不规则形状单元并不直接构成内插函数，像这种单元向正方形以及直角三角形等规则的形状投影，然后使用与之相对应的内插函数就很方便了。

进行坐标变换最简单的方法，为了表达未知数 u 的变化，内插函数 N_i 就可以使用了。现在，从 (ξ,η,ζ) 的局部坐标系到 (x,y,z) 的全局坐标系的变换，就可以用下式来表达。

$$x(\xi,\eta,\zeta) = N'_i(\xi,\eta,\zeta)x_i$$
$$y(\xi,\eta,\zeta) = N'_i(\xi,\eta,\zeta)y_i \quad (3\text{-}37)$$
$$z(\xi,\eta,\zeta) = N'_i(\xi,\eta,\zeta)z_i$$

这里，首先需要将 $-1\leq\xi,\eta,\xi\leq1$ 的规格化坐标中定义的第 i 个单元节点变换为全局坐标系中的节点 (x,y,z)。当与定义坐标变换和未知函数的内插函数相同时，即

$$N_i = N'_i \quad (3\text{-}38)$$

就称为等参数 (isoparametric) 单元。

d. 数值积分

虽然经过坐标变换后积分范围变得简单了，但几乎所有情况下被积分项在坐标变换过程中都会产生亚克比（Jacobi）行列，对于严密的积分来讲是非常困难的。因此，在现实中下述方法使用数值积分。并不是任意选择函数近似的坐标点，而是以保证得到最高的精度来选择，节点的数量虽然相同但是积分的精度却可以得到提升。此处，当有下式成立时，

$$I = \int_{-1}^{1} f(\xi)\mathrm{d}\xi = \sum_{i=1}^{n} H_i f(\xi_i) \quad (3\text{-}39)$$

假定用多项式来表达，对于 n 个积分点 H_i 和 ξ_i 存在 $2n$ 个未知数，形成 $(2n-1)$ 次的多项式。这个多项式的系数一般是很难求解的，通过利用数学方法，根据 Legendre 的多项式就可以求解。从结果中求得的积分点坐标 ξ_i 和加权系数 H_i 的值见表 3-1。这种方法称为高斯积分。高斯积分是对 n 个积分点，用多达 $2n-1$ 个多项式来严密积

分，在 FEM 法中经常被用到。高斯积分还可以很容易地推广到 2 维、3 维领域内的问题中。

表 3-1　高斯数值积分（1 维）的积分点坐标的加权系数

±a	H
n = 2	
0.57735 02691 89626	1.00000 00000 00000
n = 3	
0.77459 66692 41483	0.55555 55555 55556
0.00000 00000 00000	0.88888 88888 88889
n = 4	
0.86113 63115 94053	0.34785 48451 37454
0.33998 10435 84856	0.65214 51548 62546

3.1.4　方程式的解法

FEM 分析必然会回归到大规模联立一元方程式的求解中去。FEM 方程式的特征是非零成分的对角项附近集中的疏行列式（超级矩阵）。为了提高 FEM 方法的精度，单元分割得越细小则矩阵的尺寸越大，特别是对于 3 维空间的问题，一些大规模的问题常常需要解数万个单元的方程式。因此，在实际进行分析时，在有限的计算机性能（容量及计算速度）中如何提高大规模行列式矩阵的求解速度，是重要的课题。

a. 基于有限元法的联立一元方程

考虑未知变量矢量$\{u\}$和基本边界条件的全体刚度矩阵$[K]$以及载荷矢量$\{F\}$，下面的矩阵方程式（全体刚度方程式）应该是可以求解的。

$$[K]\{u\} = \{F\} \qquad (3\text{-}40)$$

这个方程式的大小等于对象问题的总自由度数（= 总节点数×1 个节点所对应的未知量的数量），通常较小的模型有数百到数千个，较大的问题则有数万到数十万的规模。另外，矩阵$[K]$非特异时逆行列式也不一定存在，如同图 3-6 所示那样，具有稀疏性，非零项分布在对角项的中心区域。结构上的$[K]$常常是对称的，而一般的流体问题则不具备对称性。不管是哪一种，有限元法分析最终都会回归到高阶次的矩阵方程式的求解中去。

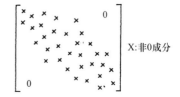

图 3-6　稀有矩阵（疏行列式）

求解高阶次的方程式时，通常有两种方法：①直接法，②反复法。这里所说的直接法是指如果没有圆误差产生，经过有限次数的运算就可以得到正确的解。其代价是为了保存矩阵成分而需要大容量的存储设备。另一方面，反复法与直接法相比需要的存储容量要小很多，其缺点是为了收敛到正确的方程的解，必须进行无限次的循环运算。特别是当矩阵的性质不佳时则很难收敛。

当在允许误差范围内求解式（3-40）的方程式时，不管是哪种方法，必须要综合考虑对象问题的性质、必要的记忆容量、计算速度等与计算机性能相关的事宜。

b. 直接法

直接法的基本原则是先按照顺序消去变量，即高斯消去法。首先使用第 1 个方程式，从其他的 $n-1$ 个方程式中将第 1 个变量消去。其次再使用第 2 个方程式，从 $n-2$ 个方程式中将第 2 个变量消去。如此这般，一直到消去 u_1、u_2……u_{n-1} 为止，此时方程式的系数矩阵变成图 3-7c 所示的上三角矩阵。以上的操作过程称为前进消去法。其次，首先从第 n 个方程式求得 u_n，并将其代入到第 $n-1$ 个方程式中求得 u_{n-1}。重复以上过程。这个操作过程称为后退代入法。

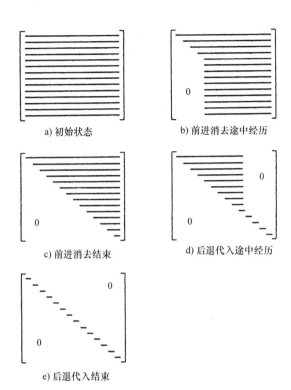

图 3-7 基于高斯消去法的系数矩阵变化

高斯消去法虽然是直接法的基础，如同以上所述的计算过程中，没有考虑系数矩阵 $[K]$ 的稀少性。如果考虑这一点，那么就可以节省大量计算时间。在实际计算程序中，$[K]$ 的零成分的判别方法和零成分的乘积因省略方法的不同而有所区别，有多种方法。其中最具代表性的方法有带状矩阵法和轮廓法（skyline）两种。前者是利用 $[K]$ 为带状的特性，只保存带状部分。而后者则是对每一行都进行检查是否为零，然后省略的方法。

另一方面，在直接法中 $[K]$ 经常写成如下的形式。

$$[K] = [L][U] \quad (3-41)$$

式中，$[L]$ 为下三角矩阵，$[U]$ 为上三角矩阵。这种用矩阵的乘积来表示的 $[K]$ 称为分解法。通过上式（3-40）可以写成如下形式。

$$[K]\{u\} = [L][U]\{u\} = \{F\} \quad (3-42)$$

$\{u\}$ 的解通过两步就可以求得。

第一步：将下式通过前进代入法求解。

$$[L]\{g\} = \{F\} \quad (3-43)$$

即直接求解式（3-43）中第 1 式的唯一的未知数 g_1，从第 2 式中求得 g_2。

第二步：将下式通过后退代入法求解。

$$[U]\{u\} = \{g\} \quad (3-44)$$

如上所述，如同式（3-41）所示的分解后的矩阵，根据前进代入法和后退代入法就能够求解。

c. 反复法

反复法是从某个给定的初始值 $\{u^{(0)}\}$ 开始出发，一步步地求得向正解收敛的近似解 $\{u^{(1)}\}$、$\{u^{(2)}\}$……这种方法的特征之一是圆误差逐渐减小。但是，由于必须在有限的循环次数内截止，即产生截止误差。

反复法的一般顺序如下所示。考虑求解式（3-40）的情况，首先将矩阵 $[K]$ 分解为 $[N]$ 和 $[P]$ 两部分，即

$$[K] = [N] - [P] \quad (3-45)$$

式中，$\det[N] \neq 0$，$[N]$ 的逆矩阵是存在的。其次，从某个适当的初始值 $\{u^{(0)}\}$ 开始，如同式（3-46）那样定义 $\{u^{(r)}\}$。

$$[N]\{u^{(r)}\} = [P]\{u^{(r-1)}\} + \{F\} \quad (3-46)$$

方程的解收敛，如果 $\{u^{(r)}\}$ 与 $\{u^{(r-1)}\}$ 相等，就很容易明白式（3-46）与式（3-40）是一致的。反复法根据式（3-45）那样的定义方式包括很多种方法。如 Jacobian 反复法、高斯 - Seidel 法等。通过这些方法可以用已经求得的 $\{u^{(r-1)}\}$ 代入后直接求得 $\{u^{(r)}\}$，因此称之为显式解法。这些方法算法虽然单一，但是收敛却很慢。

下面所叙述的是经常使用的方法之一的逐次过剩缓和法（SOR 法）。当用高斯 - Seidel 法进行各个阶段的反复计算时，并不是直接计算第 r 步的结果，追加以下的修正计算。

$$\tilde{u}_i = \frac{1}{K_{ii}}\left(F_i - \sum_{j=1}^{i-1} K_{ij}u_j^{(r)} - \sum_{j=i+1}^{n} K_{ij}u_j^{(r-1)}\right)$$

$$(3-47a)$$

$$u_i^{(r)} = (1-\omega)u_i^{(r-1)} + \omega \tilde{u}_i^{(r)}$$
(3-47b)

根据反复计算求得的 $\{u^{(r)'}\}$ 和前一阶段的 $\{u^{(r-1)}\}$ 的平均载荷来计算 $\{u^{(r)}\}$。这种方法当 $\omega > 1$ 时称为过大缓和，$\omega < 1$ 时称为过小缓和，当 $\omega = 1$ 时则与高斯-Seidel 法一致。

另一方面，式（3-40）的解当矩阵 $[K]$ 为正值时，下式中与 $\{u\}$ 最小化等价。

$$\Pi(u) = \frac{1}{2}\{u\}^T[K]\{u\} - \{u\}^T\{F\}$$
(3-48)

因此，利用 $\{u^{(r-1)}\}$，根据函数 $\Pi(\{u^{(r)}\})$ 最小化就可以考虑决定 $\{u^{(r)'}\}$ 的反复法。对于这些方法，从根本上来说，就是利用第 $r-1$ 步的 $(\{u^{(r-1)}\}, \alpha^{(r-1)}, \{p^{(r-1)}\})$，按照下式求得第 r 步的值 $\{u^{(r)}\}$。

$$\{u^{(r)}\} = \{u^{(r-1)}\} + \alpha^{(r-1)}\{p^{(r-1)}\}$$
(3-49)

式中，$\alpha^{(r-1)}$、$\{p^{(r-1)}\}$ 分别是标量和矢量。各自的反复法根据 $\alpha^{(r-1)}$ 和 $\{p^{(r-1)}\}$ 的选择来决定。应用最广泛的共轭斜率法，是根据 $\alpha^{(r-1)}$ 最小化来考虑式（3-48）的。另外，矢量 $\{p^{(r-1)}\}$ 是保证各个矢量满足下式来选择的。

$$\{p^{(i)}\}^T[K]\{p^{(j)}\} = 0 \quad (i \neq j)$$
(3-50)

这种条件称为 K-直交性。

对于斜率法，如果未知数的数量为 n，理论上经过 n 次的反复后可以求得解 $\{u\}$。实际上，常常是经过比 n 小很多的次数就得到收敛了。

这种方法的另外一个优点，是没有必要直接生成和使用矩阵 $[K]$。即在进行反复计算时，只需要保存单元的矩阵及矢量 $\{u^{(r)}\}$ 和 $\{p^{(r-1)}\}$ 即可。因此，这种方法所需要的内存非常小。另外，为了运算所有的矢量，超级计算机的调整也很容易。

另外，当使用斜率法时，为了提高收敛性，经常需要事先实施各种前处理来改善矩阵 $[K]$ 的性质。其中具有代表性的例子，如带不完全楚列斯基分解（Cholesky decomposition）的共轭斜率法。

3.2 静态结构分析中的应用

本节中，叙述有限元法在静态结构分析中的应用。以线弹性结构物为对象的线性结构分析，到前面一节为止已经详细介绍，本节中将对之前未曾涉及的热应力问题等初始应力问题的分析方法以及在结构设计中优化最重要的灵敏度分析进行详细的叙述。接下来，为了掌握弹塑性、有限变形、屈曲问题，对非线性结构分析所需要的增量理论应用案例加以介绍，对非线性灵敏度分析也会有所涉及。

3.2.1 线性结构分析

如果考虑由于热膨胀而产生的应力 $\{\delta_\alpha\}$，线弹性体的构成方程式则可以用下式表达。

$$\{\sigma\} = [D^e]\{\varepsilon\} - \{\sigma_a\} \quad (3-51)$$

这个公式是根据虚功原理，从以下类型的单元刚度方程式得到的。

$$[k]\{d\} = \{f\} + f_a \quad (3-52)$$

式中，$[K]$ 为单元的刚度矩阵，$\{d\}$ 为节点位移矢量，$\{f\}$ 为外力矢量，$\{f_a\}$ 为根据初始应力的存在受到的外力矢量。

根据这种单元刚度方程式，就可以计算当温度上升（或者降低）时有线弹性结构体中产生的热应力。另外，如果用增量的形式来记述，在用初始应力法分析塑性材料的非线性问题时，需要对基础公式加以注释。

接下来，对结构优化设计过程中必需的、与设计变量相关的约束条件函数的设计灵敏度微分的计算方法之设计灵敏度分析方法加以详细的说明。下面，考虑消去约束边界自由度的全体刚度方程式。

$$[K(x)]\{u\} = \{F(x)\} \quad (3\text{-}53)$$

式中，$[K]$ 和 $\{f\}$ 为全体的刚度矩阵和外力矢量，分别是结构尺寸等设计变量 $\{x\}^T = [x_1 x_2 \cdots x_s]$ 的函数。另外，$\{u\}$：全体位移矢量。

对于结构设计中的应力或者位移约束条件一般是按照下面的公式来表达的。

$$\psi = \psi(x, u(x)) \geq 0 \quad (3\text{-}54)$$

式中的 ψ 称为约束函数，依赖于 $\{x\}$ 的显性形式的同时，通过位移矢量 $\{u\}$，还与设计变量的隐性形式相关。例如约束条件可以用下面的公式来表达：

应力：$\delta_a - |\delta_i| \geq 0$
应变：$\varepsilon_{ia} - |\varepsilon_i| \geq 0$
位移：$u_{ia} - |u_i| \geq 0$

式中，δ_i 为点 i 的应力，δ_a 为应力的极限值，ε_i 为点 i 的应变，ε_{ai} 为点 i 的应变极限值，u_i 为点 i 的位移，u_{ia} 为点 i 的位移极限值。设计灵敏度目标是由 ψ 与 $\{x\}$ 全体的依赖程度决定的。即，以计算 $d\psi/dx$ 为目的。

如果使用微分，可以确定 ψ 与 x 相关的全微分可以按照下式计算。

$$d\psi/dx = \partial\psi/\partial x + [\partial\psi/\partial u](d/dx)\{u\} \quad (3\text{-}55)$$

另一方面，对式（3-53）的两边取 x 的微分

$$[K(x)](d/dx)\{u\} = -(\partial/\partial x)([K(x)]\{u^*\}) + (\partial/\partial x)\{F(x)\} \quad (3\text{-}56)$$

式中，u^* 表示偏微分时 u 是作为常数使用的意思。刚度矩阵 $[K(x)]$ 是非特异的，将式（3-56）就能够按照 $(d/dx)\{u\}$ 来求解。即

$$(d/dx)\{u\} = [K(x)]^{-1}((\partial/\partial x)\{F(x)\} - (\partial/\partial x)([K(x)]\{u^*\})) \quad (3\text{-}57)$$

将这个结果代入到式（3-55）中，可以得到下式。

$$d\psi/dx = \partial\psi/\partial x + [\partial\psi/\partial u][K(x)]^{-1}(\partial/\partial x)(\{F(x)\} - [K(x)]\{u^*\}) \quad (3\text{-}58)$$

式中，u^* 表示偏微分时 u 是作为常数使用的意思。式中的 $[K(x)]^{-1}$ 用公式的形式计算，目前还不可能得到近似解。因此在实际计算时，经常使用以下两种方法。

第一种方法是在确定特定的设计变量值 $\{x\}$ 的基础上按照式（3-56）来求解，通过数值方法求出 $(d/dx)\{u\}$，并将其代入到式（3-55）中，就可以计算 $d\psi/dx$ 了。

第二种方法是首先按照下式来定义跟随系数 λ。

$$\{\lambda\} = ([\partial\psi/\partial u][K(x)]^{-1})^T = [K(x)]^{-1}\{\partial\psi/\partial u\} \quad (3\text{-}59)$$

式中，利用刚度矩阵 $[K(x)]$ 是对称的这一事实。在式（3-59）的两边乘以 $[K(x)]$，可以得到以下的跟随方程式。

$$[K(x)]\{\lambda\} = \{\partial\psi/\partial u\} \quad (3\text{-}60)$$

对式（3-60）进行求解即可得到 $\{\lambda\}$。利用式（3-59）的关系，代入到式（3-58）中，可以得到下式：

$$d\psi/dx = \partial\psi/\partial x + \{\lambda\}^T((\partial/\partial x)\{f(x)\} - (\partial/\partial x)([K(x)]\{u^*\})) \quad (3\text{-}61)$$

$$d\psi/dx = \partial\psi/\partial x + (\partial/\partial x)(\{\lambda^*\}^T\{f(x)\} - \{\lambda^*\}^T[K(x)]\{u^*\}) \quad (3\text{-}62)$$

以上这种方法就称为灵敏度分析的跟随系数法。

对这两种方法的运算量进行比较，当约束条件的数量（设计变量数×载荷条件数量）过多时直接微分法有利，而对于相反的情况下则跟随系数法有利。一般来说约束条件的数量不会超过设计变量的数量，因此跟随系数法是非常有效的，但是在设计初期阶段，必须考虑设计变量少但约束条件多的情况。因此对于这种情况多是使用直接微

分法。

3.2.2 非线性结构分析

a. 静态非线性结构分析

固体力学的基础公式，包括①应力成分方程式；②应力-应变关系式；③应变-位移关系式。从这些基础公式得到的偏微分（或者变分原理）方程，在给定的④力学边界条件；⑤几何学边界条件的基础上进行求解，就能得到物体的变形或者应力分布。此时，就会出现这些基础公式或者边界条件非线性引起的各种各样的非线性问题。例如，如果伴有相当应力超过屈服点的塑性变形，应力-应变的关系式将变成非线性的，像这种非线性问题称为材料非线性问题。另外，像大挠度问题（有限变形问题）或者屈曲问题（结构稳定性问题）这种应变-位移关系假设为非线性的问题称为几何学中的非线性问题。再者，接触等类似的依赖于边界条件的问题也是非线性问题。

在本项中，以弹塑性有限变形问题为目标对非线性结构分析的概要进行介绍。

非线性问题中的一部分结构稳定性问题，例如求解完全竖直的圆柱的弹性屈曲载荷问题等，作为特征解的定型化的解（后面会提及），一般是使用增量理论（即载荷增量法）进行求解的。虽然是非线性问题，但是相对于微小的载荷增量，可以假设结构体以几乎线性规律运动。因此，对于受缓慢载荷而变形的结构体平衡状态可以像下式那样分割。

$$\Omega^{(0)}, \cdots, \Omega^{(n)}, \Omega^{(n+1)}, \cdots, \Omega^{(f)}$$

相对于微小载荷的增量，结构的响应可以按照线性分析方法来计算，从初始平衡状态 $\Omega^{(0)}$ 到终了平衡状态 $\Omega^{(f)}$ 过程中所达到的每一个平衡状态可以依次求解，这是根据增量原理的一种解法。即，实行分区域的线性化，根据折线近似对非线性路径进行追踪的增量分解法。

增量理论的定型化大致可以分为 Total Lagrangian Formulation（TLF）和 Updated Lagrangian Formulation（ULF）两种，这种两方法对应力与变形的定义是不同的。此处，对最终耐久分析中经常使用的 TLF 概要加以介绍[7,8]。TLF 使用 Kirchhoff 应力与 Green 应变，二者都是参照结构的初始形状定义的。定型化的目的是将任意的平衡状态 $\Omega^{(n)}$ 当作所有状态的已知量，则经过一个细小偏离量的下一个平衡状态 $\Omega^{(n+1)}$ 的状态量（或者从 $\Omega^{(n)}$ 到 $\Omega^{(n+1)}$ 的增量）就可以求得。如果这种方法（渐近式的一种）能够成立，那么从初始状态 $\Omega^{(n)}$ 开始，逐一应用这种方法，就能够达到最终的平衡状态 $\Omega^{(f)}$。

定型化的出发点是相对于平衡状态 $\Omega^{(n+1)}$ 的假想做功原理。

$$\int_{V^{(0)}} \delta(\{e\}^t + \{\Delta e\}^t)(\{\sigma\} + \{\Delta \sigma\}) dV^{(0)}$$
$$= \int_{V^{(0)}} \delta\{\Delta u\}^t(\{P\} + \{\Delta P\}) dV^{(0)}$$
$$+ \int_{S^{(0)}} \delta\{\Delta u\}^t(\{T\} + \{\Delta T\}) dS^{(0)}$$

(3-63a)

其中，

$$\{\Delta u\} = \{\overline{\Delta u}\} \text{ on } S_u \quad (3\text{-}63b)$$

式中，$\{u\}$、$\{e\}$、$\{\delta\}$、$\{P\}$、$\{T\}$ 分别为位移、应变、应力、体积力、表面力矢量，是表示平衡状态 $\Omega^{(n)}$ 的已知量；Δ 为从 $\Omega^{(n)}$ 到 $\Omega^{(n+1)}$ 的增量，δ 表示变分；$V^{(0)}$ 及 $V''S^{(0)}$ 分别表示对应初始形状的内部领域及表面，式（3-63b）是在表面 S_u 上给定的几何边界条件（$\overline{u}$ 表示已经位移）。

式（3-63a）的左边及右边的第 1 项、第 2 项分别是 $\Omega^{(n+1)}$ 时的应力、体积力和表面力生成虚功，这个公式里不包含任何的假设成分，因此需要加以注意。

对于几何非线性问题，应变和位移的关系是非线性的。即，应变增量矢量 $\{\Delta e\}$ 包含相对于位移增量的二次项。即可以写以下公式。

$$\{\Delta e\} = \{\Delta \varepsilon(u)\} + \{\Delta \varepsilon_{NL}(\Delta u^2)\} \quad (3-64)$$

式中，$\{\Delta \varepsilon\}$ 为与位移增量相关的线性项，虽然可以称之为线性化处理后的应变增量，但是依赖于与 $\Omega^{(n)}$ 相关的位移 $\{u\}$。$\{\Delta \varepsilon_{NL}\}$ 是与位移增量相关的包含二次项的非线性应变增量。将式（3-64）代入到式（3-63）中，如果忽略与增量相关的三阶以上的高次项，可以得到以下的增量形虚功关系式。

$$\int_{V(0)} (\delta\{\Delta\varepsilon(u)\}^t \{\Delta\sigma\} + \delta\{\Delta\varepsilon_{NL}(\Delta u^2)\}^T \{\sigma\}) dV^{(0)}$$
$$= \int_{V(0)} \delta\{\Delta u\}^t \{\Delta P\} dV^{(0)} + \int_{S(0)} \delta\{\Delta u\}^t \{\Delta T\} dS^{(0)}$$
$$- \int_{V(0)} \delta\{\Delta\varepsilon\}^t \{\sigma\} dV^{(0)} \quad (3-65)$$

式中，左边是应力增量和与 $\Omega^{(n)}$ 相对应的应力的各自增量的线性成分、非线性成分所生成的虚功，右边第1项、第2项是外力增量及位移增量所生成的虚功。从右边第3项到第5项，是 $\Omega^{(n)}$ 对应的外力和应力各自的位移及应变增量所对应的虚功差，如果 $\Omega^{(n)}$ 对应的各个参数严格满足平衡状态条件，那么该差值应该等于零，但是分区线性化处理后，这种情况是难以出现的，因此必须事先保留这一项。

以式（3-65）为出发点进行有限元法的定型化。首先，有限元法的位移增量假定为如下所示。

$$\{u\} = [H]\{\Delta q\} \quad (3-66)$$

式中，$\{\Delta q\}$ 为节点位移矢量；$[H]$ 为形状函数矩阵。根据这个位移场计算式（3-64）中的应变增量，线性化的应变增量就可以用下面的矩阵来表达。

$$\{\Delta \varepsilon\} = [\overline{B}]\{\Delta q\} = ([B_0] + [B_L(u)])\{\Delta q\} \quad (3-67)$$

式中，应力 - 应变矩阵 $[D]$ 的各个成分根据弹性变形时杨氏模量和泊松比来决定，塑性变形时与材料对应的假设屈服条件为：

$$\{\Delta \sigma\} = [D]\{\Delta \varepsilon\} \quad (3-68)$$

屈服函数 f 可以根据塑性势能的塑性流动法则来计算。

$$f(\{\sigma\}) = \sigma_y \quad (3-69)$$

将式（3-66）~式（3-68）代入增量形虚功原理公式（3-65），并对结果进行整理后，可以得到以下增量刚度方程式。

$$([k_0] + [k_L] + [k_G])\{\Delta q\} = \{\Delta Q\} + \{Q_R\} \quad (3-70)$$

式中，

$$[k_0] = \int_{V(0)} [B_0]^T [D] [B_0] dV^{(0)}$$

$$[k_L] = \int_{V(0)} ([B_0]^T [D] [B_L]$$
$$+ [B_L]^T [D] [B_0]$$
$$+ [B_L]^T [D] [B_L]) dV^{(0)}$$

$$[k_G] = \int_{V(0)} [G]^T [S] [G] dV^{(0)}$$

$$\{\Delta Q\} = \int_{V(0)} [H]^T \{\Delta P\} dV^{(0)}$$
$$+ \int_{S(0)} [H]^T \{\Delta T\} dS^{(0)}$$

$$\{Q_R\} = \int_{V(0)} [H]^T \{P\} dV^{(0)}$$
$$+ \int_{S(0)} [H]^T \{T\} dS^{(0)}$$
$$- \int_{V(0)} ([B_0] + [B_L]^T \{\sigma\} dV^{(0)}$$
$$(3-71)$$

式中，$[k_0]$ 称为增量刚度矩阵，不包含几何学上的非线性效果。$[k_L]$ 是通过 $[B_L]$ 包含与 $\Omega^{(n)}$ 相对应的位移的影响，称为初始位移矩阵或者大位移矩阵。为了确定 $[k_0]$ 及 $[k_L]$ 各自的物理意义，像上面所述的进行分离，在数值计算上汇总成如下公式。

$$[k_0] + [k_L] = \int_{V(0)} [\overline{B}]^T [D] [\overline{B}] dV^{(0)} \quad (3-72)$$

$[k_G]$ 根据与 $\Omega^{(n)}$ 相对应的应力（用矩阵 $[S]$ 表示）和位移斜率矩阵 $[G]$ 来计算的，称为初始应力矩阵或者几何刚度矩阵。另外，以上的各刚度矩阵的总和表示如下。

$$[k_T] = [k_0] + [k_L] + [k_G] \quad (3-73)$$

上式称为切向刚度矩阵。$\{\Delta Q\}$是外力增量矢量，$\{Q_R\}$是$\Omega^{(n)}$的不平衡力矢量。

从$\Omega^{(0)}$开始，在整个领域内求解式（3-70）的增量分形切向刚度方程式以求得$\{\Delta q\}$的解，如果根据式（3-67）和式（3-68）求出$\{\Delta \varepsilon\}$和$\{\Delta \delta\}$，则可以确定$\Omega^{(1)}$的各状态量。根据这些参数就可求得式（3-70）中的各个刚度矩阵和不平衡力，进而能够确定$\Omega^{(1)}$对应的增量形切向刚度方程式。接下来用同样的方法求出$\Omega(2)$、$\Omega(3)$……的各阶次平衡状态，直到最终状态$\Omega^{(f)}$都可以求解。

根据增量法的各步计算，通常使用Newton—Raphson、修正Newton—Raphson、BFGS法或者DFP法等模拟Newton法，一直到$\{Q_R\}$达到极小为止反复计算，对各个平衡状态的收敛解求解，然后向下一步推进。但是基于Newton—Raphson方法的增量-反复解法对于使用单一的载荷控制或者位移控制的情况下，有时无法跟踪包含极限点的复杂平衡路径，经常使用1个计算步内保持一定的平衡路径步长的方法（弧长增量法），即Riks法与修正Newton—Raphson的组合应用，以及对有限单元的法向进行改良的修正Riks法等。

具有代表性的结构稳定性问题——"屈曲"，经常出现在某个临界载荷（屈曲载荷）的作用下，是结构物体的初始变形模态不稳定而向其他的稳定变形模态（屈曲模态）急剧转移的现象。对于弹性屈曲问题，屈曲载荷（P_{cr}）及屈曲模态（$\{\Delta q_m\}$）可以根据以下形式的固有方程式求解而得到。

$$([K_0] + [K_G(P_{cr})])\{\Delta q_m\} = \{0\} \quad (3-74)$$

但是这种方法的适用条件限定于初始变形模态$[K_L] = [0]$。

最后，先简单叙述TLF方法的优缺点[10]。由于TLF法经常是参照初始形状、定型化及计算简单，数值积分点也经常是参照相同的材料点。对于微小应变问题不需要应力变换运算，但是对于有限应变问题就失去了其自身具备的长处。另外，如果使用应变-位移关系方程式的Karman有限变形理论，那只能在小旋转的情况下使用。这个问题点通过连续体模型的使用能够解决，但是计算量将会很大。基于以上原因，在没有较大变形、结构物体最终耐久分析时经常使用TLF方法。而关于ULF的优缺点将在后面的内容中叙述（3-4.2项）。

前面所叙述对于线性构造物体的设计灵敏度分析方法也可以扩展到非线性构造物体上。在本节中，对于静态的线性响应问题，概要介绍一下使用增量有限元法的设计灵敏度分析方法[11,12]。

非线性结构物体的约束条件可以按照下面的公式来表达。

$$\psi = \psi(x, {}^t u(x)) \quad (3-75)$$

式中，$\{x\}$是设计变量；${}^t u(x)$是相对于载荷t的位移矢量。

对于设计灵敏度分析，要求求解如下所示的灵敏度微分值。

$$d\psi/d\{x\} = \partial\psi/\partial\{x\} + (\partial\psi/\partial\{{}^t u\})(d\{{}^t u\}/d\{x\}) \quad (3-76)$$

φ是如何依赖于$\{x\}$或者$\{{}^t u\}$的，通常通过显式类型就可以得知，因此就可以很容易计算φ的偏微分系数$\partial\varphi/\partial(x)$或者$\partial\varphi/\partial\{{}^t u\}$。根据增量法使用有限元分析时，通过数值方法计算$\partial\varphi/\partial\{{}^t u\}$也比较容易。计算$d\{{}^t u\}/d\{x\}$就成为工作量最大的步骤，因此有必要对其进行详细介绍。对于线性结构物体的灵敏度分析，虽然一般有直接微分法及跟随变量法两种，但是这两种方法对非线性结构物体的灵敏度分析也同样适用，选择哪一种方法的基准也和线性结构物体的时候相同。但是在实际应用时其前提条件是应该采用效率高的一种方法。

为了计算 $(d/dx)\{^tu\}$，对于结构系统来说必须考虑以下平衡方程式。

$$\{^tQ(x,^tu)\} = \{^tR\} - \{^tF\} = 0$$

(3-77)

式中，$\{^tR\}$ 为外载荷对应的等价节点力矢量，是设计变量的显式函数；$\{^tF\}$ 为从求得的应力分布得到的内部节点力矢量。对于线性系统 $\{^tQ\}$ 虽然可以用 $\{x\}$ 或者 $\{^tu\}$ 的显式函数来表达，但对于非线性系统这种函数并不普及，在增量法中是不用的。

如果计算式（3-77）的全微分，则可以得到下式：

$$\partial\{^tQ\}/\partial\{x\} + (\partial\{^tQ\}/\partial\{^tu\})(d\{^tu\}/d\{x\}) = 0$$
$$\partial\{^tQ\}/\partial\{^tu\} = \partial\{^tR\}/\partial\{^tu\} - \partial\{^tF\}/\partial\{^tu\}$$
$$\partial\{^tQ\}/\partial\{x\} = \partial\{^tR\}/\partial\{x\} - \partial\{^tF\}/\partial\{x\}$$

(3-78)

式中，$\partial\{^tQ\}/\partial\{^tu\}$ 是线性刚度矩阵 $[^tK_T]$；$\partial\{^tR\}/\partial\{^tu\}$ 是当载荷依赖于位移时的修正矩阵。如果包含该成分切丝刚度矩阵是非线性的，但是外载荷不依赖于位移，对于适用合适的流动法则的情况下则变为对称矩阵。之后如果计算出 $\partial\{^tR\}/\partial\{x\}$，根据式（3-78）就可以得到 $d\{^tu\}/d\{x\}$。通常我们知道 $\{^tR\}$ 和设计变量的关系是显式类型的，在构成 $\partial\{^tQ\}/\partial\{x\}$ 的成分中，$\partial\{^tR\}/\partial\{x\}$ 比较容易得到。因此，将变成计算仅剩下的 $\partial\{^tF\}/\partial\{x\}$。详细过程予以省略，但是关于该项可以用下面的公式计算。

$$\partial\{^tF\}/\partial\{x\} = (\partial/\partial\{x\})\int_0^{t_u}[^tk(x,^tu)]d^tu$$
$$= (\partial/\partial\{x\})([^tK_s(x,^tu)]\{^tu\})$$

(3-79)

式中，$[^tK_s(x,^tu)]$ 是正割刚度矩阵。即，以上计算是切向刚度矩阵全位移履历相关的积分运算的必要条件。

对于结构物体的非线性分析，虽然根据增量法以及反复法的组合应用可以求解非线性方程式，在设计灵敏度分析中还是线性方程式 [式（3-78）] 更为合理些。另外，对于灵敏度分析必需的参数中，大多是在通常的增量分析过程中计算，没有必要进行新的计算。因此，非线性结构物体的灵敏度分析所需要的时间，与非线性响应分析相比是相当少的。有报告显示，如果是基于通用有限元软件 ADINA，优化设计计算成本整体的 90% 是非线性分析。

b. 解动态方程式的静态非线性结构分析法

由于在屈服点附近求解静态非线性方程式的稳定解非常困难，实际中经常用到系统衰减（system dumping）法或者动态约减（dynamic reduction）法。这些方法的共同点是在略有差异的动态非线性方程式中增加较大的衰减项。下面，以文献 [13] 为基础加以整理并叙述。

首先，基础方程式按照下面的形式给出。

$$M\ddot{x} + C\dot{x} + Q^n(x) = 0 \quad (3-80)$$
$$Q^n(x) = F^n - P^n - H^n,$$

式中，$\ddot{x}$ 为加速度矢量；x 为位移矢量；M 为对角质量矩阵；C 为衰减矩阵；F^n 为内力矢量；P^n 为外力矢量；H^n 为沙漏阻抗力矢量。

首先，按照系统衰减法式（3-80）可以按照下式变形。

$$\ddot{x} = -M^{-1}(Q^n(x) + C\dot{x}) \quad (3-81)$$

在本计算方法中，给定初始速度，衰减力为 $C\dot{x}$，就可以求得准静态平衡。

下面，对有代表性的动态约减法的情况下进行公式展开。

时间步长设为 Δt，根据中心差分法按照各个步长的速度矢量、加速度矢量可以表示为如下的形式。

$$\dot{x}^{n+1/2} = \frac{x^{n+1} - x^n}{\Delta t}, \quad \ddot{x}^n = \frac{\dot{x}^{n+1/2} - \dot{x}^{n-1/2}}{\Delta t}$$

(3-82)

步长 n 内的平均速度矢量为

$$\dot{x}^n = 1/2\{\dot{x}^{n+1/2} + \dot{x}^{n-1/2}\} \quad (3\text{-}83)$$

因此，式（3-80）将变成如下的形式：

$$M\left\{\frac{\dot{x}^{n+1/2} - \dot{x}^{n-1/2}}{\Delta t}\right\} + C\{1/2(\dot{x}^{n+1/2} + \dot{x}^{n-1/2})\} + Q^n(x) = 0$$

变形为

$$\dot{x}^{n+1/2} = \left(\frac{1}{\Delta t}M + \frac{1}{2}C\right)^{-1} \left\{\left(\frac{1}{\Delta t}M - \frac{1}{2}C\right)\dot{x}^{n-1/2} - Q^n(x)\right\}$$

$$x^{n+1} = x^n + \Delta t\, \dot{x}^{n+1/2} \quad (3\text{-}84)$$

M 为集中质量矩阵，衰减矩阵为 $C = c \cdot M$，c 为衰减系数；ΔT 为时间增量。因此式（3-84）变为

$$\dot{x}^{n+1/2} = \frac{2-c\Delta t}{2+c\Delta t}\dot{x}^{n-1/2} + \frac{2\Delta t}{2+c\Delta t}M^{-1}Q^n(x) \quad (3\text{-}85)$$

M 为对角项，每一个矢量解都可以通过式（3-86）计算得到。

$$\dot{x}^{n+1/2} = \frac{2-c\Delta t}{2+c\Delta t}\dot{x}^{n-1/2} + \frac{2\Delta t}{2+c\Delta t}\frac{Q^n(x)}{m_i} \quad (3\text{-}86)$$

初始条件 $\dot{x}^0 = 0$，$x^0 = 0$ 的准静态问题必须从速度为 0 开始，另外加速度的平均值 $\ddot{x}$ 为 0，根据式（3-83）

$$\dot{x}^{-1/2} = -\dot{x}^{1/2} \quad (3\text{-}87)$$

因此，对于 +1/2 时的速度根据式（3-85）和式（3-87），有

$$\dot{x}^{1/2} = -\frac{\Delta t}{2}M^{-1}Q^0 \quad (3\text{-}88)$$

对以上各式加以汇总将得到如下的形式。式中 $u = x$，$v = \dot{x}$。

$$v^{n+1/2} = \frac{2-c\Delta t}{2+c\Delta t}v^{n-1/2} + \frac{2\Delta t}{2+c\Delta t}M^{-1}(F^n - P^n - H^n) \quad (n \neq 0) \quad (3\text{-}89)$$

$$v^{1/2} = -\frac{\Delta t}{2}M^{-1}(F^0 - P^0 - H^0) \quad (3\text{-}90)$$

因此，

$$u^{n+1} = u^n + \Delta t v^{n+1/2} \quad (3\text{-}91)$$

这时，根据动态约减法可以对决定衰减项 C 的衰减系数 c 加以展开。

在线性分析过程中，如果显示方程式的残差（误差），将成为如下的形式。

$$\gamma = F - Ku \quad (3\text{-}92)$$

将式（3-92）代入式（3-89），得到

$$u^{n+1/2} = u^n + \Delta t\left\{\frac{2-c\Delta t}{2+c\Delta t}u^{n-1/2} - \frac{2\Delta t^2}{2+c\Delta t}M^{-1}(F^n - P^n - H^n)\right\} \quad (3\text{-}93)$$

式中，设 $\alpha = 2\Delta t^2/(2+c\Delta t)$，$\beta = (2-\Delta t)/(2+c\Delta t)$，则有

$$u^{n+1/2} = u^n + \Delta t\{\beta v^{n-1/2} - \alpha M^{-1}(F^n - P^n - H^n)\} \quad (3\text{-}94)$$

因为有

$$v^{n-1/2} = \frac{u^n - u^{n-1}}{\Delta t}, \quad A^n = M^{-1} \cdot K = \omega^n,$$

$$b^n = M^{-1} \cdot f^n,$$

式（3-94）将变成

$$u^{n+1/2} = u^n + \beta(u^n - u^{n-1}) - \alpha A^n u^n + \alpha M^{-1}(P^n + H^n)$$

$$= u^n + \beta(u^n - u^{n-1}) - \alpha A^n u^n + 2b^n \quad (3\text{-}95)$$

第 n 步的收敛计算时误差按照下式来表达。

$$e^n = u^n - u^*$$

式中，u^* 为式（3-92）中 $\gamma = 0$ 时的位移矢量。

将式（3-95）按照式（3-96）那样展开

$$e^{n+1} = e^n + \beta(e^n - e^{n-1}) - \alpha A^n e^n - \alpha A^n v^* + \alpha b^n \quad (3\text{-}96)$$

$$e^{n+1} = e^n - \alpha A^n e^n + \beta(e^n - e^{n-1}) \quad (3\text{-}97)$$

式中，假设 $e^{n+1} = ke^n$，代入到式（3-97）

中，可以得到以下的关于 k 的二次方程式。

$$\{\kappa^2 - (1+\beta-\alpha A)\kappa + \beta\}e^n = 0 \tag{3-98}$$

P. Underwood 利用式（3-98），将 $|k|<1$ 作为下一步误差率尽可能小的最佳收敛计算条件，求得使 k 最小时式（3-98）的特征解，将衰减系数 c 定型化。

即，根据式（3-98）有

$$(1+\beta-\alpha A) = \pm 2\beta^{1/2} \tag{3-99}$$

此时，最小的特征解 A_0 由式（3-100）给出

$$1+\beta-\alpha A_0 = 2\beta^{1/2} \tag{3-100}$$

最大的特征解 A_m 由式（3-101）给出

$$1+\beta-\alpha A_m = -2\beta^{1/2} \tag{3-101}$$

将式（3-100）、式（3-101）的两边相加，得到下式

$$\alpha(A_0 + A_m) = 2(1+\beta) \tag{3-102}$$

另外，式（3-100）可以改写成式（3-103）的形式

$$\alpha A_0 = (\beta^{1/2}-1)^2 \tag{3-103}$$

将式（3-102）和式（3-103）组合在一起，特征解 A_0、A_m 可以用式（3-104）来表达。

$$\beta^{1/2} = |1 - 2\sqrt{A_0/A_m}| \tag{3-104}$$

决定式（3-89）~式（3-91）的收敛计算最佳条件的时间增量 Δt 和衰减系数 c，将 $C = cM$ 的关系与式（3-103）组合在一起，根据式（3-94）中的 α、β 的公式，有

$$\Delta t \leq 2/\sqrt{A_m} = 2/\omega_{max} \tag{3-105}$$

$$c = 2/\sqrt{A_0} = 2/\omega_0 \tag{3-106}$$

有软件 Ls-DYNA[14] 中根据使用上述 P. Underwood 的衰减系数动态约减法以及准静态非线性分析手法，就能够进行基于 Papadrakakis 算法[15] 的动态约减法准静态非线性分析。

两种算法的差异，虽然从公式的开展项中无法得到确定，但是衰减系数 c 的计算公式是不同的。

根据 Papadrakakis 算法，动态约减法的衰减系数将成为

$$c = \frac{4.0}{\Delta t}\frac{\sqrt{\omega_{min}^2 \omega_{max}^2}}{(\omega_{min}^2 + \omega_{max}^2)} \tag{3-107}$$

其收敛条件可由式（3-108）求得。

$$E_{ke} < \delta E_{ke}^{max} \tag{3-108}$$

此处，收敛系数 $\delta = 0.001$。

3.2.3 非线性结构分析的应用案例

数值分析的案例：车身外板刚度分析、安全带锚点强度分析和板件成形分析。

a. 车身外板刚度分析

近年来，基于节能降耗的需求，减小汽车重量成为越来越急迫的课题，各个汽车公司采取了多种措施，如减少板件厚度、换用较轻的新材料等，以达到降低汽车重量的目的。但是汽车减重，必须在板件的刚度等基础上来制定合适的轻量化方案。车身板件刚度对振动噪声、接触感等的品质以及疲劳强度等方面都有一定程度的影响，因此必须对车身外板的刚度进行验证。

车身外板的形状是在油泥模型阶段决定的，在设计论证阶段如果发现刚度不足，那么只能通过提高其厚度来补偿，这样一来将会造成重量、成本增加等问题。车身外板是宽度方向比厚度方向大很多的结构形式，因此在厚度方向上即使受到很小的力，也会在力的方向上产生变形，该变形量很容易就能超过材料的厚度，是一个无法忽略的问题。为了正确了解这种现象，需要从以下几个方面着手。

① 形状的变化是变形引起的，因此需要考虑形状变化的平衡方程。

② 即使形状完全相同，有时也会在内部产生不同的应力，因此必须考虑内部应力对刚度的影响。

如果在车身外板上施加垂直方向上的力，板件的表面会同时受到弯曲载荷和压缩力。在压缩力的作用下产生的应力会造成刚度减弱，板件由此而出现不稳定状态。

这种不稳定状态如表 3-2 中所显示的那样出现 3 种屈曲现象，车身外板的刚度问题就转化为屈曲问题。在清洗车辆等车身外板受到压力时，向面内部方向上的压缩部分会出现不稳定现象，产生突变屈曲现象后，处于受拉力支配的稳定状态。在油泥模型阶段以不产生这种现象为目的而开展抗拉刚度分析，进而来决定外板件的板厚和曲率等参数。作为一个实际案例，如图 3-8 所示，介绍一下顶盖板件的屈曲刚度分析案例。

表 3-2 屈曲的样式

分类	分歧屈曲	飞移屈曲	屈服屈曲
例	棒的欧拉屈曲	球壳的屈曲	圆筒的屈曲
样式	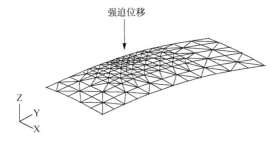		

图 3-8 顶盖板件分析模型

这种现象常常会伴随大变形问题，在单元变形时产生的位移中，包含对应变的没有影响的刚性位移。因此计算几何刚度和应力时，必须将刚性位移去除。去除刚性位移后的位移和旋转位移分别称为相对位移和相对旋转位移。使用 ULF 方法能够保证这些计算具有很好的精度，就可以求出正确的刚度方程式。用于分析的模型如图 3-8 所示，在载荷点附近将网格细化，稍远的位置可以适当放大网格尺寸。本例中采用的是 BCIZ 三角形单元[17]。因为周边位置的复杂形状对抗拉刚度没有影响，所以用简单的形状加以

分割。根据强制位移增量法与 NETON - Raph 法的组合应用，逐次求得必要的载荷 - 变形线图。

在图 3-8 所显示的位置处，在 Z 方向上施加强制位移激励时，载荷 - 弯曲线如图 3-9 所示。在 7mm 范围内实验结果与分析结果的差在 10% 以内，在评价抗拉刚度时，达到了精度要求。此处，二者的差除了数值分析上的圆整误差和小数点误差以外，还可能包括实际生产出来的板厚与设计值不符等原因以及实验测试中的误差。

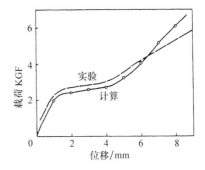

图 3-9 载荷 - 弯曲线图

b. 安全带锚点强度分析

安全带锚点的抗拉强度作为碰撞安全的对策，国内的安全法规是参考 FMVSS（Federal Motor Vehicle Safety Standards，美国联邦车辆安全法规）及 ECE（Economic Commission for Europe，欧洲经济委员会）等的安全法规制定的，在车辆开发时，是决定结构形式的重要因素之一。特别是地板中央位置的卷缩式安全带固定锚点，处于没有骨架加强结构且受到法向强烈拉伸力作用等恶劣的条件下，在决定其方案时要经过反复实验验证。

在预测该点的强度时必须考虑板件塑性范围内的大变形，基于具有代表性的 ULF 方法分析有一定困难。因此采取了一种适用于骨架结构材料的塑性节点矩阵的新方法，以对位移影响较大的面内刚度作为考核对象[18]。即，面内塑性节点矩阵 C_{ij} 是从弹性刚度矩阵 K_{ij} 中根据塑性变形将减少量 G_{ij} 除

去，如式（3-109）所示。

$$C_{ij} = K_{ij} - G_{ij} \quad (3\text{-}109)$$

式中，$G_{ij} = B_{ij}K_{kj}$，$B_{ij} = (a_{ik}K_{ik}\phi k)\phi_j$，$\phi_i = \dfrac{\partial F_i}{\partial R_i}$（$i, j, k = 1, 2, 3$）

式中，F_i 为屈服函数值，R_i 为内力，a_{ik} 为由 K 和 ϕ 决定的参数。用来确认本塑性节点矩阵有效性的车身地板分析模型如图 3-10 所示，是包括 57 个节点和 87 个单元的模型。另外，为了验证从卷缩式安全带和肩式安全带两个方向都受力时的结构性能，在图 3-10 所示的地板模型侧部结构上增加车身的分析模型，如图 3-11 所示。如该图中显示的分析模型上顶部等处的骨架用梁单元模拟，地板板件用壳单元划分网格。是否能够再现实车实验中所发生的地板中央通道处的特征性弯曲变形，是检验分析方法可靠性的手段。在该证过程中所使用的流程如图 3-12 所示。总结其要点如下。

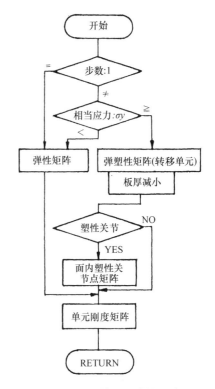

图 3-12 板单元矩阵的生成

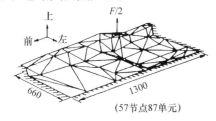

图 3-10 地板分割模型

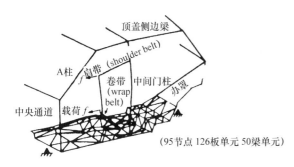

图 3-11 车身模型

① 在进入弹塑性状态的单元当中，对于塑性点条件成立的单元，使用塑性节点的矩阵。

② 大变形部分的板厚减少量由单元体积一定条件决定。

③ 根据迁移矩阵的概念，确保不从所设定的应力-应变曲线中脱离。

首先，与车体地板拉伸实验对应的分析中，表现出了利用塑性节点矩阵的效果，刚度降低了。与只考虑板厚减少和迁移矩阵的情况相比，如果同时考虑了塑性节点矩阵，那么弯曲变形将会变大，就可以更加接近实验测试结果。通过以下几点可以保证模拟分析与实验测试结果有很高的一致性。

① 二者的变形模式中，都要将锚点凸出于地板整体来显示，特别是中央通道后端的凸出表现则更容易再现实车的状态。

② 分析中发生塑性变形的单元和实验中局部变形较大的部位相互对应。

③ 用来评价强度的载荷-位移特性目标值，如图 3-13 所示用实用的级别来模拟实验。

安全带锚点强度分析除了以上所述的以外，还有有吉等人的研究以及樱井等人的研

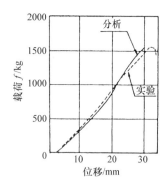

图 3-13 载荷-位移特性比较

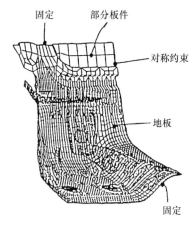

图 3-14 动态缓和法应用案例

究。在文献 [19] 中是使用通用结构分析软件 ABAQUS[21] 计算地板上的锚点受到座椅安全带的载荷时地板的变形模式。除此之外，还预测了地板上的焊接位置出现疲劳破坏的部位以及破坏时的载荷。因此，文献 [19、21] 的作者认为应该根据地板变形的大小分别使用静态分析和动态分析。即，当地板变形小时即使是使用静态分析方法也不会产生计算上的不稳定性问题，一直可以计算到规定的载荷对应的变形。但是在地板上发生了大规模的塑性屈曲，因此对于地板上出现焊点疲劳破坏时应该使用稳定性高的动态分析方法。

因此，有吉等人利用隐式数值方法进行了分析。另一方面，熊谷等人根据隐式分析法对数值分析方法中的求解刚度矩阵逆矩阵时需要花费大量时间的显式分析方法进行了研究[22]，像这种用动态方法求解静态问题的代表性方法有系统衰减法和动态约减法。这些方法的基本原理可以追溯到 Otter 等人的研究，在文献 [13-15] 中对这方面的重点内容有详细介绍。图 3-14 中显示的是动态约减法所适用的模型，基于该模型对焊点破坏进行了检讨。其基本思路是节点之间相互作用力达到式（3-110）来表示的设定载荷时，节点之间的连接就会被破坏[22]。

$$G = \left(\frac{F_N}{A}\right)^{a_1} + \left(\frac{F_S}{B}\right)^{a_2} \quad (3-110)$$

式中，A 是轴向剪断载荷；B 是剪切方向剪断载荷；F_N 是轴向载荷；F_S 是剪切载荷；a_1、a_2 是常数。根据这些参数就能够进行在包含大变形的区域内到破坏为止的分析，但是仍然存在以下几方面的问题[22]。

① 如果按照载荷的实际作用时间来计算，那么所需计算时间就会是非常长的，必须缩短计算时间，但是计算条件的设定方法需要进行合理策划。

② 当在准静态问题上应用显式分析方法时，由于计算时间与材料密度的（-1/2）次方成正比，将称为质量数标度的材料密度提高将会缩短计算时间。但是如果材料密度提高得过大，就需要分析变形模式的差异。

③ 由于惯性力是由变形特性和载荷的关系决定的，每一种模型其最佳的计算条件也是不同的。因此，每一次计算受到惯性力影响而产生的计算精度都是恶化的指标。今后，根据对上述问题的有效解决，本方法的实用性会越来越高。

c. 板件成形分析

汽车是由各种各样的零部件构成的，例如冲压成形的板件、铸造或锻造成形的连杆和曲轴等。FEM 方法在以锻造为代表的塑性加工工艺中的应用已经得到了快速发展。最近应用得非常广泛的例如有板件成形分析。翼子板及车门等代表性的汽车零部件的成形加工，是由多道冲压工序完成的。为了生产出没有裂纹、皱折等缺陷的产品，通常是通过试制－检查－模具调校这样反复过程，经过不断的失败才能最终得到合格的产品。在零部件试制之前，如果能够对模具的形状进行详细论证，试制周期就可以大大缩短。

为了模拟零部件的成形工艺过程，首先需要将模具和板材用有限单元划分。图3-15中所显示的是以热弯曲成形为例的模具断面分析模型的构成。因为加工之前的板材都是简单的形状，就很容易划分网格。另一方面，对于模具的网格划分，从图3-16中所显示的前翼子板冲压用模具的网格划分案例中可以知道其形状是非常复杂的。因此，必须先生成零件形状以外的模具的构成部分——板材成形前的放置部分的模具面和板材余料的部分的形状数据及单元分割。缩短板件成形的分析时间，关键是提高零件形状部分、模具面以及包含余料的模具的单元分割效率。

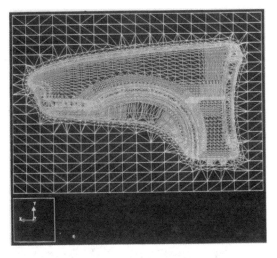

图3-16　前翼子板模具的单元分割

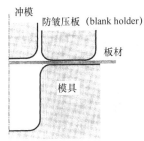

图3-15　成形分析模型的构成（例：热弯曲成型）

FEM方法在板件冲压工艺中的应用，目前是以3维分析为主流。作为分析方法，考虑到计算时间的缩减，主要是采用静态及动态显式解法。静态隐式解法一般用在车门、行李舱盖等部件的内、外板翻边工艺的2维分析中。静态隐式解法虽然计算精度高，但是如果单元的数量过多，那么计算时间会很长，还无法大范围应用，因此一般不会使用3维分析方法。适合加工板材的单元一般包括膜单元和壳单元。膜单元与壳单元相比具有计算时间短的特征，但是没有单元之间的弯曲抵抗力，容易出现皱折等现象，因此一般多是使用壳单元进行分析。

板件冲压过程是由多个工序组成的，如形成零部件主体部分的拉伸、切割多余材料落料、形成局部形状的弯曲及二次冲压工序等。现阶段，以裂纹、皱折等缺陷出现最多的拉伸工序为模拟分析重点，适用于无缺陷产品和模具的验证过程。为了保证板件成形模拟的高精度，在材料特性、板材与模具的摩擦特性、控制皱折的波纹模型等方面发表了大量的研究成果。

图3-17中显示的是前翼子板的成形模拟结果。目前，不管多么复杂的零件都已经能够进行有效的模拟。对有产品中出现的裂纹、皱折等缺陷利用模拟结果进行评价时，根据图形处理等方法来判断是否存在皱折。图3-18a中显示的是发生皱折时的分析结果。当发生皱折时，可以根据模具形状及成形条件等的变更来调整。在本例中，通过增加前翼子板的冲压压力可实现对皱折的有效控制，图3-18b是优化后的效果。厘米级高度的皱折的有无，通过图形处理就可以加以判断。但是对于被称为面变形的微米单元的皱折，必须要求有模拟及评价两方面的极高

精度。另外，对于破裂问题，如图3-19所示那样，从模拟分析中求得的板厚及变形的分布与板材破裂时的变形等信息获得的成形界限进行比较，来判断是否存在破裂。

a) 有皱纹（纵壁处）

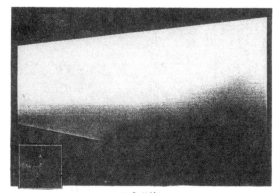

a) 成形前

b) 皱纹控制（增加防皱压板压力）

图3-18 发生皱折与优化后

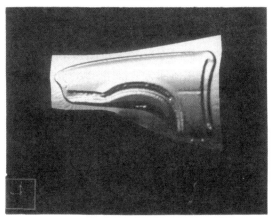

b) 成形后

图3-17 前翼子板的成形模拟结果

对于模拟分析结果的评价，当判明有缺陷出现时，对板材形状、模具面、余料、波纹形状、冲压压力等条件进行调整，然后再次进行分析，以最终实现没有缺陷的目标。现在的成形分析虽然适用于拉伸工序的破裂及皱折的评价，但是今后，还应该在占模具修正大量工时的零部件形状的尺寸精度上提高模拟分析精度。为了实现这个目的，从零部件成形后的回弹所产生的形状变化现象提高模拟精度，开发精度更高的模拟分析方法。

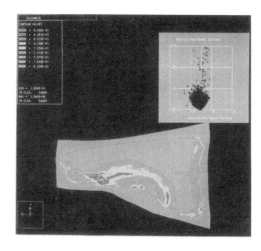

图3-19 板厚分布（下）、成型边界线（右上：原因为红线）及应变（右：+）

3.3 频率响应分析中的应用

汽车应该满足的性能指标中，如振动噪声与频率响应相关的内容非常多。在这些分析当中，经常使用弹簧质量法、FEM、BEM、传递矩阵等方法，但是以通用的 FEM 方法为中心。如降低峰值特性频率点的响应值、减小某个频率响应的积分值等代表性的分析。前者一般适用于直接法频率响应分析，而后者则是包含模态法频率响应在内的主流方法。模态法频率响应分析的固有值分析，由于是以模态叠加为基础的，因此首先对其加以介绍。其次对高频范围内的车内噪声的结构 – 流体耦合分析，以及用来进行结构验证的灵敏度分析及部分结构合成法进行阐述。

3.3.1 固有值分析

根据 FEM 方法实行的振动噪声分析中，用来求解固有值的方程式称为 MCK 方程，如下所示。

$$\mu^2[M]z + \mu[C]z + [K]z = 0 \qquad (3\text{-}111)$$

当忽略阻尼项时则变形为 MK 型方程式，如式（3-112）所示。

$$[K]x = \lambda[M]x \qquad (3\text{-}112)$$

式中，$[M]$ 是质量矩阵；$[K]$ 是刚度矩阵；$[C]$ 是阻尼矩阵。λ、μ 是固有振动频率；$\{x\}$、$\{z\}$ 是固有模态。求解 MCK、MK 型方程式有以下两种方法。①直接求解；②向标准型（$[A]\{x\} = \lambda\{x\}$）问题转换后求解。对于固有值问题的解法，有多种多样，大致可以分为以下两种：

① 首先求解固有值。

② 首先求固有矢量值。

像汽车这样的大规模固有值分析，能够准确计算出所关注的频率范围内固有值和固有模态，是最值得期待的。从这个意义上来讲，根据 subspace 法已经率先在汽车结构的固有值分析中得到了实现。目前同样能够在感兴趣的频率范围内计算出固有值和固有模态的 Lanczos 法[24]已经成为主流。Lanczos 法是根据对称为转换值的参数适当地进行扫

描输入，正确求解整个自由度的特征解（固有值及固有模态）。

3.3.2 与流体相关的振动/结构 – 声场耦合分析

像燃油箱与汽油之间这种液体流动和板件振动之间的耦合现象，有很多的研究案例。这里所要阐述的是声音和振动的耦合现象，其代表性的案例是汽车的轰鸣噪声、路面噪声、发动机舱内的噪声、增压器噪声、排气吐出噪声、燃油箱内的噪声以及风噪声等。例如，路面噪声是路面激励通过驱动系统、悬架系统向车身传递，最终引起车身板件的振动并产生结构放射噪声。噪声在产生的过程中，是受板件振动影响的。

表达这种耦合现象的矩阵方程式是非对称的。对于这种现象，在动态问题分析上最有效果的模态叠加法也显得无能为力了。根据 1980 年的 MacNeal 等人的研究，对于上述问题已经得到了很好的解决。但是使用这种方法对耦合系统灵敏度系数的求解是很困难的。萩原等人找到了左固有矢量和右固有矢量之间的关系（以下称为左、右关系式），很好地解决了这个问题。

另一方面，当求解结构振动现象时，实验模态分析的作用在噪声问题上的应用中得到了验证。实验模态分析中基础的曲线拟合与耦合分析的结合成为可能。即，使用左、右关系式最先在噪声领域内实现了实验模态法的应用。本项中对这种耦合现象的表达公式加以推导并求解，为了验证耦合分析的效果，使用一个箱体模型，调查结构 – 声场的固有振动模态对耦合的影响。

a. 耦合现象的数理表现及其解法

详细内容请参考文献 [29]，如果按照图 3-20 的流程展开，将得到下式中的 2 阶常微分方程式。此处为了简化，忽略了阻尼项。

$$\begin{bmatrix} M_{ss} & 0 \\ M_{as} & M_{aa} \end{bmatrix} \begin{Bmatrix} \ddot{u}_s \\ \ddot{u}_a \end{Bmatrix} + \begin{bmatrix} K_{ss} & K_{sa} \\ 0 & K_{aa} \end{bmatrix} \begin{Bmatrix} u_s \\ u_a \end{Bmatrix} = \begin{Bmatrix} F_s \\ F_a \end{Bmatrix}$$

(3-113)

式中，s、a 是结构系统、声场系统的下角标；$[M_{ss}]$、$[K_{ss}]$ 是结构系统的质量、刚度矩阵；$[M_{aa}]$，$[K_{aa}]$ 是声场系统的质量、刚度矩阵；$[M_{as}]$、$[k_{as}]$ 是耦合系统的质量、刚度矩阵；$[M_{as}] = -[k_{as}]$、u_s、F_s 是结构系统的位移及力；u_a、F_a 是声场系统的位移和力；¨是时间的 2 阶微分。

如同式（3-115）所显示的那样，由于耦合现象使用的是非对称矩阵，以前的结构系统的模态叠加法是不成立的。即，与结构系统相同的模态直交条件式及正规化条件是不成立的[26]。因此，MacNeal 等人按照图 3-21 所示，将自由度数扩大 2 倍，得到了对称的矩阵[25]。根据这种方法，模态叠加法就可以在耦合系统中使用了。并且到现在为止，大家都在使用这种方法。

但是，该方法还存在一些问题。①方程式的物理意义是变化的，因此很难与实验对标；②由于计算量大增，系数行列式出现特异性，难以处理；③灵敏度计算困难。根据萩原等人的研究，对于非对称的固有值问题，除了右固有矢量 ϕ^i，还导入了左固有矢量 $\bar{\phi}^i$。包含左、右固有矢量的关系式如图 3-22 所示，受四个公式的引导[26]。基于这种情况，使用非对称矩阵的原状态结构系统的模态叠加法在耦合系统中就可以使用了，耦合系统的灵敏度系数也能够求出[30-32]。

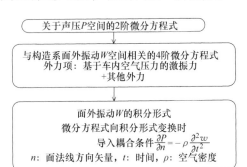

图 3-20 式（3-113）推导过程

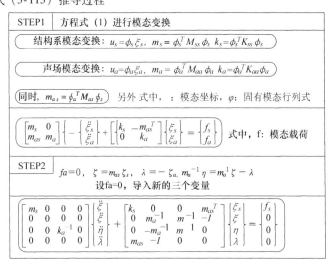

图 3-21 MacNeal 等人的矩阵对称化方法

b. 结构 - 声场耦合系统的固有振动频率

用外形尺寸为 160cm × 200cm × 150cm、板厚相同的箱体来模拟车厢模型，为了观察耦合的影响，首先分别求得声场系统和结构系统的固有振动频率，接下来再求耦合系统的固有振动频率，对耦合后的影响加以调查。结构模型是由 98 个节点和 96 个单元四边形单元（CQUAD4）构成的。声场模型是由 125

3 有限元法

<命题1> 右及左固有值问题的所有固有值及固
有矢量经常为实数

<命题2> 左固有矢量 由右固有矢量φ来求得。
$$\phi_i^T = \left\{ \bar{\phi}_{si}^T \quad \frac{1}{\lambda_i} \phi_{ai}^T \right\} (\text{for} \lambda_i = 0)$$
(公式)$\phi_i^T = \left\{ \phi_{si}^T \quad \phi_{ai}^T \right\}$ 式中，
λ_i: 固有值, s: 结构系统下脚标, a: 声场系统下脚标

<命题3> 耦合系统的直交条件
$$\phi_{si}^T K_{ss} \phi_{sj} + \phi_{si}^T sa \phi_{aj} + \frac{1}{\lambda_i} \phi_{ai}^T K_{aa} \phi_{aj} = 0$$
$$\phi_{si}^T M_{ss} \phi_{sj} + \frac{1}{\lambda_i} (\phi_{aj}^T M_{as} \phi_{sj} + \phi_{ai}^T M_{aa} \phi_{aj}) = 0 \ (\text{for} i \neq j)$$

<命题4> 右固有矢量φ的质量相关的正规化条件为
$$\phi_{si}^T {}_{ss} \phi_{si} + \frac{1}{\lambda} (\phi_{ai}^T M_{as} \phi_{si} + \phi_{ai}^T M_{as} \phi_{si}) = 1$$

图 3-22 结构-声场耦合系统的四个命题

个节点和 64 个实体单元（CHEXA）[33] 构成的。板件的厚度为 4mm 时，各个系统的固有振动频率见表 3-3a。在表中，声场系统的固有振动频率在考虑耦合的情况下大约上升 1~2Hz。另一方面，结构系统的固有振动频率有上升也有下降，其变化量几乎都在 1Hz 以内，与声场系统相比要小一些。另外，耦合的影响随着频率的增加也越来越大。

在表 3-3b 中是板件厚度为 1mm 时各个系统的固有振动频率。与板厚为 4mm 时相比，考虑系统耦合时固有振动频率的变化是非常显著的。从变化量上来看，声场的固有振动频率大约有 5~7Hz、结构系统的固有振动频率大约有 0.5~2Hz 的变化，耦合对声场系统的影响较大。当然固有振动频率的变化在频率较高的范围内更大。例如，汽车的轰鸣噪声有时会由于燃油箱注满汽油时出现恶化的现象，对于这种问题，如果认为是燃油箱的固有振动频率有 2~3Hz 的变化，说明它受结构-声场耦合的影响是非常大的。首次以数学方法来表达耦合系统固有振动频率，说明声场系统的固有振动频率为什么会受到耦合更大的影响，希望今后能解决这个问题。

表 3-3 耦合系统固有振动频率的比较

a) 板厚为 4mm 时

次数	耦合系统/Hz	结构系统/Hz	声场系统/Hz
1	0		4.43E-05
2	8.998	8.372	
3	9.528	9.595	
~	~	~	
33	84.64	85.21	
34	89.13		87.19
35	95.36	95.69	
36	96.25	96.21	
37	102.1	102.3	
38	109.6		109.1
39	112.1	112.5	138.1
~	~	~	145.3
52	171.1	170.8	169.5
53	180.1		178.5
54	188.4		187.4
55	191.6	193.5	
56	192.5	193.8	
57	198.9		197.6
58	212.7	212.4	

b) 板厚为 1mm 时

次数	耦合系统/Hz	结构系统/Hz	声场系统/Hz
1	0		4.43E-05
2	2.335	2.093	
3	2.341	2.399	
~	~	~	
50	53.54	53.94	
51	57.98	59.23	
52	58.61	59.63	
53	60.12	61.85	
54	70.92	72.41	
55	95.49		87.21
56	115.8		109.1
57	116.2	120.3	
58	144.1		138.1
59	151.5		145.3
60	174.7		169.5
61	183.7		178.5
62	191.8		187.4
63	202.2		197.6
64	216.4		212.4

3.3.3 模态迭加法

模态迭加法是很早提出来的,作为振动分析强有力的手段,应用在机械、构造、车辆、飞机、航空、宇宙等广大范围内,涉及分析、实验、控制、系统验证及优化设计等多个方面。

作为修正被忽略掉的模态影响的模态迭加法,使用最多的是 Hansteen 等人的方法[35],马等人以一般的衰减系统为对象,证明了 Hansteen 等人的方法与从前的模态加速度法是等价的[37]。另外,当低次模态被省略时,如果使用 Hansteen 等人的模态加速度法,与不使用该方法相比,出现了精度显著降低现象。因此,提出了一种新的模态叠加法[37](以下称为马-萩原模态迭加法)。

如果使用马-萩原模态迭加法,不仅仅是高阶模态,低阶模态也可以省略。与以前的模态迭加法,如模态位移法、模态加速度法、Hansteen 法等相比,从精度及效率的角度来看,马-萩原模态迭加法都是一种非常优秀的方法。目前,在工程上广泛应用的灵敏度分析、区域模态合成法及特征行列式的实验验证等与振动噪声相关的高级技术,都是以模态迭加法为基础的。本项中,使用 3.3.2 项中介绍的左、右固有矢量法进行耦合系统的模态迭加法加以确定。

a. 以前的模态迭加法

(i) 模态位移法(mode displacement method) 考虑以下的运动方程式。

$$M\ddot{u} + C\dot{u} + Ku = f \quad (3\text{-}114)$$

式中,K、C、M、u、f 分别是系统的刚度矩阵(stiffness matrix)、阻尼矩阵(damping matrix)、质量矩阵(mass matrix)、响应矢量(response vector)、外力矢量(exciting force Vector)。此处,对于阻尼矩阵 C,假设根据模态坐标变换可以转化为对角行列式(例如比例阻尼行列式)。M 和 K 按照上节中介绍的方法按照下式来表达。

$$K = \begin{bmatrix} K_{ss} & K_{sa} \\ 0 & K_{aa} \end{bmatrix}, M = \begin{bmatrix} M_{ss} & 0 \\ M_{as} & M_{aa} \end{bmatrix}$$

$$u = \begin{Bmatrix} u_s \\ u_a \end{Bmatrix}, f = \begin{Bmatrix} f_s \\ f_a \end{Bmatrix} \quad (3\text{-}115)$$

对于结构系统,模态位移法按照下面的形式表示。即,首先将位移矢量向系统的固有适量展开。

$$u = \sum_{i=1}^{n} \phi_i q_i \quad (3\text{-}116)$$

式中,φ_i 是系统的固有矢量;q_i 是模态位移坐标。另外,n 是所使用的固有矢量的数量,一般来说 n 比系统的全体自由度数 N 要小很多。将式(3-116)代入式(3-114),并在等式的左边乘以 φ_i^T,另外,如果假设 $\varphi_i^T C \varphi_j = 0$($i \neq j$),则可以得到下式:

$$m_i \ddot{q}_i + c_i \dot{q}_i + k_i q_i = f_i \quad (i = 1, 2, \cdots, n)$$
$$(3\text{-}117)$$

式中

$$m_i = \phi_i^T M \phi_i, \ c_i = \phi_i^T C \phi_i,$$
$$k_i = \phi_i^T K \phi_i, \ f_i = \phi_i^T f \quad (3\text{-}118)$$

对于结构-声场耦合的情况,如果使用式(3-116)和式(3-117)一样可以得到与模态坐标相关的方程式,但是系数 m_i、c_i、k_i、f_i 的表现方式不同。即

$$m_i = \overline{\phi}_i^T M \phi_i, \ c_i = \overline{\phi}_i^T C \phi_i,$$
$$k_i = \overline{\phi}_i^T K \phi_i, \ f_i = \overline{\phi}_i^T f \quad (3\text{-}119)$$

式中,$\overline{\varphi}_i$ 是系统的左固有矢量,与 φ_i 的关系如前面所述。

下面,为了统一对结构-声场耦合的研究,使用左固有矢量和右固有矢量进行分析。但是,对于单一的结构系统,则有 $\overline{\varphi}_i = \varphi_i$。

对于频率响应,如果设 $f = Fe^{j\Omega t}$ 和 $u = Ue^{j\Omega t}$,则可以得到下式。

$$U = \sum_{i=1}^{n} \phi_i Q_i \text{ 且 } Q_i = \frac{\overline{\phi_i^T} F}{m_i(\omega_i^2 + 2j\xi_i\omega_i\Omega - \Omega^2)}$$
(3-120)

式中，Ω 为 F 的频率，$\omega_i = \sqrt{k_i/m_i}$ 为系统的固有振动频率，$\xi_i = c_i/(2m_i\omega_i)$ 是模态阻尼（modal damping rate），$j = \sqrt{-1}$。为了简化，下面假设 $m_i = 1$。

使用模态叠加法的最大好处是利用少数的模态坐标系就可以近似表示复杂、大规模系统的动力学（dynamics）特性。不过，当使用模态位移法时，虽然可以通过高精度的位移响应得到少数的低阶模态，但是当使用相同的模态数量时，有时会出现应力响应精度急剧恶化的现象。另外，对于结构-声场耦合，会出现根据模态位移法得到的耦合系统声压级误差，比结构上点的位移误差大很多的情况。因此，为了得到高精度的应力值及声压值，必须对省略掉的模态进行修正。

（ii）模态加速度法[36]　为了改善模态位移法的精度，从1945年开始，就已经提出了模态加速度法。广为人知的是如果使用模态加速度法，解的收敛性能够得到很好的改善，即使用更少的固有模态，也能得到精度很高的解。下面，对模态加速度法加以简单的介绍。

根据式（3-116）的模态位移法得到的近似解设为 $\bar{u}$。从 $n+1$ 开始到 N 为止的高阶模态的影响完全忽略。模态加速度法的解按照如下的方式得到。

首先，将式（3-114）按照下式来改写。

$$u = K^{-1}(f - C\dot{u} - M\ddot{u})$$ (3-121)

如果式（3-121）右边的 u 用模态位移法的解来近似，则有

$$\bar{u} = \sum_{i=1}^{n} \phi_i q_i$$ (3-122)

式（3-121）右边的 u 可以表示为如下的形式。

$$u = K^{-1}(f - C\dot{\bar{u}} - M\ddot{\bar{u}})$$ (3-123)

因此，将式（3-122）代入式（3-123），并利用式（3-124）的关系，可以得到 u 的解，如式（3-125）所示。

$$K^{-1}M\phi_i = \frac{1}{\omega_i^2}\phi_i, \quad K^{-1}C\phi_i = \frac{2\xi_i}{\omega_i}\phi_i,$$
(3-124)

$$u = K^{-1}f - \sum_{i=1}^{n} \frac{2\xi_i}{\omega_i}\phi_i \dot{q}_i - \sum_{i=1}^{n} \frac{1}{\omega_i^2}\theta_i \ddot{q}_i$$
(3-125)

另外，对于频率响应的情况，根据模态加速度法解 U 可以得到如下的形式。

$$U = K^{-1}F + \sum_{i=1}^{n} \frac{\Omega^2 - 2j\xi_i\omega_i\Omega}{\omega_i^2}\phi_i Q_i$$
(3-126)

与式（3-126）相同，右边的第1项是静力学的解，第2项是本方法的名称来命名。即，忽略第 i 阶模态时，根据模态位移法如果绝对误差（absolute error）设为 $e_i^S = |\phi_i Q_i|$，相同的模态被忽视时式（3-126）的绝对误差为

$$e_i^a = \frac{\sqrt{\Omega^4 + 4\xi_i^2\omega_i^2\Omega^2}}{\omega_i^2} e_i^s \quad (3-127)$$

根据式（3-127），如果下式能够成立

$$\omega_i > \sqrt{2\xi_i^2 + \sqrt{1 + 4\xi_i^4}}\,\Omega \quad (3-128)$$

（ξ_i 时 $\omega_i > \Omega$），模态加速度法的误差 e_i^a 会比模态位移法的误差 e_i^s 小，解的收敛（convergence）会被加速（参照图3-23中的 $\beta = 0$ 的实线）。

不过，如同式（3-127）所显示的那样，如果被省略的模态是比激励的频率低的低阶模态，模态加速度法的误差 e_i^a 就会比模态位移法的误差 a_i^s 大（图3-23）。因此，模态加速度法不适用于省略低阶模态的情况。

另外，如果刚度矩阵 K 为特异的，求不出逆矩阵时，可以使用式（3-125）和式

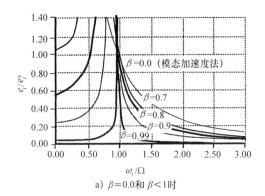

a) $\beta=0.0$ 和 $\beta<1$ 时

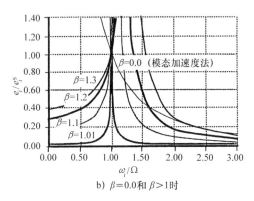

b) $\beta=0.0$ 和 $\beta>1$ 时

图 3-23 忽略 i 阶模态时的误差分析

(3-126) 的原始状态。为了解决这种问题虽然有很多的提案，但是都有计算复杂的缺点。

(iii) 马-萩原模态叠加法　前面已经介绍过，高效且高精度的模态分析方法，要求不仅能忽略高阶模态，还可以忽略低阶模态的技术。所考虑的激励频率范围设为 $[\omega_a, \omega_b]$ ($\omega_a < \omega_b$)。以频率响应分析为例，对忽略 $[\omega_a, \omega_b]$ 以外的模态加以考察。首先，m 和 n 记为分析过程中的固有模态的最小值和最大值的编号。此处，满足条件 $\omega_m < \omega_a$ 及 $\omega_n < \omega_b$。

那么，严密的频率响应的解可以写成如下的形式

$$U = \sum_{i=m}^{n} \phi_i Q_i + U_r \quad (3-129)$$

式中，U_r 是被省略掉的模态 ϕ_i ($i=1,\cdots,m-1, n+1,\cdots,N$) 影响的频率响应剩余成分 (residual componentes)，表示为

$$U_r = \left(\sum_{i=1}^{m-1} + \sum_{i=n+1}^{N} \right) \phi_i Q_i \quad (3-130)$$

$$Q_i = \frac{\overline{\phi}_i^T F}{\omega_i^2 + 2j\xi_i \omega_i \Omega - \Omega^2} (i=1,2,\cdots,N) \quad (3-131)$$

如果假设 ω_c 为某个给定常数的频率，式 (3-127) 可以按照 $\Omega = \omega_c$ 的点线性展开。即可以得到下式

$$Q_i = \frac{\overline{\phi}_i^T F}{\omega_i^2 + 2j\xi_i \omega_i \omega_c - \omega_c^2} (1 + z_i + z_i^2 + \cdots)$$

$$\approx \frac{\overline{\phi}_i^T F}{\omega_i^2 + 2j\xi_i \omega_i \omega_c - \omega_c^2} \quad (3-132)$$

式中

$$z_i = \frac{\Omega^2 - \omega_c^2 - 2j\xi_i \omega_i (\Omega - \omega_c)}{\omega_i^2 + 2j\xi_i \omega_i \omega_c - \omega_c^2} \quad (3-133)$$

另外，式 (3-132) 的收敛条件 (convergence condition) 为

$$|z_i| < 1 \quad (3-134)$$

将式 (3-123) 代入式 (3-130)，可以得到

$$U_r \approx GF = U_r' \quad (3-135)$$

式中，G 是剩余弹性矩阵 (residual flexibility matrix)，

$$G = \left(\sum_{i=1}^{m-1} + \sum_{i=n+1}^{N} \right) \frac{\phi_i \overline{\phi}_i^T}{\omega_i^2 + 2j\xi_i \omega_i \omega_c - \omega_c^2} \quad (3-136)$$

由于 G 不依赖于外力的频率，如同式 (3-135) 显示那样，被省略掉低阶和高阶模态的影响，即 U_r 可以根据准静态力学响应 (response of quaisi-statics) U_r' 来近似。不过，一般来说不能计算被省略掉的模态 ϕ_i ($i=1,\cdots,m-1, n+1,\cdots N$)，也就不能由式 (3-136) 得到式 (3-135) 的剩余弹性矩阵 G。因此，接下来对 G 的计算方法加以介绍。

如果将式 $(K + j\omega_c C - \omega_c^2 M)^{-1}$ 按照系

统的固有模态展开，则可以得到下式。

$$(K + j\omega_c C - \omega_c^2 M)^{-1} = \sum_{i=1}^{N} \frac{\phi_i \overline{\phi_i^T}}{\omega_i^2 + 2j\xi_i\omega_i\omega_c - \omega_c^2} \quad (3\text{-}137)$$

因此，剩余弹性矩阵可以由下式得到。

$$G = (K + j\omega_c C - \omega_c^2 M)^{-1}$$
$$= \sum_{i=1}^{N} \frac{\phi_i \overline{\phi_i^T}}{\omega_i^2 + 2j\xi_i\omega_i\omega_c - \omega_c^2} \quad (3\text{-}138)$$

将式（3-138）代入式（3-135），另外将其结果代入式（3-129），则可以得到

$$U = (K + j\omega_c C - \omega_c^2 M)^{-1} F + \sum_{i=m}^{n} \phi_i Q_i^d \quad (3\text{-}139)$$

式中，

$$Q_i^d = Q_i - \frac{\overline{\phi_i^T} F}{\omega_i^2 + 2j\xi_i\omega_i\omega_c - \omega_c^2} = z_i Q_i \quad (3\text{-}140)$$

因此，模态频率响应的近似解是由以下两部分合成的：$U = U_s + U_d$。此处，U_s 为准静力学的响应，根据以下的准静力学方程式求出。

$$(K + j\omega_c C - \omega_c^2 M) U_s = F \quad (3\text{-}141)$$

U_d 是补充动力学（dynamics）响应，其表达式为

$$U_d = \sum_{i=m}^{n} \phi_i Q_i^d = \sum_{i=m}^{n} z_i \phi_i Q_i \quad (3\text{-}142)$$

上述模态迭加法在过渡响应（transient response）领域内可以按照下式来计算。

$$U = (K + j\omega_c C - \omega_c^2 M)^{-1} F -$$
$$\sum_{i=m}^{n} \phi_i (a_i q_i + b_i \dot{q}_i + c_i \ddot{q}_i) \quad (3\text{-}143)$$

式中

$$a_i = (\omega_c^2 - 2j\xi_i\omega_i\omega_c) c_i, \quad b_i = 2\xi_i\omega_i c_i$$
$$c_i = \frac{1}{\omega_i^2 + 2j\xi_i\omega_i\omega_c - \omega_c^2}$$
$$q_i = \frac{\Phi_i^T F}{\omega_i^2 + 2j\xi_i\omega_i\omega_c - \omega_c^2}$$

b. 马-荻原模态迭加法与以前的模态迭加法的关系

式（3-143）中，如果假设 $m=1$ 和 $n=N$（N 为系统的总自由度数），根据马-荻原模态迭加法得到的频率响应值与模态位移法（$n=N$）计算得到值是相等的。另外，如果 $m=1$ 和 $\omega_c=1$，马-荻原模态迭加法和模态加速度法是相等的，而且 Hansteen 方法也是等价的。上述的这些关系如图3-24所示。

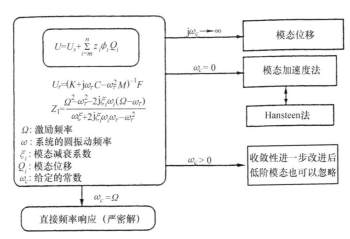

图 3-24 马-荻原模态迭加法和以往模态迭加法的关系

对于一般的情况，根据马-荻原模态迭加法，忽略第 i 阶模态所产生的误差为

$$e_i = |Z_i||e_i^s| \quad (3\text{-}144)$$

式中，e_i^s 是根据模态位移法产生的计算误差。如果满足收敛条件式 $|Z_i| < 1$，马-荻原模态迭加法所产生的误差要比模态位移法产生的计算误差小。按照这种方式论证的汇总如下。

① 频率范围较宽时马-荻原模态迭加法的精度很好。如果假设式（3-143）中的 $\omega_c = \sqrt{1/2\ (\omega_b^2 + \omega_a^2)}$，当忽略 $[\omega_a,\ \omega_b]$ 以外的模态时，对于外力 F 的所有频率 Ω，根据马-荻原模态迭加法产生的误差要比原来的小。

② 如果被忽略掉的模态是比力的频率低的低阶模态，那么模态加速度法的误差比模态位移法的误差要大。

③ 即使忽略掉高阶模态，马-荻原模态迭加法也要比模态加速度法在更宽的范围内精度好，例如，如果设 $\omega_c = \omega_\alpha$，对于所有的 $[\omega_a,\ \omega_b]$，根据马-荻原模态迭加法得到的频率响应值比模态加速度法（Hansteen）更加准确。

通过以上分析得到的结论，使用图3-25中的模型进行了验证。在图3-25中，是由长200cm、宽160cm、高150cm的钢板形成的中空长方体，模拟结构-声场的耦合模型。结构的杨氏模量 $E = 2.1 \times 10^5 \text{Pa}$，泊松比等于0.3，钢板的厚度设为0.4cm。而对于结构和声场的有限元单元模型，箱体模型的节点数和单元（CQUAD4 单元[33]）分别为98、96，声场的节点数和单元数（CHEXA 单元）分别为125和64。

为了对分析加以简化，首先将结构-声场的物理坐标系向模态坐标系转换，进行耦合系统的分析。结构系统有53个模态坐标，声场系统有17个模态坐标，共计70个模态坐标。其次，以具有这70个模态坐标的模

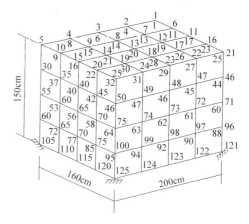

图3-25 分析模型

型进行研究。另外，激励点选择在箱体的401节点的Y方向上，观测点选择在声场32节点上，分析时忽略阻尼的影响。图3-26是使用 1~8 次模态（0~22Hz），对低频（10~20Hz）内的模态频率响应结果进行的比较。此处 $\omega_c = 15\text{Hz}$。在图中，实线是精度解（$n = 70$），点画线是模态位移解，虚线是模态加速度解，单点画线是马-荻原模态迭加法的解。通过结果对比可以得知马-荻原模态迭加法的精度是最高的。

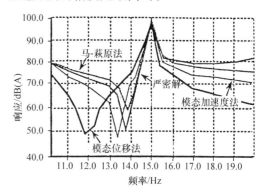

图3-26 模态频率响应分析结果的比较
（忽略高阶模态时）

图3-27 是使用 30~36 次模态（78~106Hz）时，在高频（70~90Hz）内的模态频率响应结果进行的比较。此处 $\omega_c = 80\text{Hz}$。如图所示，当忽略低阶模态的影响时，模态加速度法的精度急剧下降。与此相对的是，

马-萩原模态迭加法得到了比模态位移法更加精确的解。

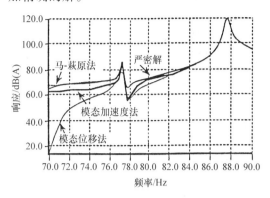

图 3-27 模态频率响应分析结果的比较
（忽略高阶和低阶模态时）

3.3.4 固有模态灵敏度分析

a. 基于传统模态叠加法的灵敏度分析

来考虑下面的固有模态值问题。

$$(K - \lambda_j M)\phi_j = 0 \quad (3-145)$$

式中，λ_j 是系统的固有值；φ_j 是固有矢量；K、M 是刚度矩阵和质量矩阵。另外，假设系统的没有固有值。

设系统的设计变量为 $a_k(k = 1, 2, \cdots)$，如果对式（3-145）作设计变量 a_k 的偏微分，则可以得到

$$A_j \phi'_j = b_j \quad (3-146)$$

式中，$A_f = K - \lambda_j M$，$b_j = (\lambda'_n M - K' + \lambda_j M')\varphi_j$。此处，由于式（3-146）系数行列式 A_f 是特异的，按照它的原始状态是无法求解的。为了求得它的解，以前提出过如下三种提案。

（i）Fox 等人的模态法[39] 如果使用模态迭加法的模态位移法，固有矢量灵敏度 φ'_j 可以按照下面的公式展开。

$$\phi'_j = \sum_{i=1}^{n} \phi_i C^0_{ij} \quad (3-147)$$

如果将式（3-147）代入到式（3-146）中，可以得到 $C^0_{ij} = -E_{ij}/(\lambda_i - \lambda_j)$ $(i \neq j)$。式中，$E_{ij} = \varphi_i^T(K' - \lambda_j M')\varphi_j$。另外，系数

$C^0_{ii} = -\varphi_i^T M' \varphi_i / 2$。如前所述，Fox 等人在使用灵敏度分析方法时，根据对高阶模态的省略，有时会出现分析结果精度恶化问题[26]。因此，Fox 等人为了得到更准确的固有矢量灵敏度结果，计算了更多的模态并将其用到灵敏度分析中。出现这种现象的根本原因是模态位移法存在缺陷，可以说 Fox 方法是有一定的应用界限的。

（ii）Nelson 方法[40] 首先根据下面的公式来求非特异方程式的解 X_j^0。

$$\bar{A}_j X_j^0 = \bar{b}_j \quad (3-148)$$

式中，$\bar{A}_j$ 是把系数行列式 A_j 的第 k 行和第 k 列所有的单元转换为 0，将第 k 个对角项转换为 1 的行列式，$\bar{b}_j$ 是将 b_j 的第 k 个单元转换为零的矢量。另外，编号 k 由 $\bar{b}_j$ 绝对值最大的成分编号决定。因此，固有矢量灵敏度可表示为

$$\phi'_j = X_j^0 + C_j \phi_j \quad (3-149)$$

将上式代入到式（3-147）当中，就可以决定 C_j。这样一来，就可以得到 $C_j = \varphi_j^T M X_j^0 - (1/2)\varphi_j^T M' \varphi_j$。如果求得 K' 和 M' 的精确解，就可以根据 Nelson 方法求得准确的灵敏度系数。不过，对于 Nelson 方法中的每个固有矢量灵敏度 $\varphi'_j (j = 1, 2, \cdots)$，必须先求出式（3-148）的解。因此，在求解多个固有矢量的灵敏度时，效率很低。

（iii）Wang 的改进模态法[41] 为了改进位移法的精度，提出了模态加速度法。根据模态加速度法即使是用少数个固有模态，也要比模态位移法的精度要高。因此，Wang 将该模态加速度法应用到结构系统的灵敏度分析中，提出了一种改进模态法。利用该方法可以按照下式将固有矢量灵敏度 φ'_j 展开。

$$\phi'_j = K^{-1} b_j + \sum_{i=1}^{n} \phi_i C^1_{ij} \quad (3-150)$$

式中，$C_{ij} = E_{ij}(\lambda_j - \mu)/(\lambda_i - \mu)(\lambda_j - \lambda_i)$ $(i \neq j)$。另外，$C^1_{ii} = C^0_{ii}$。

b. 新的马-荻原灵敏度分析

如果使用原来的马-荻模态迭加法,式(3-146)的解可以由下式求得。

$$\phi'_j = X_j + \sum_{i=m}^{n} \phi_i C_{ij} \quad (3-151)$$

式中,X_j是下式的解

$$(K - \mu M) X_j = b_j \quad (3-152)$$

$$C_{ij} = E_{ij}(\lambda_j - \mu)/(\lambda_i - \mu)(\lambda_j - \lambda_i)$$

另外,C_{ij}为不定系数。按照以前的方法,如果将式(3-151)代入到正规化条件式中,就可以求得$C_{ij} = \varphi_i^T M X_i - (1/2)\varphi_i^T M'\varphi_i$。对于一般的情况($\mu = \lambda_j$除外)因为可以得到$\varphi_i^T M X_i = 0$,因此$C_{ij} = C_{ij}^0$。特别是当给定$\mu$的值时,马-荻原方法就可以转化为以上所述的传统灵敏度分析方法。即,如果设$\mu \to -\infty$,根据式(3-152),将有$X_j \to 0$,另外,由于$C_{ij} = C_{ij}^0$,马-荻原方法就转化为Fox模态法。如果设$\mu = \lambda_j$,$C_{ij}(i \neq j)$将变为0。由于式(3-151)中有$\varphi_j^0 = X_j^0 + C_j\varphi_j$,马-荻原方法就转化为Nelson方法。另外,如果设$\mu = 0$,根据式(3-152)将有$X_j = K^{-1}b_j$,由于$C_{ij} = C_{ij}^1$,马-荻原方法就转化为Wang改进模态法,其状态如图3-28所示。

一般来说适当的μ值应该满足$\mu > 0$及$\mu \neq \lambda_j (j = 1, 2, \cdots n)$。对于这种情况,根据马-荻原方法得到的解的精度,比Wang的改进模态法要好,而且比Fox的模态法好得更多。另外,由于Wang的改进模态法不适用于省略低阶模态的情况,因此马-荻原方法,可以省略低阶模态,当计算高阶固有模态的灵敏度时,能够大幅提高计算效率。再者,Wang的改进模态法不适用于省略刚体模态的情况,而马-荻原方法却可以适用,比Wang的改进模态法更加先进。该方法的基本原理是利用上一节新的模态叠加法的优点,根据μ值的优化来以大幅提高计算精度和计算效率。另外,马-荻原方法与Nelson方法相比,能够求得多个固有矢量灵敏度,对式(3-152)经过1次求解即可,而对于式(3-146)的求解,避免了对特异行列式A_j的处理,比Nelson方法更加简单,而效率更高。

c. 固有模态灵敏度分析的应用

(ⅰ)结构系统的灵敏度分析 对图3-25中的模型进行研究。为了简化,以箱体上表面的板厚作为设计变量,求同一平板中心点面外法向方向的固有矢量成分的灵敏度。如表3-4所示,以一阶固有矢量($f_1 = 8.6049Hz$)的灵敏度为例,当省略高阶固有模态时,根据不同的μ_f值来表示固有矢量灵敏度的收敛性。此处,$\mu_f = \sqrt{\mu}/2\pi$。如之前所叙述的那样,当$\mu \to -\infty$时,Wang改进模态法变为Fox法,而当$\mu = 0$时则变为Wang改进模态法。

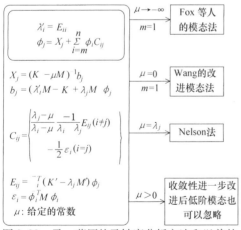

图3-28 马-荻原的灵敏度分析方法和以前的灵敏度分析方法的关系

表3-4 忽略高阶模态时的比较

(精确结果=10.401)

$m=1$ $n=$	Fox法 ($\mu = -\infty$)	wang法 ($\mu = 0.0$)	马-荻原法 ($\mu_f = 8.0Hz$)	马-荻原法 ($\mu_f = 8.5Hz$)
1	0.80335	3.6273	7.7105	9.7592
3	9.4602	10.263	10.378	10.397
6	9.9755	10.388	10.400	10.401
15	10.020	10.390	10.400	10.401
36	10.424	10.401	10.401	10.401
47	10.409	10.401	10.401	10.401

表 3-4 中，用所有模态时的精密解 $\varphi'_{1,13}=10.401$。当只使用 1 个模态时，Fox 法、Wang 改进模态法、马 - 荻原方法（$\mu_f=8.0Hz$ 和 $\mu_f=8.5Hz$）的误差分别为 92%、65%、26% 和 6%。如果使用 3 个模态（0 ~ 14Hz），Fox 方法的误差为 9%，Wang 改进模态法的误差为 1.3%，马 - 荻原方法的误差为 0.2% 和 0.04%。如果在实用中以 0.05% 的精度为目标，从以上分析结果可知，Fox 方法必须使用 47 个以上的模态，而 Wang 改进模态法则需要至少 15 个以上的模态。与此对应的是马 - 荻原方法只需使用 3 个模态就能满足要求。另外，与计算结果相比，随着 μ_f 接近一阶固有振动频率，收敛速度变快。

表 3-5 是忽略低阶和高阶模态求得 29 阶固有矢量（$f_{29}=77.734Hz$）的灵敏度结果。表中，为了验证低阶模态的影响，设 $n=53$，仅变动 m 的值。精密解 $\varphi'_{29,13}=-15.447$。表中还显示了忽略 29 阶以下的全部低阶模态时，Fox 法、Wang 改进模态法、马 - 荻原方法（$\mu_f=80Hz$ 和 $\mu_f=78Hz$）的误差分别为 105%、200%、27% 和 4%。因此，可以得知 Wang 改进模态法比 Fox 法精度要低。另外，如果使用 29 阶以下的 2 个模态（$m=27$，频率为 70.8Hz 以上），Fox 方法的误差为 5%，Wang 改进模态法的误差为 79%，马 - 荻原方法（$\mu_f=80Hz$ 和 $\mu_f=78Hz$）的误差分别为 0.6% 和 0.08%。而在只省略 1 个模态时，Fox 方法的误差和 Wang 改进模态法的误差分别为 0.5% 和 42%，与其相比，马 - 荻原方法已经有了大幅的改善。

（ii）结构 - 声场耦合系统的固有模态灵敏度 考虑图 3-25 中的内部充满空气的结构 - 声场耦合系统模型。和前一节相同，结构系统使用 53 个模态坐标，声场系统使用 17 个模态坐标，共计 70 个一般坐标。因此，如同图 3-25 所显示的那样，以第 1 ~ 10 号单元的板厚为设计变量，观测点取在结构的第 40 号节点的方向和声场的第 32 号节点。表 3-6 所示的是根据不同的 μ_f 值得到的二阶固有矢量灵敏度的收敛性。表 3-6a 中是结构上观测点的结果，表 3-6b 中是声场观测点的结果。和前一节结构系统的灵敏度分析结果一样，当 μ_f 接近共振频率时收敛性显著提高。

表 3-6 结构 - 声场耦合系统的固有矢量灵敏度

a) 结构测试点的灵敏度
（精确结果 = 0.4810）

$m=1$ $n=$	Fox 法 ($\mu_f=-\infty$)	wang 法 ($\mu_f=0.0$)	马 - 荻原法 ($\mu_f=9.20Hz$)	马 - 荻原法 ($\mu_f=9.27Hz$)
3	0.5474	0.5054	0.4817	0.4810
8	0.4729	0.4762	0.4810	0.4810
22	0.5117	0.4813	0.4810	0.4810
34	0.5014	0.4811	0.4810	0.4810
70	0.4810	0.4810	0.4810	0.4810

b) 声场测试点的灵敏度
（精确结果 = 9.208E - 7）

$m=1$ $n=$	Fox 法 ($\mu_f=-\infty$)	wang 法 ($\mu_f=0.0$)	马 - 荻原法 ($\mu_f=9.20Hz$)	马 - 荻原法 ($\mu_f=9.27Hz$)
3	2.216E - 7	8.037E - 7	9.186E - 7	9.205E - 7
8	2.293E - 7	7.982E - 7	9.183E - 7	9.205E - 7
22	9.860E - 7	9.244E - 7	9.209E - 7	9.208E - 7
34	7.357E - 7	9.206E - 7	9.208E - 7	9.208E - 7
70	9.208E - 7	9.208E - 7	9.208E - 7	9.208E - 7

3.3.5 耦合系统的部分结构合成法

对于大规模构造的振动问题，最有效的分析方法之一称为部分结构合成法。如果由

表 3-5 忽略低阶模态时的比较
（精确结果 = - 15.447）

$n=53$ $m=$	Fox 法 ($\mu=-\infty$)	wang 法 ($\mu=0.0$)	马 - 荻原法 ($\mu_f=80Hz$)	马 - 荻原法 ($\mu_f=78Hz$)
29	0.81901	15.399	-11.353	-14.834
27	-14.689	-3.2964	-15.349	-15.434
20	-15.216	-4.0473	-15.431	-15.445
9	-15.303	-4.3019	-15.438	-15.446
2	-15.371	-8.9655	-15.442	-15.446
1	-15.450	-15.447	-15.447	-15.447

于计算机内存容量等的限制而无法一次性对结构全体进行分析的大规模问题，将结构分割为多个较小的分系统，那么就可以开展分析了。

部分结构合成法是将分析成对象分割为分系统（部分结构），将每个分系统内部的自由度导入到模态坐标系中加以消去，自由度减少后再次合成的分析过程。其优点是仅以少量的内存容量就可以对大规模问题进行分析，另外当一部分结构有变更时，不需要对原始状态重新计算，能够直接利用实验中得到的模态模型。关于部分结构合成法的研究从很早以前就已经开始，1960年以来发表了大量的研究论文和报告，以振动问题为核心的能用大型有限元软件MSC/NASTRAN也在其超单元算法中利用了本原理。

但是，本来的部分结构合成法，对于低阶次的振动，由于各个部分的振动形状非常单一，用适当的函数来近似这些分割而成的部分结构来表现响应的做法，以前的研究均是以较低的频率范围内的响应为重点的。但是，例如对于代表车内噪声问题的结构-声场耦合问题，车身等结构系统的一阶扭转及弯曲模态频率大约20～30Hz，而感兴趣的声音频率则为60～300Hz，为了求解这样的耦合问题，为了与声场的振动频率对应，那么结构系的高阶模态也必须考虑到。我们知道，研究对象的振动频率越高，振动的形状也变得越复杂，因此必须进一步细化分析模型，分析自由度数大幅增加。与此相对应，以前的部分结构合成法，对于其自由度缩减的过程，即使是省略高阶模态，但是无法省略低阶模态，分析对象的频率越高则必要的模态数也越多，伴随着模型的细化，导致分析效率也大幅下移。

因此，如同3.3.3项中所述，以马-萩原方法的模态叠加法为基础对结构振动及结构-声场耦合系统的振动问题的部分结构合成法进行定型化，即使是在高频范围内的响应也可以用较少的模态来完成。

a. 分区模态合成的定式

图3-29所示为多个结构分系统和声场构成的系统。系统的运动方程式使用集中质量，假设在分系统内部不受外力，可以有如下的表达式。

$$\begin{bmatrix} M_{sl} & \cdots & 0 & 0 & 0 \\ \vdots & \ddots & \vdots & \vdots & \vdots \\ 0 & \cdots & M_{sk} & 0 & 0 \\ 0 & \cdots & 0 & M_{sk} & 0 \\ M_{asl} & \cdots & M_{ask} & M_{asc} & M_{aa} \end{bmatrix} \begin{Bmatrix} \ddot{u}_{sl} \\ \vdots \\ \ddot{u}_{sk} \\ \ddot{u}_{sc} \\ \ddot{u}_a \end{Bmatrix}$$

$$+ \begin{bmatrix} K_{sl} & \cdots & 0 & K_{slc} & K_{sla} \\ \vdots & \ddots & \vdots & \vdots & \vdots \\ 0 & \cdots & K_{sk} & K_{skc} & K_{ska} \\ K_{scl} & \cdots & K_{sck} & K_{sc} & K_{aa} \\ 0 & \cdots & 0 & K_{sl} \end{bmatrix} \begin{Bmatrix} u_{sl} \\ \vdots \\ u_{sk} \\ u_{sc} \\ u_a \end{Bmatrix} = \begin{Bmatrix} 0 \\ \vdots \\ 0 \\ f_{sc} \\ f_a \end{Bmatrix}$$

(3-153)

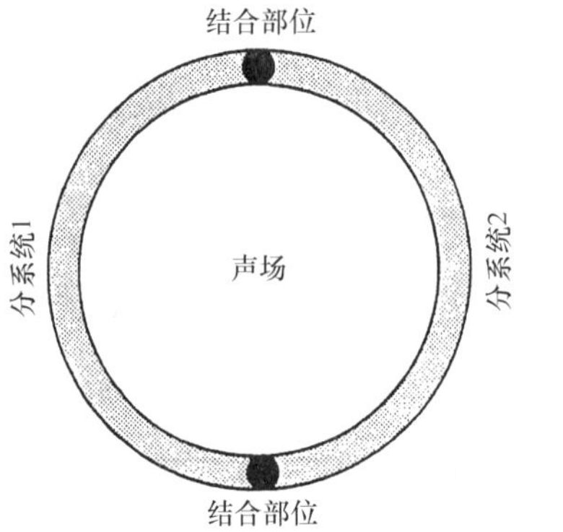

图3-29 结构-声场耦合系统的概念图

式中，系数行列式的下角标 $i(=1,2,\cdots,k)$ 是分系统的编号，c 表示与分系统相互结合部分的自由度。根据式（3-153）取出与一个分系统 i 的内部相关的运动方程式，与外部之间相互作用相关的项放在右边，则可以写成如下的方程式。

$$[M_{si}]\{\ddot{u}_{si}\} + [K_{si}]\{u_{si}\} = -[K_{sic}]\{u_{sc}\} -$$
$$[K_{sia}]\{u_a\} = \{f\} \quad (3-154)$$

式中分系统内部的位移 $\{u_{si}\}$ 在参照模态

坐标系时可以用下式表达。

$$\{u_{si}\} = \sum_{j=1}^{N_i} \{\phi_{sj}\} q_{sj} \quad (3-155)$$

式中，$\{\varphi_{sj}\}$ 是分系统的分区（约束）模态，N_i 是第 i 系统内部的自由度数。有式（3-154）、式（3-155）中应用马－萩原的模态叠加法，如果省略低、高阶次的模态，使用从 m（>1）到 n（N_i）的模态时，根据式（3-139），可以得到如下的结果。

$$\{u_{si}\} = [\phi_{si}]\{q_{si}\} + [G_i]\{u_{sc}\} + [G_{sia}]\{u_a\} \quad (3-156)$$

式中，

$$[\phi_{si}] = [\phi_{sm} \cdots \phi_{sn}] \quad (3-157)$$

$$[G_i] = -\left(([K_{si}] - \omega_c^2[M_{si}])^{-1} - \sum_{j=m}^{n} \frac{\{\phi_{sj}\}<\overline{\phi}_{sj}^T>}{\omega_j^2 - \omega_c^2}\right)[K_{sic}] \quad (3-158)$$

$$[G_{sia}] = -\left(([K_{si}] - \omega_c^2[M_{si}])^{-1} - \sum_{j=m}^{n} \frac{\{\phi_{sj}\}<\overline{\phi}_{sj}^T>}{\omega_j^2 - \omega_c^2}\right)[K_{sia}] \quad (3-159)$$

式（3-158）、式（3-159）中的 ω_c 是本方法的参数，为某个一定的角振动频率。

将声压矢量 $\{u_a\}$ 转换到模态坐标系中，使用到 k 阶为止的模态，可以表示成下式。

$$\{Ma_{si}\} = \sum_{j=1}^{R} \{\phi_{aj}\} q_{aj} \quad (3-160)$$

对式（3-159）、式（3-160）加以总结，可以得到如下的变换关系式。

$$\begin{Bmatrix} u_{sl} \\ \vdots \\ u_{sk} \\ u_{sc} \\ u_a \end{Bmatrix} = \begin{bmatrix} \phi_{sl} & \cdots & 0 & G_{slc} & G_{sla} \\ \vdots & \ddots & \vdots & \vdots & \vdots \\ 0 & \cdots & \phi_{sk} & G_{skc} & G_{ska} \\ 0 & \cdots & 0 & I & 0 \\ 0 & \cdots & 0 & 0 & \phi_a \end{bmatrix} \begin{Bmatrix} q_{sl} \\ \vdots \\ q_{sk} \\ u_{sc} \\ q_a \end{Bmatrix} =$$

$$[T]\{\widetilde{u}\} \quad (3-161)$$

将式（3-161）代入式（3-153），根据前乘变换行列式的转置，可以得到如下所示的经过缩减的全体系统的运动方程式。

$$[\widetilde{M}]\{\ddot{\widetilde{u}}\} = [\widetilde{K}]\{\widetilde{u}\} = \{\widetilde{f}\}$$

$$[\widetilde{M}] = [T]^T \begin{bmatrix} M_{ss} & 0 \\ M_{sa} & M_{as} \end{bmatrix}[T]$$

$$[\widetilde{K}] = [T]^T \begin{bmatrix} K_{ss} & K_{sa} \\ 0 & K_{as} \end{bmatrix}[T]$$

$$[\widetilde{f}] = [T]^T \begin{Bmatrix} f_s \\ f_a \end{Bmatrix} \quad (3-162)$$

式（3-162）的自由度数是边界部分的自由度数＋分系统内部的分区模态数，与原来的运动方程式（3-153）相比，得到了自由度数大幅缩减的方程式。对于结构－声场耦合问题式（3-162）的系数行列式虽然仍是非对称的，根据左、右固有模态的导入，即可以求解。另外，对于结构振动的情况下系数行列式是对称的。

b. 数值分析案例

(i) 振动问题的频率响应分析　分析所用的模型是图 3-30 中所示的箱模体。单元侵害及载荷条件等如图 3-30a 所示。在底部的 4 个边的中央位置分别弹性支持，载荷施加在底部一个角（节点 30）的 Z 向。对于这个模型，将每块板分成分系统，对共计六个分系统进行分析（图 3-30b）。节点 88（分系统 3 的中央位置）的 Z 方向加速传递函数如图 3-31 所示。对 MSC/NASTRAN 的超单元法分析结果与本方法的结果进行对比。

在两种方法均使用以下三个工况进行对比：①0～800Hz 的所有分区模态，②忽略高阶、低阶模态，使用 100～600Hz 的所有分区模态，③同样使用 200～600Hz 的所有分区模态。给予参数 ω_c 为 300Hz 时的值。对于没有忽略低阶模态的工况①，本例中所使用的方法与 NASTRAN 的结果几乎一致，在忽略低阶模态的同时，共振点、反共振点的位置及振幅均出现明显的不同。

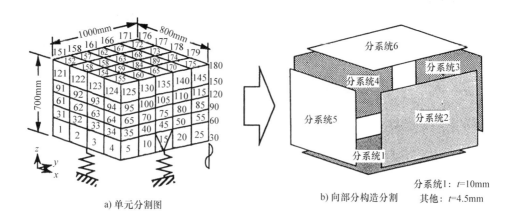

图 3-30 分析模型向部分结构的分解

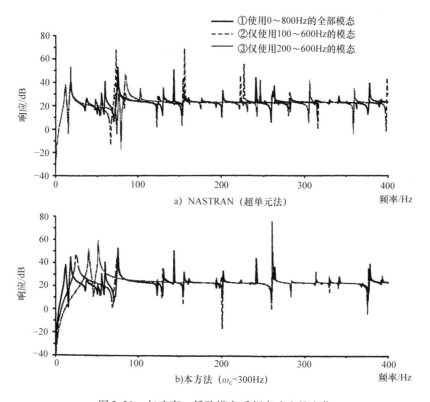

图 3-31 忽略高、低阶模态后频率响应的变化

图 3-32 中,虽然在 300Hz 附近即 200~400Hz 的范围内的响应增加了,但是如果比有忽略低阶模态的工况①和忽略低阶模态的工况②、③,则在 300Hz 附近本方法的精度要好一些。本次分析中的参数 ω_c 给的是 300Hz 时的值,像这样的将参数 ω_c 设定为所关心的频率附近,根据对高、低阶模态的省略,可以有效地缩减自由度数。

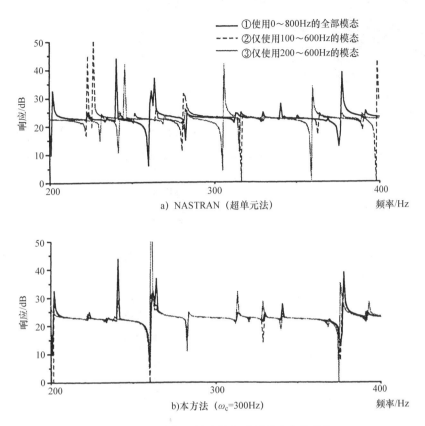

图 3-32 忽略高、低阶模态后频率响应的变化
（扩大连接点 88，200~400Hz 部分）

（ii）考虑结构-声场耦合的车内噪声问题分析 在图 3-33 中显示的是车身及车内声场的模型。将车身分割为前围板、地板、顶盖等共计 18 个部分结构分系统。在对结构系统和声场系统进行建模时，结构系统共有 6 个实体单元、3442 个壳单元、172 个梁单元、847 个弹性单元、354 个刚体单元、61 个集中质量单元，共计 5442 个单元。另一方面，声场系模型全部由实体单元构成，共计 498 个单元。节点的数量是结构模型有 3638 个，声场模型有 728 个。60Hz 时的声压分布如图 3-34 所示。本图中，结构和声场都是以部分结构参与分析的。

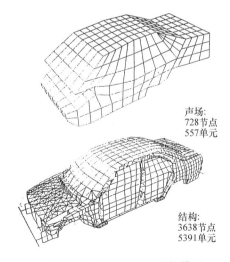

图 3-33 车身及车内声场模型

图 3-34 60Hz 时的声压分布

3.4 过渡响应分析的应用

3.4.1 线性过渡响应分析

a. 显式和隐式

支配构造物体的动态举动的偏微分方程式（运动方程式）是根据 FEM 或者 FDM 方法对结构空间进行离散化而得到的常微分方程式。

$$[M]\{\ddot{u}\} = \{f\} \quad (3-163)$$

作为该式的数值解法，通常包括模态分析法和直接积分法两种。根据问题的种类虽然模态分析法非常有效，但是从通用性上来考虑直接积分法更胜一筹，特别是对包含高阶振动模态的弹塑性冲击响应问题，更能发挥它的长处。本项中，介绍直接积分法所使用的隐式方法及其特性。

隐式分析法在各个计算步内对联立方程式进行求解运算，它的无条件稳定性是最大的优点。隐式分析法是众多的求解框架结构中最单一且使用最频繁的梯形法则，最广为人知的是假设 $\beta = 1/4$，$\gamma = 1/2$ 的 Newmark 的 β 法（线性加速度法）。

本积分公式可以表达为

$$\{\dot{u}\}^{n+1} = \{\dot{u}\}^n + (\Delta t/2)(\{\ddot{u}\}^n + \{\ddot{u}\}^{n+1})$$
$$\{u\}^{n+1} = \{u\}^n + (\Delta t/2)(\{\dot{u}\}^n + \{\dot{u}\}^{n+1})$$

$$(3-164)$$

与式（3-163）组合在一起后，则有

$$[M]\{u\}^{n+1} - (1/4)\Delta t^3\{f\}^{n+1} = (\Delta t^3/2)(2\{f\}^{n+1} + \{f\}^{n-1}) + M(2\{u\}^n - \{u\}^{n-1})$$

$$(3-165)$$

式中，$\{f\}^{n+1}$ 是 $\{u\}^{n+1}$ 的函数，根据牛顿法求解式（3-165）时，用下式对 $\{f\}^{n+1}$ 进行评价。

$$\{f\}^{n+1} = \{f\}^n + [K_t]\{\Delta u\}$$

$$(3-166)$$

对于窄频段的中等规模问题，虽然上述公式很有效果，但是对于 3 维问题，其计算成本是非常巨大的。作为连续体的构造物体在很宽的频率范围内拥有振动模态，即它属于弹性系统，因为比较大的时间增量值，受低阶模态支配的动态举动可能有稳定解，是具有无条件稳定性的隐式分析方法的最大优点。

除了上述介绍的隐式分析法以外，还包括 Wilson 的 θ 法、Houblot 法、Hilber - Hughes - Taylor 法等[46]。

如上所述，对以 Newmark 的 β 法为代表的隐式分析法的性质整理并列举，有以下几方面。①对于线性问题具有无条件稳定性，以时间增量值为主由计算精度上的要求决定。②对于非线性问题，应用于根据切线刚度的式（3-166）的牛顿法时，卸载时的收敛性明显恶化，这个缺点利用 BFGS 法能够得以显著的改善。③在逐次积分的各个步中要求对联立方程进行求解，计算成本增大。即使使用集中质量矩阵，也不会有明显的改善。④受低阶振动模态支配的弹性系统的动态举动根据比较大的时间增量值能够稳定地分析。根据公式设定人工黏性。⑤对于冲击/接触问题等复杂的非线性问题，不如显示分析法容易。⑥使用牛顿法，生成刚度矩阵需要大量计算时间。特别是对于 3 维问题其实用性大打折扣。如果使用单一且有效率的单元，针对该项缺点会有所缓和。

根据以上的结论，隐式分析方法对于受低阶模态支配、分析时间较长的过渡响应问题分析，从综合角度来看是合适的。另外，其数值的稳定性特点，使其在中等规模且窄频段内的一般性的动态响应分析中被经常使用，如在冲击破坏问题上的应用。

b. 一段法和多段法

对于一般的初始值问题可以用下式来表达

$$\frac{du}{dx} = f(x, u) \quad (3-167)$$

设初始条件为 $u(x_0) = u_0$。式中，$u^T = \{u_1, u_2, \cdots, u_m\}$，$u_0^T = \{u_1^{(0)}, u_2^{(0)}, \cdots, u_m^{(0)}\}$，$f^T = \{f_1, f_2, \cdots, f_m\}$。式（3-167）的解法如前所述分为显式解法和隐式解法，还可以分为一段式和多段式两种方法。如果从本方法的观点来研究在操纵稳定性和机械分析中经常使用的 ADAMS[47] 及 DADS[48] 的数值解法，则更容易理解些。首先对于一段法，当给定 $x = x_n$ 时的值 $u(x_n)$ 时，关于点 $x_{n+1} = x_n + h$ 的式（3-167）的严密解可以用 $u(x_{n+1}) = u(x_n) + hF(x_n u(x_n), h)$ 来表示。此处，由于一般来说 $F(xu(x), h)$ 是比较复杂的函数，用相对简单的函数 F 来代替的话，则点 x_{n+1} 处的近似值 v_{n+1} 可以用下式求得。

$$v_{n+1} = v_n + hF(x_n, v_n, h) \quad (3-168)$$

式中，$F(x, u(x), h)$ 称为斜率函数，大多用 Taylaor 公式展开来求解。这种方法使用的微分系数越高，则精度就越好，但是求解很高阶次的解是很困难的。Runge – Kutta 法可以弥补这个缺点。即，该方法不使用 $f(x, y)$ 的微分系数的值，而是使用标本点 x_n 和 x_{n+1} 之间 $(x_n \le x \le x_{n+1})$ 适当的点 $x - x_n + \theta_i h$，$0 \le \theta_i \le 1 \ (i = 1, 2, \cdots, h)$ 的 $f(x, y)$ 的函数值。则 $f(x, y; h)$ 可以由下式求得。

$$F(x, y; h) = a_1 f(x, y) + a_2 f(x + \theta h, y + \theta h f(x, y))$$

$$(3-169)$$

视 $z + \mu\delta$ 的等1成分为 $x + \theta h$，视残余为 $y + \theta h f(x, y)$，将式（3-169）右边第2项按照 Taylaor 公式展开的话，则有

$$f(x + \theta h, y + \theta h f(x, y)) = f(x, y) + \theta h \left(\frac{\partial f}{\partial x} + \sum_{j=1}^{m} \frac{\partial f}{\partial y_j} f_j \right)$$

$$+ \frac{1}{2}\theta^2 h^2 \left(\frac{\partial^2 f}{\partial x^2} + 2 \sum_{j=1}^{m} \frac{\partial^2 f}{\partial x \partial y_j} f_j + \sum_{j=1}^{m} \sum_{k=1}^{m} \frac{\partial^2 f}{\partial y_j \partial y_k} f_j f_k \right) + \theta(h^3) \quad (3-170)$$

Runge – Kutta 法就是弹簧、质量分析所使用的数值积分方法。

如果设式（3-169）中的 $p = 2$，则有

$$a_1 + a_2 = 1$$
$$a_2 \theta = \frac{1}{2} \quad (3-171)$$

由于自由度仅剩下一个，将未知参数 a 导入后，则可以得到满足式（3-171）的解。

$$a_1 = 1 - \alpha$$
$$a_2 = \alpha$$
$$\theta = \frac{1}{2\alpha} \quad (3-172)$$

将这些值代入到式（3-169）中，则斜率函数由下面的关系式构成。

$$F(x, y; h) = (1 - \alpha) f(x, y) + \alpha f\left(x + \frac{h}{2\alpha}, y + \frac{h}{2\alpha} f(x, y)\right)$$

$$(3-173)$$

例如，设 $a = \frac{1}{2}$，当给定 $v(x_n) = v_n$，则求解 $v(x_{n+1}) = v_{n+1}$ 的具体计算可以分以下两个步骤来完成。

$$k_1 = hf(x_n, v_n)$$
$$k_2 = hf(x_n + h, v_n + k_1)$$
$$v_{n+1} = v_n + \frac{1}{2}(k_1 + k_2) \quad (3-174)$$

像这样不使用微分系数，使用增量刻度的计算步中的函数值的一段法公式称为公式。

$$k_1 = hf(x, y)$$
$$k_2 = hf\left(x_n + \frac{1}{2}h, v_n + \frac{1}{2}k_1\right)$$
$$k_3 = hf\left(x_n + \frac{1}{2}h, v_n + \frac{1}{2}k_2\right)$$
$$k_4 = hf(x_n + h, v_n + k_3)$$
$$v_{n+1} = v_n + \frac{1}{6}(k_1 + 2k_2 + 2k_3 + k_4)$$

$$(3-175)$$

公式右边的函数 f 仅依赖于 x，当不依赖于 y 时，式（3-174）变成梯形法则，式（3-175）变成法则。

到此为止，以 Taylor 展开为基础得到的一段法，其次，以补充公式为基础进行了多段法相关的若干复习。虽然 $[x_e, X]$ 是保证式（3-167）具有单一解的区间。对于任意的 2 点 $x_M, x_N \in [x_e, X]$，与微分方程式（3-167）的严密解满足与 x_N 相关的积分方程式：

$$u(x_N) - u(x_M) = \int_{x_M}^{x_N} f(x, u(x))\,\mathrm{d}x$$

(3-176)

f 用基于 $v_j = u(x_j)$ 的补充公式 $g_p(x)$ 来近似，将 $g_p(x)$ 代入到式（3-169）当中进行积分。此处，使以补充为目的的参考点的集合与通过函数值计算得到的离散点集合一致。上限 x_N 及 x_M 与这些点当中的任意一个一致。增量刻度 h 为等间隔，设 $x_k = x_0 + kh$，由于 $g_p(x)$ 呈现与 f 相关的线性，式（3-176）变为

$$v_N - v_M = \beta_N f_N + \beta_{N-1} f_{N-1} + \cdots + \beta_K f_K$$

(3-177)

特别是式（3-176）的积分区间的 1 个单位为 h，式（3-178）称为公式。

$$v_{n+1} - v_n = \int_{x_n}^{x_{n+1}} g_p(x)\,\mathrm{d}x \quad (3\text{-}178)$$

当选择了 p 个参考点 x_{n-p+1}、$x_{n-p+2} \cdots x_n$ 时，p 阶的公式称为显式公式。另一方面，参考点选择为 x_{n-p+2}，$x_{n-p+3} \cdots x_n, x_{n+1}$ 时，称为 p 阶的公式称为隐式公式。以 ADAMS 及 DADS 二者结合在一起的预测因子修正法为基础。即，根据显式公式近似计算 v_{n+1} 的值（预测因子），根据隐式公式对近似值进行修正（修正因子）。

c. 线性过渡响应分析的应用案例

过渡范围内最具代表性的性能之一是乘坐舒适性、操纵稳定性。以前的分析都是使用弹簧、质量法来进行的。它是一种用质量、弹簧、阻尼以及用来连接的刚体单元构成的。对于这种情况，①对于每一种现象、结构都需要搭建运动方程式；②由于必须使用横向力柔性值等悬架安装状态时的特性数据，某些部件的一个特性、参数有变化时，操纵性、稳定性等各性能如何变化是能够预测的。

因此最近利用 ADAMS 及 DADS 等能用的结构分析软件、用 FEM 来求解的方法受到了关注。ADAMS 及 DADS 等的模型中可以设定悬架的连接机构、自由转向节、圆筒转向节、球面转向节等各种各样的连接单元以及齿轮组等各种各样的机构都可以用矩阵的形式来表达。这些单元都具有非线性特性，是求解大规模矩阵方程式的必需条件，在这些机构分析软件中，都对作为本节主题的数值积分法有重点关注。此处对其加以简要介绍。

图 3-35 中所显示的是代表性的转向节。转向节和转向节之间连接部分的动作在一般坐标系中表达。根据转向节种类在具有 12 个自由度的一般坐标系中的关系进行求解，称为约束函数。

运动方程式由式（3-179）表达。

$$M\ddot{g} + c\dot{g} + kg - \sum_1^n Q_n - \sum_1^m \frac{\partial f_m}{\partial g}\lambda_m = 0$$

(3-179)

式中，$g = X, Y, Z, \varphi, \theta, \varphi$ 是一般坐标系；f_m 是第 m 个约束函数；λ_m 是与约束对应的反力；Q_m 是第 n 个一般化的力，点表示时间方向上的微分。

式（3-179）虽然是六元联立常微分方程式，像式（3-180）那样导入素数 v，则可以引导 12 阶 1 次常微分方程式。

$$u - \dot{g} = 0 \quad (3\text{-}180)$$

各个构造部分的 1 阶联立常微分方程式为

$$M\dot{u} + c\dot{g} + kg - \sum_1^n Q_n - \sum_1^m \frac{\partial f_m}{\partial g}\lambda_m = 0$$

$$u - \dot{g} = 0$$

(3-181)

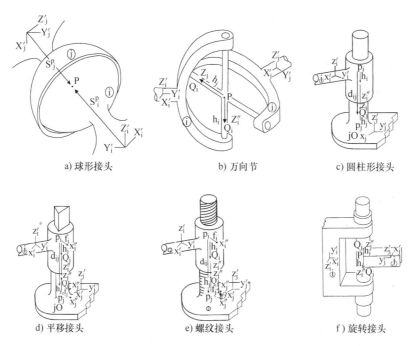

图 3-35 代表性的转向节

再有，约束函数定义为

$$f(X, Y, Z, \psi, \theta, \phi) = 0 \quad (3\text{-}182)$$

对于这样的机构分析，以常微分方程式和代数方程式的联立方程式为对象。最终得到的方程式具有非常大的稳定性，在很宽的范围内有分散解。像这样根据稳定地求解方程式来预测因子修正因子的方法，称为齿轮（Gear）法[49]。

该机构分析模型是从1990年左右真正开始使用的，已经在操纵性、稳定性、乘坐舒适性等领域取得了众多成果。例如，在以前的连续结构体模拟模型中不可能实现的部分，现在对每个部件的受力预测、前后方向的受力预测等已经实现。再有，最近在弹性振动分析、油压控制系统设计中也已经得到了广泛应用。本机构分析模型与以前的连续结构体模拟模型相比具体的优点所在，通过车辆运动分析来加以叙述。

行驶中的车辆基本上是由具有6个自由度的悬架等刚体连接而成的，使用质量、弹簧刚度、阻尼以及起连接作用的刚体单元组成的连续结构模拟模型具有明显的优点。但是，这些运动通过以侧倾中心、俯仰中心为代表的旋转中心相互干涉。这种现象用连续结构模拟模型是很难分析的。连续结构体模拟模型与瞬间旋转中心相关的信息可以分解到左右悬架但是对于非独立悬架却无法分解。

文献[50]中，如图3-36所示，车身和悬架等共计7个刚体，省略掉除悬架弹簧以外的所有部件以转向节加以约束，复杂运动的自由度未经缩减或者近似处理，通过机构分析模型搭建的通用化模型。这里所说的通用化，特别是对于左右非对称运动分析有很大影响。根据方向[50]，首先对于独立悬架的情况，两种模型在侧倾角及载荷移动量等参数上展现出很好的一致性，Jackup量特别是横向加速度值处于旋转界限时出现较大差异。这里所说的Jackup意思是，如果车辆横向加速度变大，就会使左右轮胎的发生力和连接部件处产生非对称性，通过这些非对称性车辆横向力使车身（簧上）上下运动的现象。

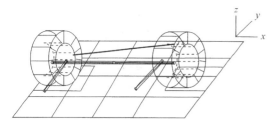

图3-36 非独立悬架的运动模拟模型

其次，与非独立悬架几何体相关的分析，如上所述是机构分析程序的优势所在。根据同一程序分析的结果得到一些新的结论：侧倾角由后桥梁的剪断中心决定、侧倾中心高度由横拉杆的几何形状决定；独立悬架和非独立悬架的Jackup量的原理是不同的；以前考虑的非独立悬架与侧倾中心高的关系较小；4个车轮接触地面行驶中与3个车轮接触地面行驶的原理是不同的。

以上所述虽然只是一个案例，但是根据其他大量的文献，机构分析程序对迄今为止的连续结构体模拟程序相比，计算精度得到了大幅提高。这种机构分析程序中的模型精密化成分、每个模型单元所需要的必要信息输入信息量有时也变得特别庞大。为了使该机构分析程序更有效率，包含数据库在内的前处理程序是很有必要的。与前处理相关的理论在文献[51]中有更加详细的叙述。

3.4.2 非线性过渡响应分析

a. 分析方法

与汽车技术相关的典型非线性过渡响应问题如碰撞分析，本节中将以此为例，对FEM方法在非线性过渡响应分析方法中的概要加以介绍。

也可以称为冲突问题的汽车破坏问题，与常说的强度问题不同，是以结构体在碰撞发生的一瞬间发生破坏的大变形为对象的。对于这种情况，与3.2.2项中叙述的TLF不同，通常是使用基于Updated Lagrangian Formulation（ULF）的增量理论。ULF的优缺点汇总如下。

即，这里所说的ULF是参照每一时刻的变形形状来定义应力和应变的，因此其定型化及计算非常复杂。另外，虽然数值积分点在每一个计算步长内都变为不同的材料点，如果使用等同于应力变化率的欧拉应力Jaumann变化率，这个缺陷就可以弥补，对于有限应变问题很自然且有效果地进行定型化。再者，由于经常参照同步的变形形状，对于大旋转、有限刚体位移等问题是有利的。即，TLF和ULF对于3维连续结构体分析从理论上虽然是相同的，但是对于数值计算问题，前者适用于微小应变、小旋转问题，而后者则更适用于有限应变、大旋转问题。特别是使用板壳理论的情况下，Updated Lagrangian Jaumann Stress Rate Formulation（ULJF）是唯一的选择。从这些情况中可以得知，对于具有板壳结构的汽车冲突问题，使用ULJF可以得到理想的结果。

根据FEM法的动态平衡方程式一般可以表示为如下形式。

$$\{f_{int}\}(n) + [M]\{\ddot u\}(n) = \{f_{out}\}(n) \tag{3-183}$$

式中，上角标n表示第n步平衡状态，$[M]$是质量矩阵，$[f_{out}]$是外力矢量，$[f_{int}]$是内力的等价节点矢量，由下式定义。

$$\{f_{int}\}(n) = [B]t\{\sigma\}(n)dv \tag{3-184}$$

式中，$[B]$是应变、位移矩阵，$[\delta]$是单元应力矢量。积分记号表示单元体积积分。显式分析法中，根据式（3-183）的$\{\ddot u\}(n)$中心差分法由下式来近似表达。

$$\{\ddot u\}(n) = (\{u\}(n+1) - \{u\}(n) + \{u\}(n-1))/t_2 \tag{3-185}$$

将式（3-185）代入式（3-183），可以得到下式。

$$[M]\{u\}(n+1) = t_2(\{f_{out}\}(n) - \{f_{int}\}(n))$$

$$+ [M](\{u\}(n) - \{u\}(n-1)) \tag{3-186}$$

如果举例包含中心差分法数值特性的一般特征,通常有以下几点[44-46]。①是条件稳定性公式,根据定应变单元线性分析的时间增量值由 Courant 的条件决定。②对于非线性分析时间增量值适当的安全系数通过估计来决定,为了保证其精度必须达到能量平衡。③如果使用集中质量矩阵,式(3-186)将变为单一渐进式,由于不需要对联立一元方程式进行求解,计算效率显著提升。同时集中质量的频率降低效果与中心差分法作用单元的频率增大效果相互抵消。④数值分析时没有衰减项,对于冲击波的模拟等情况下为了保证稳定性要假定人工阻尼。⑤由于算法单一,对于冲击/接触问题类的复杂非线性现象的模型化很容易。⑥不需要计算和保存刚度矩阵,可以节省计算机资源。⑦大部分计算成本都花费在节点内力的计算上,与单元数及单元内位移场和构成形式的复杂程度直接相关。因此,使用低阶并且精度好的单元能够得到更好的效果。频段宽度与计算时间没有关系。根据上述的优缺点,对于分析时间幅度较小的冲击响应问题,中心差分法是十分有效的。

如前所述,根据中心差分法等显式解法对冲击问题进行求解时,使用简单且精度好的单元能够大幅提高计算效率,基于这一点,促进了在降阶积分法(reduced integration)中适用的低阶单元的应用。即,高阶单元虽然能够保证很高的精度,但由于包含高频振动成分的条件稳定框架中时间增量值的严格限制,与时间积分相关的运算量大幅增加,对于在所给定的时间内完成高精度计算为目的的情况下,就不如性能好阶次低的单元了。从这个角度高阶次单元与低阶次单元的比较结果,在 Belytschko 和 Tsay 等人的文献[52]中有详细的介绍。

上面所叙述的情况,近年来在非线性有限单元分析领域内低阶单元的使用频率有了显著的进展。对于平板的弯曲问题,根据使用 Hughes 等人的选择型阶次降低积分法(selective reduce integration)的双一阶 Mindlin 板单元提案是个良好的开端,文献[53]中通过线性分析案例,证实了相同单元的简单性和效率化。

该单元对于弯曲应变能及剪断应变能双方,作为面内方向上 1 点积分单元使用,根据包含刚体位移以外的零能模态,特别是对于动态分析可能会产生沙漏现象,Flanagan 和 Belytschko 根据沙漏和其他位移模态(与刚体模态同样的应变模态)的直交性,提出了合理的沙漏控制方法。在文献[54]中对于二维及三维问题,试用了黏性控制(Viscous control)和弹性控制(elastic control)两种方法,提出后者具有优越性,或者说后者更适用于静态问题。另外,文献[44,52]中,使用弹性控制法及上述的双一阶四边形单元,在板壳构造的动态非线性分析中也成功地应用了该方法。

冲突分析中最重要的接触问题解法的基础是拉格朗日乘数法(Lagrange multiplier method)和补偿法(penalty method),其他的方法还有如 augmented Lagrangian method,perturbed Lagrangian method 等也广为人知[55]。拉格朗日乘数法对接触边界面上的约束条件使用拉格朗日乘数,根据变分原理作为附加条件导入。而补偿法则是,决定补偿项大小补偿数的恰当值是与问题相关的。通过补偿数在接触面之间人为地导入高刚度,该原因引起的高阶振动没有物理意义。生成使用过小时间增量值的必要性,算法单纯且容易;再加上和显式解法良好的融合性,在非线性冲击分析中经常使用。另外,搜索接触节点的算法,如 master – slave 法和 hierarchy – territory 法等。

b. 冲突分析的应用案例

此处选用的应用案例来自于冲突分析。

汽车的碰撞强度设计是汽车诞生以来的最重要课题。特别是从节省资源的角度来看，伴随着汽车轻量化越来越急迫的需求，图3-37所示的正面碰撞、偏置碰撞、侧面碰撞特性等各种各样的性能要求也越来越受到重视。为了满足这些各个领域的需求，作为设计工具的碰撞分析技术、模型搭建技术也在短短的几年内得到了飞速发展。例如，对于侧面碰撞，板件与乘员之间的空隙非常狭窄，乘员的动作也非常复杂，根据FEM方法搭建的三维人体模型（假人模型）也不断地被开发出来。另外，车辆、乘员、安全带、安全气囊等乘员约束装置组成了规模巨大的模型。这些大规模模型及其分析案例在本系列丛书的第6卷《汽车安全技术中》详细阐述，本文中仅模拟对前、后碰撞影响最大的纵梁、对薄板材料的压溃分析加以介绍。

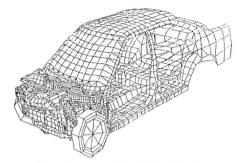

图3-38 全比例变形模态分析结果

此处按照文献[57]的方法，产生塑性屈曲、面尺寸为50mm×50mm，板厚为1.6mm，全长250mm的正方形板件的压溃进行研究。假设板件的一端完全固定，一个330kg的重锤以30km/h的速度沿轴向落向另外一个自由端，按照上述条件进行压溃分析。分析模型中的单元基本尺寸为10mm×10mm，材料的杨氏模量$E=21000kg/mm^2$，切线系数$E_t=250kg/mm^2$，泊松比$\nu=0.3$，屈服应力$\delta=22kg/mm^2$。首先，对初始条件不完备的情况进行计算，得到了图3-39所示的全部不

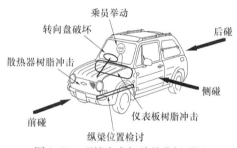

图3-37 碰撞安全相关的分析项目

纵梁等汽车上的强度零部件是薄板型的箱式或者H形断面部件。例如，前纵梁的形状、悬架等的位置关系乘员舱下面的弯曲形状组成，前面部分承受载荷变大，因此要极力保证是笔直的。而且这些笔直的部分要尽可能没有弯折，从前端开始顺次如被压缩的手风琴状，能够提高受到碰撞时能量吸收效率。因此，如同图3-38中利用大规模模型进行分析那样，对纵梁单体的压溃分析现阶段是非常重要的。Mahmood等人已经根据板厚和截面尺寸之间的关系指出，有时产生屈服的塑性板材的压溃节距及压溃截面形状是不同的[56]。另外，萩原等人通过FEM分析首次成功再现了上述实验结果[57]。

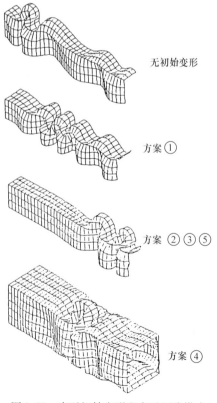

图3-39 有无初始变形和有无压溃模式

规则变形模式的载荷-位移特性,与实验结果是不一致的。作为初始条件不完备的给定方法,如图所示那样共研究了 5 个方案。

① 沿板件整体的轴向架输入波长 50mm 的正弦波激励。

② 在板件前端的轴向输入波长 50mm 的正弦波的半个波长激励。

③ 在板件整体上输入静态一次屈服模态。

④ 在板件整体下输入根据正规乱数得到的不规则波形。

⑤ 使载荷输入单点作用。即将重锤的质量分布在受到冲击一端节点之中的 4/5 的节点上,并输入强制速度。

在上述的 5 个方案中,得到准确结果的是第③项将静态一次屈服模态作为初始变形输入工况。另外作为分析的载荷条件,将重锤附着在受冲击端,假定与受冲击端的节点保持相同的运动,使重锤的质量平均分布到受冲击端的节点上。另外,对这些节点的轴向以外的并进方向自由度进行约束,对轴向自由度上施加强制速度激励。首先,根据 ULF 的弧长增量法,用 4 个节点构成的面内积分点数为 1 的阶次低减壳单元进行静态压溃分析,得到了图 3-40 所示的载荷-位移曲线图。以屈服点即图中的 C 点为界载荷显著下降。另外代表截面的应力状态也在该图中显示出来,到达 C 点后板件全体的应力分布如图 3-41 所示。根据以上分析结果可知,发生屈服之后,虽然处于同样的应力状态,但是截面中央的应力下降,边角位置的应力升高。C 点或者 C 点最初通过的点的步数高设为 $(n+1)$,如果第 $(n-1)$ 涉及第 n 步的刚度矩阵分别为 $[K_n]$、$[K_{n-1}]$,则可以得到非线性屈服方程式(3-187)。

$$([K_n] + \lambda[\Delta K])\{\phi\} = 0 \quad (3-187)$$

式中,刚度矩阵使用由 Mise 屈服条件和 Prandl – Reuss 公式得到的结果。$[\Delta K] = [K_n] - [K_{n-1}]$ 时屈服点的位移用 $\{U_{cr}\} =$

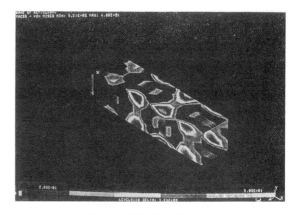

图 3-40 伴随壁面屈服的载荷变化和应力分布

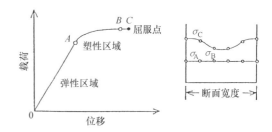

图 3-41 到达 C 点时的板件全体应力图

$\{U_n\} + \lambda\{\Delta U\}$ 来表示。

式中,$\{\Delta U\}$ 是式(3-187)的固有矢量,根据虚功原理下面的等式成立。

$$\{\Delta U\}^T\{P_{cr}\} = \{\Delta U\}^T\{F_{cr}\} \quad (3-188)$$

式中,

$$\{F_{cr}\} = \{F_n\} + \int_{U_n}^{U_r}[K]dU = \{F_n\} +$$

$$\int_0^\lambda [K(\lambda)]\{\Delta U\}d\lambda$$

$$= \{F_n\} + \lambda\left\{[K_n] + \frac{1}{2}\lambda[\Delta K]\right\}\{\Delta U\} \quad (3-189)$$

因此,屈曲载荷可以用式(3-190)表示。

$$\{P_{cr}\} = \{P_n\} + \alpha\{\Delta P\} \quad (3-190)$$

式中,$\{\Delta P\} = \{P_n\} - \{P_{n-1}\}$,$a = \{\lambda\{\Delta U\}^T[K_n] + \lambda[\Delta K]/2]\{\Delta U\}/(\{\Delta U\}^T\{\Delta P\})$。

图 3-42、图 3-43 中显示的是单元分割不同时分析结果的差异。在图中④的意义为在受冲击端较近的部分以 5mm×5mm 的单

元分割,除此以外的地方用 20mm×5mm 的粗大单元分割。首先,在图 3-42 中显示的是不同单元尺寸时的分析结果。对于 10mm×10mm 的单元分布其压溃节距为 40mm,5mm×5mm 的单元分布其压溃节距为 35mm。后者的值与 Mahmood 的实验结果具有很好的一致性。另外,从图 3-43 中的平均载荷比较结果来看,压溃节距与实验结果对应一致的 5mm×5mm 的单元分布,其平均载荷值也与实验值最为接近。另外,以 C 点以前的计算步中的屈服模式为初始变形时,即使是 5mm×5mm 的单元分布也未能得到与实验结果的一致性。在求图 3-41 中的 $O-A$ 之间的压溃节距时,与弹性屈服同样压溃节距为 50mm,求 $A-C$ 之间的屈服模式时,其结果呈现出不稳定必一,压溃节距为 50~80mm。

将图 3-39 中的仅模型和板厚不同的情况,应用到图 3-39 中仅模型和截面形状不同的情况中,以图 3-44 中的压溃模式加以总结。首先,板厚较厚的①,相互面对的板之间没有干涉,呈现出较为稳定的手风琴状的模式。$\lambda=d$ 的②,相互面对的板之间非常接近。因此,板厚较薄的边角位置的强度较低时常常伴随着压溃的出现(不稳定的手风琴状的形状)。另外,对于矩形截面板件的壁面出现弹性屈曲的③,由于相互面对的板之间出现接触,伴随着弯折的同时会出现压溃(不规则弯折形状)。①、③中由于板厚和周边长度相同,虽然到变形的中途为止显示出同样的强度特性,但是在③中,如同图 3-45 所显示的那样相互面对的板之间出

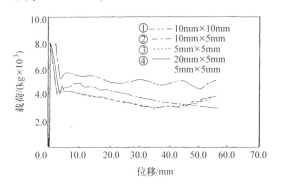

图 3-42 单元分割和压溃模式

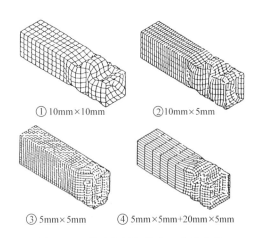

图 3-43 单元分割和载荷、位移曲线

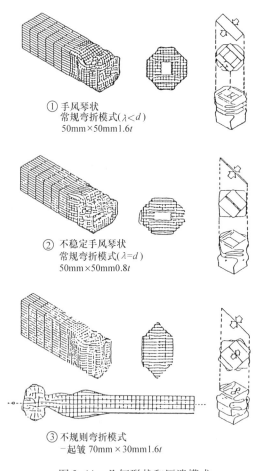

图 3-44 几何形状和压溃模式

现接触，载荷值比①要低。这些结果与 Mahmood 的实验结果具有很好的一致性。而此时的单元分割都是指 5mm×5mm 的单元分布。也就是说，如果单元分割能够做到尽量的细，按照图 3-46 的流程笔直部件的压溃分析能够得到精度很高的结果。本研究之后，在纵梁上合适的位置设置适当形状的加强筋，纵梁的碰撞能量吸收率得到了明显提高的研究结果也有发表[59]。

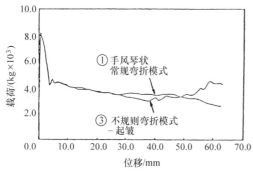

图 3-45　压溃模式和载荷的变化

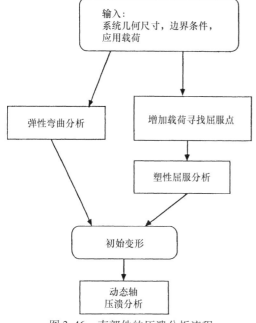

图 3-46　直部件的压溃分析流程

3.5　树脂流动分析

对注射成型的成型模拟，自从通用软件 MOLDFLOW 发布以来，已经应用到各个公司的多个车型、产品中，在模具构造、制造条件等的优化中得到了有效的利用。

例如，初期的应用主要是为了预测 weldline 的位置，将模具浇口的数量、位置、形状等作为流动因子进行流动性（填充）分析。如果部件的形状及材料有所变更，在试制错误中推进的模具开发中，能够指出改进方向性，是一个具有划时代意义的程序而得到了多方的关注。

再接下来冷却分析软件的出现，像防撞梁这样复杂、大型的模具，可以预先研究冷却管道的布置，以尽可能降低表面的温度分布。

但是，随着计算机的运算速度飞速进步，生产高品质产品的需求越来越高，再有伴随着产品设计和模具设计的同时开展同步工程的必要性，注射成型模拟技术在短短的几年间发生了很大变化。也就是说，对产品设计阶段不合格进行预测，特别是预测弯折位置的软件被开发出来。这些即使是对于 weldline 位置的预测，与大幅提高效果的时代（1980 年左右）相比，仿佛是一种隔世的感觉。

3.5.1　支配方程式的导出

一般来说，利用有限元法求解黏性流体方程式时，其解法非常复杂，现在通用的应用案例很少。树脂流动现象是一种缓慢的液体黏性流动，可以忽视惯性项。另外，由于相对于部件的大小其厚度非常小，在厚度方向上的流动也是可以忽略的。因此，对黏性流体方程式进行大幅简化，就可以对其进行求解了。

a. 支配方程式

树脂填充过程模式可以用图 3-47 表示。腔体的厚度设为 $2b$，中央面为 $x-y$ 面、与其垂直的方向（厚度方向）为 z 轴。腔体的表面一般都是曲面，其曲率半径与厚度相比足够大。因此可以视为平面。

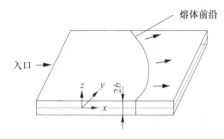

图 3-47 填充过程模式图

如上所述在注射成型模具内部的树脂流动时，（A）由于树脂的黏度非常大，因此与黏性项相比惯性项可以忽略；（B）与流动方向相比厚度方向的尺寸非常小，因此厚度方向上的黏性效果占据支配地位。考虑以上条件黏性流体方程式可以使用近似的 Hale-Shaw 流动公式（3-191）、式（3-192）和连续（非压缩条件）公式（3-193）。

$$\frac{\partial p}{\partial x} = \frac{\partial}{\partial z}\left(\eta \frac{\partial u}{\partial z}\right) \quad (3\text{-}191)$$

$$\frac{\partial p}{\partial y} = \frac{\partial}{\partial z}\left(\eta \frac{\partial v}{\partial z}\right) \quad (3\text{-}192)$$

$$\frac{\partial (b\bar{u})}{\partial x} + \frac{\partial (b\bar{v})}{\partial y} = 0 \quad (3\text{-}193)$$

式中，(u, v) 是 (x, y) 方向的流速成分，p 是压力，η 是树脂黏度，$(\bar{u}, \bar{v})$ 是根据下式定义的厚度方向的平均值。

$$\bar{u} = \frac{1}{b}\int_0^b u\,dz \quad (3\text{-}194)$$

$$\bar{v} = \frac{1}{b}\int_0^b v\,dz \quad (3\text{-}195)$$

即使是对于支配温度场 T 的能量公式，也可以用考虑条件 B 的近似公式（3-196）来表示。

$$\rho C_p\left(\frac{\partial T}{\partial t} + \bar{u}\frac{\partial T}{\partial x} + \bar{v}\frac{\partial T}{\partial y}\right) = k\frac{\partial^2 T}{\partial z^2} + \eta \dot{\gamma}^2$$

$$(3\text{-}196)$$

式中，t 是时间；ρ 是树脂密度；C_p 是树脂的比热；k 是树脂的热传导系数，$\dot{\gamma}$ 是由下式给定的剪切速度。

$$\dot{\gamma} = \sqrt{\left(\frac{\partial u}{\partial z}\right)^2 + \left(\frac{\partial v}{\partial z}\right)^2} \quad (3\text{-}197)$$

考虑如下的与速度场相对应的边界条件

$$u = v = 0(z = \pm b) \quad (3\text{-}198)$$

$$\frac{\partial u}{\partial z} = \frac{\partial v}{\partial z} = 0(z = 0) \quad (3\text{-}199)$$

如果对式（3-191）、式（3-192）用进行积分，则可以分别得到

$$z\frac{\partial p}{\partial x} = \eta \frac{\partial u}{\partial z} \quad (3\text{-}200)$$

$$z\frac{\partial p}{\partial y} = \eta \frac{\partial v}{\partial z} \quad (3\text{-}201)$$

再进一步积分的话，则可以得到

$$S\frac{\partial p}{\partial x} = -b\bar{u} \quad (3\text{-}202)$$

$$S\frac{\partial p}{\partial y} = -b\bar{v} \quad (3\text{-}203)$$

上式中

$$S = \int_0^b \frac{z^2\,dz}{\eta} \quad (3\text{-}204)$$

将式（3-200）、式（3-201）代入式（3-197），则可以得到

$$\dot{\gamma} = \left(\frac{z}{\eta}\right)\sqrt{\left(\frac{\partial p}{\partial x}\right)^2 + \left(\frac{\partial p}{\partial y}\right)^2} \quad (3\text{-}205)$$

将式（3-202）、式（3-203）代入式（3-193），则可以得到

$$\frac{\partial}{\partial x}\left(S\frac{\partial p}{\partial x}\right) + \frac{\partial}{\partial y}\left(S\frac{\partial p}{\partial y}\right) = 0 \quad (3\text{-}206)$$

结果，就可以计算式（3-196）中的温度场或者式（3-206）中的压力场，速度场可以根据式（3-202）、式（3-203）利用压力场计算。

b. 黏度公式

对于一般的易融性树脂，表示融料流动化倾向的非均匀流体，其黏度根据剪切速度、温度和压力而变化。

作为代表性的黏度公式，由应该包含三个实验常数（B, T_b, n）的乘法模型

$$\eta = B\exp(T_b/T)\dot{\gamma}^{n-1} \quad (3\text{-}207)$$

以及 Isayev 提倡的 5 个常数（$B, T_b, \beta,$

τ，n）模型

$$\eta_0 = B\exp(T_b/T)\exp(\beta\gamma) \quad (3\text{-}208)$$

来确定。

到底该采用哪一种模型，虽然必须通过与黏度的实测值进行比较来确定，但是也未必只用一个公式就能把所有的树脂黏度表现出来，在分析程序中有各种各样的黏度公式，因此必须视实际情况来适当选取。

c. 融前的表现

树脂流动模拟的难度之一是融前（melt front）树脂随着时间是移动的。即分析范围的边界条件是时刻变化的。

像这种移动问题的解法主要包括两种。其一是拉格朗日方法，为了保证与树脂融前移动一致而移动数值计算的节点（网格法）。其二是欧拉方法，在固定的网格中根据某些适当的方法来获得树脂融前状态。从精度上来看，虽然前者要好一些，但是伴随着节点的移动，必须考虑单元的应变进程，以及单元的再次分割，存在计算时间及通用性等方面的问题。因此，即使计算精度略有降低，由于具有固定网格的优点，欧拉方法在实际中更加实用。

为了在固定网格中搜索树脂融前移动，仿效 Thompson 导入了虚构的变量 C。变量 C 在树脂填充的范围内为 1，树脂未填充的范围内为 0，在树脂融前附近两种领域是由光滑连接的一种波面构成的。因此，根据用 $C=0.5$ 的等高线来对树脂融前表达，得到的结论是 $0 \leq C \leq 0.5$ 的范围是未填充的，$0.5 \leq C \leq 1$ 的范围是填充的。

融前移动法由用变量 C 的波面移动形式来表现的，移动方程式由下式来记述。

$$\frac{\partial C}{\partial t} + \bar{u}\frac{\partial C}{\partial x} + \bar{v}\frac{\partial C}{\partial y} = 0 \quad (3\text{-}209)$$

d. 数值解法

作为数值解法，经常采用适用于复杂形状分析的有限元法。详细内容不在此处介绍，大致的算法如下所述。

Step1：根据式（3-209）确定树脂融前移动范围，确定分析范围。

Step2：对于 Step1 中确定的分析范围，使用式（3-196）来计算温度场。

Step3：同样求解式（3-206），来得到压力。此时，融前压力（测试仪器压力）假定为 0。

Step4：根据式（3-202）、式（3-203）计算速度场。

计算过程中必需的 S、$\dot{\gamma}$ 值，分别由式（3-204）、式（3-205）来计算，而对于黏度 η，根据分析对象的树脂类型，使用式（3-207）或者式（3-208）（或者其他的公式）来计算。

3.5.2 流动分析应用案例（Ⅰ）

和热传导问题耦合的黏性流流动模拟分析应用于腔体内部树脂填充过程，根据有限元法求得流速、压力和温度分布。基于不合格现象和成型条件的实验数据库，在考虑问题发生原理的同时推进标准化进程。另外，分析软件基本上是以市场上销售的通用软件为基础，其概要将不在此处介绍。

图 3-48 中显示的是前防撞梁的成型流动分析应用案例。计算树脂每一时刻在腔体中的流入状态。根据计算结果来得到最终的填充位置及 WELD 位置，进而求得最小预紧力。接下来再根据反复计算，对入口处的形状进行优化，实现板厚的最小化。另外，根据对材料的物理特性进行调整，对价格更低的材料的成型性进行验证，再加上对成型

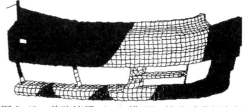

图 3-48 前防撞梁（1/2 模型）的流动分析案例
（按照蓝→绿→黄→红的顺序填充树脂）

条件（注射速度、温度、压力、样式）等某种程度上的变更来实现更好的方案。

3.5.3 流动分析应用案例（Ⅱ）

如图 3-49 所示，是某个树脂零件在开发过程中的产品设计、试制阶段中对样件表面质量确认的结果，出现了在一部分零件中筋的走向等外观不合格现象。这些 10mm 厚度的沟槽状瑕疵即使是在涂装过后，外表面上仍然可以看出来。

实验分析及成型性模拟分析的结果，显示有以下几方面的问题。如图 3-49 所示在位置Ⓐ处发生了比Ⓑ处更大的树脂融化流动速度，如果这个速度差达到某一程度时就会在二者的边界处产生锐角状态的形状（P）。结果导致在该部位出现面向两个方向的树脂碰撞在一起的现象，由此在外观上显现出来不良的现象。

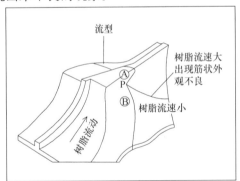

图 3-49 出现筋的外观不良

对局部树脂流动速度较大的地方没有出现缺陷的部件形状进行成型性模拟，研究其结构方案，通过成型实验确认后，反馈到零件的设计方案中。通过以上方法就可以对成型试制阶段的不合格现象防患于未然。

接下来根据以上分析所得到的数据，将速度作为模拟参数，缺陷是否发生的判定标准已经有了明确的答案，如图 3-50 所示。即使它不是模拟分析的唯一工具，也是可以作为判断标准的。

除此以外，表面平滑性不良等外观的缺陷及弯折变形等不合格现象的事前评价，正在应用于气体辅助注射成型等方面。

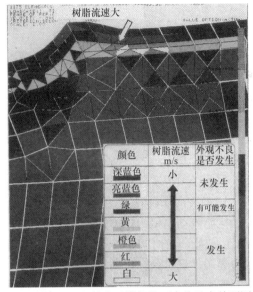

图 3-50 基于注射成型模拟的不合格及事前预测

在最近的注射成型模拟话题中，与弯折分析相关的有很多。弯折发生的原理，从宏观上来看，涉及的因素有很多，如冷却过程中的不均匀性、伴随模具内部压力分布的材料密度分布等。如果从微观上来看，则包括材料流动时产生的分子配合，或者根据密度分布及温度分布而生成的结晶化程度等。到底是什么条件、什么因素占主导地位，一直到现在也没有得到最根本性解释。

尽管如此，毫无疑问保持压力的过程对零件的弯折现象是占支配地位的，该现象已经得到了很高精度的分析结论，今后将成为应对大型化的关键技术。为了实现弯折分析的高效化，不仅数值分析技术本身已经得到了发展，在该分析中使用到的材料数据库的精度也是不可缺少的。模拟分析中使用的材料数据，终究是在静态稳定状态下测得的，对于实际的注射成型现象（非稳定过渡现象），还需要一定的修正。为了对分析结果加以适当修正，必须考虑结晶体的动力学或者黏弹性体的运动特性，在这些领域内的研究还有待发展。

3.5.4 将来的课题

本节中叙述的基于 FEM 法的分析项目，

不管是哪一种，都可以使用通用的软件。也就是说，虽然是黑盒子化的使用状况，但是对其内涵的理解程度确实会影响分析结果的速度和精度。基于这一点，前半部分的理论基础知识是非常重要的。在每个分析案例中出现的现象，在本章中，关注的是每一种项目的关键技术是什么。另外，目前的FEM课题中心是能够开展并行处理的分析技术及软件的再次开发，以进一步缩短计算时间。伴随着这些方面的进步，FEM法在车辆开发过程中的地位会越来越重要。

[萩原一郎・吉村忍・矢川元基・都井裕・
高桥进・山部昌]

参 考 文 献

[1] 矢川元基，吉村 忍：FEM，培風館（1991）
[2] O. C. Zienkiewicz（吉識雅夫，山田嘉昭監訳）：マトリックス有限要素法（三訂版），培風館（1984）
[3] 山田嘉昭：塑性・粘弾性（有限要素法の基礎と応用シリーズ 6），培風館（1980）
[4] D. R. J. Owen, et al.：Finite Elements in Plasticity (Theory and Practice), Pineridge Press (1980)
[5] R. T. Haftka, et al.：Elements of Structural Optimization, Martinus Nijhoff Publishers (1985)
[6] E. J. Haug, et al.：Design Sensitivity Analysis of Structural Systems, Vol.177 In Mathematics in Science and Engineering, Academic Press, Inc. (1986)
[7] K. Washizu：Variational Methods in Elasticity and Plasticity, 3rd Ed., Pergamon Press (1982)
[8] O. C. Zienkiewicz, et al.：The Finite Element Method, 4th Ed., Vol.2, McGraw-Hill (1991)
[9] M. A. Crisfield：Non-linear Finite Element Analysis of Solids and Structures, Vol.1, John Wiley & Sons (1991)
[10] K. J. Bathe：Finite Element Procedures in Engineering Analysis, Prentice-Hall (1982)
[11] J. S. Arora, et al.：Design Sensitivity Analysis and Optimization of Nonlinear Structures, Computer Aided Optimal Design：Structural and Mechanical Systems (ed. by C. A. M. Soares), NATO ASI Series F (Computer and Systems Sciences), Vol.27, Springer-Verlag, p.589-603 (1987)
[12] C. C. Wu, et al.：Design Sensitivity Analysis and Optimization of Nonlinear Structural Response Using Incremental Procedure, AIAA Journal, Vol.25, No.8, p.1118-1125 (1987)
[13] P. Underwood, Dynamic Relaxation, Computational Method for Transient Analysis, T. Belytschko and T. J. R. Hughes, eds Vol.1, p.245-263 (1986)
[14] Livermore Software Technology Corporation-Theoretical Manual For LS-DYNA 30 (1994)
[15] M. Papadrakakis, A Method for the Automated Evaluation of the Dynamic Relaxation Parameters, Comp. Meth. Appl. Mech. Eng. 25, p.35-48 (1981)
[16] 福田水穂ほか：有限要素法による車体外板の張り剛性解析，日産技報，13，p.56-70（1977）
[17] G. P. Bazeley, et al.：Triangular elements in bending-conforming and non-conforming solutions, Proceedings of the Conference on Matrix Methods in Structural Mechanics, p.547-576 (1966)
[18] Y. Kajio, et al.：An Analysis to Panel Strength under Large Deflection, ISATA'85 (1985)
[19] 有吉智彦ほか：シートベルトアンカ変形強度解析モデルの開発，自動車技術会論文集，Vol.24，No.1，p.62-67（1993）
[20] 桜井俊明ほか：シートベルト機能およびアンカレッジ強度予測技術に関する研究，三菱自動車テクニカルレビュー，No.1，p.39-47（1988）
[21] Hibbit Karlsson & Sorensen, Inc, ―ABAQUS Theory Manual (1988)
[22] 熊谷孝士ほか：シートベルトアンカ強度解析技術の開発，第 23 回安全工学シンポジウム予稿集（自動車衝突安全とコンピュータシミュレーション，オーガナイザー：高橋，萩原），p.45-487（1993）
[23] J. R. H. Otter, et al.：Dynamic Relaxation, Proc. Institution of Civil Engineers, No.35, p.633-656 (1966)
[24] C. Lanczos：An Iteration Method for the Solution of the Eigenvalue Problem of Linear Differential and Integral Operators, Journal of the Research of the National Bureau of Standards, Vol.45, pp.255-282 (1950)；A. Craggs, et al.：Sound transmission between enclosures—A study using plate and acoustic finite elements, ACUSTCA 35, 2 (1976)
[25] R. H. MacNeal, et al.：A Symmetric Modal Formulation of Fluid-Structure Interaction, ASME Paper, 80-C2/ PVP-117 (1980)
[26] 萩原一郎ほか：構造-音場連成系の固有モード感度解析手法の開発，日本機械学会論文集（C編），Vol.56，No.527，p.1704-1711（1990）
[27] 長松昭男：モード解析入門，コロナ社（1993）
[28] 岩間和昭ほか：振動と音圧連成系を対象とした実験モード解析手法の開発，自動車技術会論文集，9303771，p.108-112（1993）
[29] 萩原一郎：自動車の騒音振動問題における新しい数値解法，応用数理，Vol.3，No.4，p.260-274（1993.12）
[30] 馬 正東ほか：構造-音場連成系の直接周波数応答解析手法の開発，日本機械学会論文集（C編），Vol.57，No.535，p.762-767（1991）
[31] 馬 正東ほか：構造-音場連成系のモーダル周波数応答感度解析手法の開発，日本機械学会論文集（C編），Vol.57，No.536，p.1156-1163（1991）
[32] 萩原一郎ほか：構造-音場連成系の固有モード及び周波数応答感度解析手法の開発，日本機械学会論文集（C編），Vol.57，No.534，p.420-425（1991）
[33] MSC/NASTRAN User's Manual, The MacNeal-Schwendler Corporation (1986)
[34] L. Deng, et al.：Finite Element Approximation of Eigenvalue Problem for a Coupled Vibration between Acoustic Field and Plate, Journal of Computational Mathematics, Vol.15, No.3, p.265-278 (1997)
[35] O. E. Hansteen, et al.：On the Accuracy of Mode Superposition Analysis in Structural Dynamics, Earthquake Engineering and Structural Dynamics, Vol.7, No.5, p.405-411 (1979)

[36] D. Williams : Dynamics loads in aeroplanes under given impulsive loads with particular reference to landing and gust loads on a large flying boat, Great Britain RAE Reports SME, 3309 and 3316 (1945)

[37] 馬 正東ほか：高次と低次のモードの省略可能な新しいモード合成技術の開発，第1報：ダンピング系の周波数応答解析，日本機械学会論文集（C編），Vol.57, No.536, p.1148-1155 (1991.4)

[38] 依知川哲治ほか：高次と低次のモードの省略可能な新しいモード合成技術の開発（第4報，時刻歴応答問題への適用），日本機械学会論文集（C編），Vol.58, No.545, p.92-98 (1992.1)

[39] R. L. Fox, et al. : Rates of Change of Eigenvalues and Eigenvectors, AIAA Journal, Vol.6, No.12, p.2426-2429 (1968)

[40] R. B. Nelson : Simplified Calculation of Eigenvector Derivatives, AIAA Journal, Vol.14, p.1201-1205 (1976.9)

[41] B. P. Wang : An Improved Approximate Method for Computing Eigenvector Derivatives, AIAA/ASME/ASCE/AHS 26th Structures, Structural Dynamics and Materials Conf., Orlando, FL (1985.4)

[42] 萩原一郎ほか：高次と低次のモードの省略可能な新しいモード合成技術の開発，第2報：固有モード感度解析への適用，日本機械学会論文集（C編），Vol.57, No.539, p.2198-2204 (1991)

[43] 依知川哲治ほか：大規模構造-音場連成問題のための部分構造合成法の開発，日本機械学会論文集（C編），Vol.61, No.587, p.2718-2724 (1995.7)

[44] T. Belytschko : Computational Methods for Transient Analysis, セミナーテキスト「有限要素法に関する最近の動向」（日本シミュレーション学会主催），p.164-189 (1982)

[45] J. Donea (ed.) : Advanced Structural Dynamics, Applied Science Publishers (1980)

[46] T. Belytschko, et al. : Computational Methods for Transient Analysis, Vol.1, In Computational Methods in Mechanics, North-Holland (1983)

[47] Mechanical Dynamics, Inc : ADAMS User's Manual Version 5.2.1 (1989)

[48] DADS User's Manual, Computer Aided Design Software Incorporated, P. O. Box 203, Oakdale, Iowa, 52319

[49] C. W. Gear, Numerical Initial Value Problems in Ordinary Differential Equations, Prentice-Hall, Englewood Cliffs, New Jorsey, 1974

[50] 神永眞杉ほか：機構解析言語による車両運動解析，自動車技術会学術講演会前刷集，No.912, p.141-144 (1991.10)

[51] 高瀬晃彦：ADAMS自動化プリ・ポストの開発，自動車技術会学術講演会前刷集，No.933, p.207-210 (1993.5)

[52] T. Belytschko, et al. : Explicit Algorithms for Nonlinear Dynamics of Shells, Nonlinear Finite Element Analysis of Plates and Shells (eds. by T. J. R. Hughes, et al.), ASME, Vol.AMD-48, p.209-232 (1981)

[53] T. J. R. Hughes, et al. : A Simple and Efficient Finite Element for Plate Bending, International Journal for Numerical Methods in Engineering, Vol.11, p.1529 (1977)

[54] D. P. Flanagan, et al. : A Uniform Strain Hexahedron and Quadlilateral with Orthgonal Hourglass Control, International Journal for Numerical Methods in Engineering, Vol.18, p.679 (1981)

[55] Z.-H. Zhong : Finite Element Procedures for Contact-Impact Problems, Oxford Science Publications (1993)

[56] H. F. Mahmood, et al. : Design of Thin Walled Columns for Crash Energy Management ― Their Strength and Mode of Collapse, SAE Paper, 811302 (1981)

[57] 萩原一郎ほか：有限要素法による薄肉箱型断面真直部材の衝撃圧潰解析，日本機械学会論文集（A編），Vol.55, No.514, p.1407-1415 (1989.6)

[58] S. H. Lee, et al. : International Journal for Numerical Methods in Engineering, Vol.21, p.1935 (1985)

[59] Y. Kitagawa, et al. : Development of a Collapse Mode Control Method for Side Members in Vehicle Collisions, SAE 1991 Transaction Section 6, p.1101-1107 (1992)

[60] 水上 昭：日本ゴム協会誌，Vol.12 (1990)

4 边界元法

FEM、FDM 等是根据边界条件完全或者部分满足分析函数,对整个领域内的支配方程式进行区域性近似求解的方法。与此相对应,作为边界型解法的边界元法(BEM),根据使用领域内满足支配方程式的试行函数,仅对领域边界上的问题进行定型化。也就是说,古典的边界积分法,根据 FEM 法的离散化通过计算机来完成求解的方法即 BEM 法,目前已经发展到了与结构分析的 FEM 法及流动分析的 FDM 法共存的地位。目前,BEM 已经被广泛地应用在发动机、悬架等实体构造的静弹性分析及无限领域内的噪声分析中。因此,本章将对与静弹性分析和噪声分析相关的 BEM 法理论及分析应用案例进行详细的介绍。

4.1 静态结构分析

在设计汽车用锻造、铸造零部件时,为了得到强度平衡状态的最佳形状,需要在各种各样的设计方案中挑选出最终方案。在这个过程中,以应力分析为中心在计算机上进行足够的循环计算是十分重要的。因此,从输入数据的生成到分析结果处理,必须高效地进行。当使用 3 维实体模型进行强度、刚度分析时,对 FEM 与 BEM 进行比较的话,在 CPU 使用时间上 BEM 比 FEM 要多十倍以上,但是从模型的搭建上 BEM 却仅占 FEM 1/10~1/5。

另外,在 FEM 中搭建模型极其困难时,使用 BEM 法则非常容易。当需要搭建发动机、底盘等铸造、锻造零部件的 3 维实体模型时,如果使用 8 节点的 2 阶 BEM 单元,总节点数约为 1000~5000,自由度数约为 3000~15000 个。由于 BEM 法的求解矩阵是整体非对称的,因此对于大规模分析,如果没有超级计算机的协助是无法实现计算的。目前随着超级计算机及分析软件的进步,即使是在 EWS 终端也已经能够完成分析了。

4.1.1 静态结构分析的理论

BEM 的定型化,包括使用位移、表面张力等物理意义明确的变量的直接法和使用势能的间接法,此处就 3 维弹性问题对直接法的定型化和计算流程加以叙述。

对于 3 维弹性问题的虚功原理,是按照下式给定的。

$$\int_{\Omega}(\sigma_{jk,j}+p_k)u_k^* \mathrm{d}\Omega = \int_{\Gamma_2}(t_k-\bar{t}_k)u_k^* \mathrm{d}\Gamma \tag{4-1}$$

式中,σ_{jk} 为应力,p_k 为体积力,t_k 为表面应力,$\bar{t}_k$ 是在 Γ_2 上给定的表面力,u_k^* 为虚位移,假定 u_k^* 满足 Γ_1 上 $\bar{u}_k^*=0$ 同阶边界条件。现在,如果将 u_k^* 解释为在 Γ_1 上不满足该条件的加权系数,则变成下式。

$$\int_{\Omega}(\sigma_{jk,j}+p_k)u_k^* \mathrm{d}\Omega$$
$$= \int_{\Gamma_2}(t_k-\bar{t}_k)u_k^* \mathrm{d}\Gamma + \int_{\Gamma_1}(\bar{u}_k-u_k)p_k^* \mathrm{d}\Gamma \tag{4-2}$$

接下来,对于 3 维线性等方弹性体的平衡方程式可以由下式来表示。

$$\sigma_{jk,j}^* + \Delta_l^i = 0 \tag{4-3}$$

式中,Δ_l^i 为 Dirac 的 Delta 函数,表示在点 i 上作用的 l 方向上的单位力。满足这个公式的众所周知的 Kelvin 解的基本解 u_{lk}^* 及表面力 t_{lk}^*,按照下式给出。

$$u_{lk}^* = \{1/16\pi G(1-v)r\}[(3-4v)\Delta_{lk} + (\partial r/\partial x_1)(\partial r/\partial x_k)] \tag{4-4a}$$

$$t_{lk}^* = \{-1/8\pi(1-v)r^2\}[(\partial r/\partial n)\{(1-2v)\Delta_{lk}$$
$$+3(\partial r/\partial x_l)(\partial r/\partial x_k)\}-(1-2v)\{(\partial r/\partial x_l)n_k$$
$$-(\partial r/\partial x_k)n_l\}] \quad (4\text{-}4b)$$

根据式（4-2）的部分积分进行变形，如果使用式（4-4），最终式（4-2）将变形成下面的公式。

$$u_l^i + \int_\Gamma u_k t_{lk}^* \mathrm{d}\Gamma = \int_\Gamma t_k u_{lk}^* \mathrm{d}\Gamma + \int_\Omega p_k u_{lk}^* \mathrm{d}\Omega \quad (4\text{-}5)$$

点 i 是边界上的点时，u_{lk}^i 的系数将变成不同的值，包含对于这些情况式（4-5）由下式来表示。

$$c^i u_l^i + \int_\Gamma u_k t_{lk}^* \mathrm{d}\Gamma = \int_\Gamma t_k u_{lk}^* \mathrm{d}\Gamma + \int_\Omega p_k u_{lk}^* \mathrm{d}\Omega \quad (4\text{-}6)$$

实际计算时，c^i 的值由刚体位移的条件决定。如果用矩阵来表示式（4-6），则有

$$c^i\{u^i\} + \int_\Gamma [t^*]\{u\}\mathrm{d}\Gamma = \int_\Gamma [u^*]\{t\}\mathrm{d}\Gamma$$
$$+ \int_\Omega [u^*]\{p\}\mathrm{d}\Omega \quad (4\text{-}7)$$

式中，$\{u^i\}$ 是点 i 的具有 x_1，x_2，x_3 方向成分的位移矢量；$\{u\}$ 是边界 Γ 上的任意点的位移适量；$\{t\}$ 是边界 Γ 上任意点的应力矢量；$\{p\}$ 是领域 Ω 内的任意点的物体力矢量；$[t^*]$ 是点 i 在 l 方向上作用单位力时，在 k 方向上产生的力的矩阵；$[u^*]$ 是在点 i 在 l 方向上作用单位力时，在 k 方向上产生的位移矩阵。

将边界面用有限个边界单元分割，各个单元的 $\{u\}$ 和 $\{t\}$ 可以由下式来近似表示。

$$\{t\} = [\phi]^t\{t_j\}$$
$$\{u\} = [\phi]^t\{u_j\} \quad (4\text{-}8)$$

式中，$\{u_j\}$ 及 $\{t_j\}$ 是节点位移及节点力矢量，这些是未知量。作为边界单元，经常使用线形单元、2 阶单元等。将式（4-8）代入到式（4-7）中，则得到下式。

$$c^i\{u^i\} + \sum_{j=1}^n \left\{ \int_{\Gamma_j}[t^*][\phi]^t\mathrm{d}\Gamma \right\}\{u_j\}$$
$$= \sum_{j=1}^n \left\{ \int_{\Gamma_j}[u^*][\phi]^t\mathrm{d}\Gamma \right\}\{t_j\}$$
$$+ \sum_{s=1}^m \left\{ \int_{\Omega_s}[u^*]\{p\}\mathrm{d}\Omega \right\} \quad (4\text{-}9)$$

式中，从 $j=1$ 到 n 的总和表示边界面 Γ 上的 n 个边界单元的所有的和，从 $s=1$ 到 m 的总和表示领域 Ω 内的 m 个小领域的所有的总和。各个边界单元及小领域内的积分计算通常使用数值积分进行。在实行积分计算后，式（4-9）可以由下面的矩阵来表示。

$$[C]\{U\} + [\dot{H}]\{U\} = [G]\{T\} + \{P\}$$
$$[H]\{U\} = [G]\{T\} + \{P\} \quad (4\text{-}10)$$

或

$$[H] = [C] + [\dot{H}]$$

式中，$\{X\}$ 考虑到边界条件，将方程式的顺序加以变化的话则可以得到下式。

$$[A]\{X\} = \{F\} \quad (4\text{-}11)$$

式中，$\{X\}$ 中包含未知的位移和力。求解式（4-11）得到边界上的位移的话，根据下式就可以计算任意点的位移。

$$\{u^i\} = \int_\Gamma[u^*]\{t\}\mathrm{d}\Gamma - \int_\Gamma[t^*]\{u\}\mathrm{d}\Gamma$$
$$+ \int_\Omega[u^*]\{p\}\mathrm{d}\Omega \quad (4\text{-}12)$$

另外，任意点的应力也可以通过微分来计算。当与 FEM 法进行比较时，BEM 法的主要特征汇总如下。

① 由于仅在物体表面上定义即可，求解问题所需要的输入数据、联立方程式数量少。

② 适用于波动传播等的无限边界问题、应力集中问题等。

③ 伴随着微分操作不会产生应力精度下降或者单元之间的应力不连续性问题，解的精度高。

④ 与 FEM 法的刚度矩阵具有的带状矩阵相比，BEM 所使用的矩阵中的所有成分都是非零项。

⑤ 对于非线性问题，1 维单元、2 维单

元的集合体中的应用,和 FEM 法同样有困难。

4.1.2 应用案例

首先,对 BEM 法的单元形状和精度之间的关系进行调查[2]。FEM、BEM 不管是哪一种方法,虽然根据所使用单元的形状函数不同而存在计算精度上的差异,如果某一个单元的形状恶化,一般情况下 FEM 比 BEM 的分析结果精度恶化程度要更大一些。这是由于最终的求解联立方程式的系数矩阵对于 FEM 法为带宽矩阵,而对于 BEM 法则是全局矩阵,这是影响最大的因素。因此,与 FEM 法相比在使用 BEM 法时对单元形状的恶化要多加关注。

图 4-1 和图 4-2 所示是单元形状恶化对分析精度影响的研究案例。被研究对象如图 4-1 所示,包括锐角单元、圆弧单元、圆筒单元以及变形单元,每种单元的误差大小在图 4-2 中分别显示。这种研究将是搭建模型时的有效指导。例如,在图 4-1 中所显示的 9 节点单元,单元的形状恶化在某种程度是允许的。但是,如果所有的单元都是 9 点单元,那么计算机的负荷会相当大。因此,只需对有形状恶化的单元从 8 节点向 9 节点自动转换。

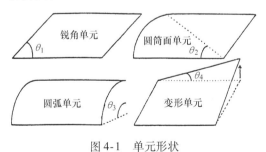

图 4-1 单元形状

a. 在底盘部件上的应用

首先,以形状单一的转向节控制臂为例进行 BEM 分析,并与 FEM 分析结果和实验测试结果进行对比。图 4-3[2]中是转向节控制臂的 BEM 模型,图 4-4 中是 FEM 模型,

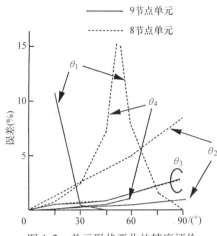

图 4-2 单元形状恶化的精度评价

图 4-5 中是与应力分布的实验测试值的比较。在图 4-5 中,是转向节控制臂的棱线(图 4-3[2]中的①~③)位置的应力比较结果,BEM 与 FEM 首先展现出一致的倾向,同时应力幅值也与实测的峰值一致。虽然 BEM 法的 CPU 使用时间更多一些,但是模型搭建时间只为 FEM 法的 1/5 左右,与 FEM 法相比总的分析时间大幅度地缩短了。其次,在 FEM 法中建模困难的形状复杂的底盘件,如例中的转向节控制臂,可以通过形状优化来缓解应力集中现象。

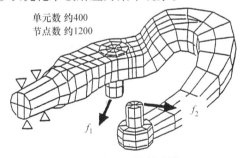

图 4-3 转向节控制臂模型

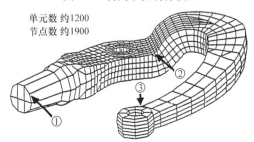

图 4-4 转向节控制臂 FEM 模型

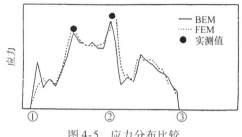

图 4-5　应力分布比较

图 4-6 中显示的是形状变更后的转向节控制臂模型，图 4-7 中分别是变更前后的应力分析结果。形状优化后应力呈现出有所缓和的迹象。在这个研究案例中，BEM 模型的搭建时间约为 30min，形状变更大约 5min 即可以完成。而 FEM 法对这种复杂的形状，在修改形状时有时甚至需要大部分重新生成，在设计现场的实用性还有困难。在修改形状时 BEM 法更容易些，因此 BEM 法的实用性更强。

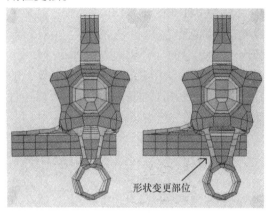

图 4-6　转向节控制臂模型

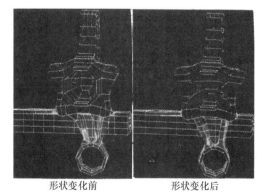

图 4-7　后桥壳体应力分布

最后再举一个底盘部件中形状复杂的例子。图 4-8 ~ 图 4-10[2] 分别是转向系统的转向节、制动缸体、后桥壳体的模型及其应力分布情况。这些底盘部件的模型搭建很容易，通过形状修改等手段在设计过程中发挥很好的作用。

图 4-8　转向节应力分布

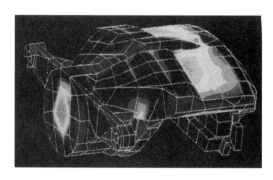

图 4-9　制动缸体应力分布

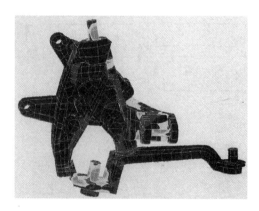

图 4-10　后桥壳体应力分布

b. 在发动机部件上的应用

此处，介绍一下连杆、曲轴等发动机零部件上的应用案例。首先，图4-11[5]中显示的是在连杆上施加拉伸载荷时大头孔的变形分析结果，图4-12[5]中显示的是连杆小头、杆身以及大头处的应力实测和分析结果的对比。其次，再以FEM法中建模困难的带油路孔的曲轴分析为例。图4-13[5]中是对曲轴上的V形油路孔也划分出了详细单元的BEM模型，图4-14[5]中是油路孔位置的应力分布。

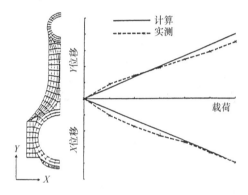

图4-11 连杆大头孔变形分析结果

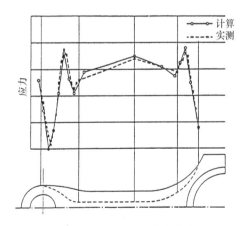

图4-12 连杆上的应力分布

如上所述，对具有内部形状的部件进行FEM分析时，忠实地对两种模型的节点不一致部位进行处理是十分困难的，可以说是几乎不可能的。事实上，对于图4-13中所示的形状，在设计现场进行FEM分析时，可能会出现令人犹豫不决的情况，此时更需要对形状变更进行详细的分析验证。实际中，在限定周期内进行产品设计，FEM方法对带油路孔的曲轴进行形状变更几乎是不可能的。但是，对于这种情况，BEM方法就很容易实现，其实用性更高。

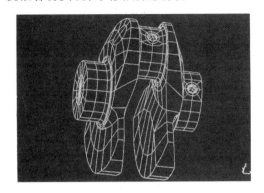

图4-13 曲轴V形油路孔BEM模型

4.2 在声场分析中的应用

与汽车相关的声音问题，对提高商品性极为重要，汽车产品试制时的评价项目约有半数以上是噪声、异响对策。另外，近年来对环境的关注越来越高，降低车外噪声的需求也日益加大。声场分析与机械设计领域的应力强度分析、振动分析等相比，其实用性的开展要迟很多，基于上述多方面的原因其必要性逐渐得到强化。在机械设计阶段对机械产生的噪声进行预测，机械的低噪声化设计是设计过程中不可欠缺的技术。BEM作为声场分析的数值解析手段其实用化得到了飞速发展。

在进行声场分析时，作为分析对象的空间到底是封闭空间或者开放空间其处理方式是不同的。对于汽车产品，车内声场分析是代表性的封闭空间内的分析，而车外噪声分析则是典型的开放空间内的分析。

声场分析是作为后面将要介绍的标量势能问题而定型化的。对于内部问题FEM法应用得要更加早一些，车内的声场特性分析案例早在 20 世纪 70 年代左右就已经开始了。特别是通用结构分析软件的使用已经成为可能，3 维单元的车内声场分析已经达到了实用化程度。但是，FEM 法必须对分析领域进行单元分割，应用到外部问题上时就会有各种各样的问题发生。例如，生成到无限远的地方的单元事实上是不可能的，因此必须设定假想的无限边界。这时边界条件的设定方法将成为问题。基于这些理由，对于外部问题利用积分方程式进行定型化是常用的方法。积分方程式是美国海军在 1960 年左右开始研究的[6,7]。基于积分方程式的各种数值计算方法于 1980 年左右与 BEM 法开始统合，数值计算方法开始确立。即使是对于声场分析也开发了通用的分析软件，在汽车噪声问题上的应用也在不断地推进[9]。BEM 最大的特征是可以将分析领域内的单元降低一个阶次。因此，3 维模型的搭建非常容易，不仅是对外部问题，在内部问题上也同样适用。

此处，首先对噪声发生的原理和声场分析的关系加以整理。汽车发出来的噪声是多种多样的，分析所有的问题是不可能的。现阶段所涉及最多的问题是与结构振动相关的噪声问题。

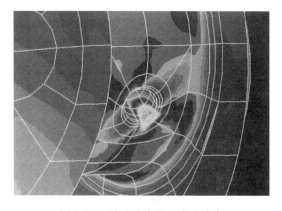

图 4-14　油路孔位置的应力分布

提到车内噪声，图 4-15 中显示的是噪声发生的原理。在车内能够听到的噪声源头，包括发动机的振动、路面传来的振动等振动源，或者发动机本身就是噪声源。振动源发生的振动向车身、悬架、驱动系统传递，引起车身的振动。声音是空气压力变动的结果，作为声源的发动机振动也会引起车厢壁板振动。构成车身的壁板将成为声音的放射体，声音向车内放射，坐在车内的乘员就能听到声音。声压是表示空气压力变动的物理量，声压级是根据人的听觉特性进行修正后的评价值。

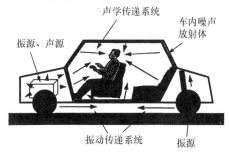

图 4-15　车内噪声发生原理

上述噪声问题从分析的立场来整理的话如图 4-16 所示。这里仅考虑振动源。结构振动分析覆盖了从激励源到作为放射体的结构振动，声场分析则是以从放射体向空间放射出来以及在空间内的传递为对象。另外，声压是结构体的激振力反馈回来的压力变动。即，由于振动而产生的声音，再次使振动状态发生变化，其结果是使产生的声音发生变化这一闭环。无法忽视这种现象时，必须将结构与声场的耦合一起考虑。像这样噪声分析时必须同时考虑结构振动分析和声场分析的情况，本节中将仅限于对声场分析加以说明。

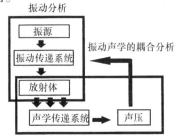

图 4-16　噪声问题分析过程整理

4.2.1 声场分析方法

a. 声场的基础方程式

声压 P 是由以下的波动方程式决定的。

$$\frac{\partial^2 P}{\partial x^2} + \frac{\partial^2 P}{\partial y^2} + \frac{\partial^2 P}{\partial z^2} - \frac{1}{c^2}\frac{\partial^2 P}{\partial t^2} = 0 \quad (4\text{-}13)$$

式中，声压 P 是空间位置 (x, y, z) 及时刻 t 的函数；c 是声音在空气中的传播速度。虽然边界条件有各种各样的形式，但是一般来说边界法线方向上的粒子速度 V 可以用下式表达。

$$\frac{\partial P}{\partial n} = -\rho \frac{\partial V}{\partial t} \quad (4\text{-}14)$$

式中，n 是边界上面向领域而定义的法线方向；ρ 是空气密度。声场的分析是在假定的简谐振动的频率范围内进行的。

也就是说，相对于角振动频率 ω，声压 P、粒子速度 V 可以由下式表示。

$$P = pe^{j\omega t}, \quad V = ve^{j\omega t} \quad (4\text{-}15)$$

式中，j 是虚数单位。下面将 p、v 称为复数形式的声压、粒子速度。

将式（4-15）代入式（4-13）、式（4-14），将得到下面的赫尔姆霍兹方程式和边界条件。

$$\frac{\partial^2 P}{\partial x^2} + \frac{\partial^2 P}{\partial y^2} + \frac{\partial^2 P}{\partial z^2} + \kappa^2 p = 0 \quad (4\text{-}16)$$

$$\frac{\partial p}{\partial n} = -j\rho w v \quad (4\text{-}17)$$

式中，$\kappa = \omega/c$，称为波数。

b. 积分方程式

在 BEM 中将支配方程式变换为积分方程式之后，就可以通过数值方法来求解。在向积分方程式变换时，一般包括两种方法，其一是将点声源作为基础方程式的特异根分布到边界上的间接法，另一种是利用格林（Green）公式的直接法。最近使用较多的是将声压作为变量的直接法。此处我们先来考虑内部问题，图4-17中，边界为 S，分析领域为 Ω。格林公式的解 F、G 用下式表示。

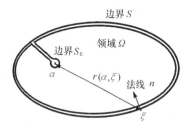

图 4-17 格林公式

$$\int_\Omega (F \nabla^2 G - G \nabla^2 F) d\Omega = \int_s \left(F \frac{\partial G}{\partial n} - G \frac{\partial G}{\partial n} \right) dS \quad (4\text{-}18)$$

G 是式（4-16）的特异根（基本解）。由下式表达。

$$G(\alpha, \xi) = \frac{1}{4\pi} \frac{\exp(-j\kappa r(\alpha, \xi))}{r(\alpha, \xi)} \quad (4\text{-}19)$$

F 用声压 p 来表示。式（4-19）中点 a 处的点声源用 (α, ξ) 点处生成的声压来对应。此处 r 是两点之间的距离。当式（4-19）中的 2 点一致时，r 将变为 0，这一些在使用时要加以注意。因此，从 a 包围起来的微小半径 ε 导入边界 S_ε。此时，式（4-18）将变为

$$\int_{S+S_\varepsilon} \left(p \frac{\partial G}{\partial n} - G \frac{\partial p}{\partial n} \right) dS = 0 \quad (4\text{-}20)$$

当取极限值 ε 时，有

$$C(\alpha)p(\alpha) + \frac{1}{2\pi}\int_S p(\xi) \frac{\partial}{\partial n}\left(\frac{\exp(-j\kappa r)}{r}\right) dS$$
$$= \frac{1}{2\pi}\int_S \frac{\partial p}{\partial n} \frac{\exp(-j\kappa r)}{r} dS \quad (4\text{-}21)$$

式中，$C(\alpha)$ 是与 α 的位置对应的常数。

$$C(\alpha) = \begin{cases} 2, & \alpha \text{ 在 } \Omega \text{ 内部} \\ 1, & \alpha \text{ 在 } S \text{ 上} \\ 0, & \alpha \text{ 在 } \Omega \text{ 外部} \end{cases} \quad (4\text{-}22)$$

考虑到 α 为 S 上的点，p 在 S 上的法线微分方程由式（4-17）指定时，式（4-21）将变为边界 S 上的以声压 p 为变量的积分方程式。

上面的说明虽然是关于内部问题的，对于外部问题，如果假设无限远处的声压为0这样的条件，可以得到物体表面为边界S同样的积分方程式。但是，法线方向与内部问题是相反的，这一点要加以注意。

c. 离散化

利用积分方程式（4-21）进行数值求解时，需要以下几个条件：①对领域S进行单元分割；②变量P的单元上的近似；③方程式近似满足化。对于每一个条件虽然存在各种各样的方法，下面仅就简单且利用率最高的方法加以介绍。

将边界面S用N个三角形或者四边形单元进行分割，各单元的图形中心定义为节点。单元上的未知变量为声压p以及由边界条件指定的粒子v，近似为在单元上一定，用节点的值来近似。为了近似满足积分方程式，采用选点法。即，如果要求积分方程式在各单元的节点上满足要求，将得到关于N个未知数的N个方程式。这些方程式的行列式形式将由下式表示。

$$[A]\{p\} = [B]\{v\} \quad (4-23)$$

行列式$[A]$、$[B]$的成分a_{ij}，b_{ij}意味着单元j对节点i的影响，具体来说是根据单元j上的积分来计算[10]。

如果求解式（4-23），就可以求得边界上的声压分布。根据上述的离散化方法对边界进行积分，就可以对空间内的某个点的声压进行评价和计算。

d. 解的唯一性问题

对于外部问题，求解式（4-23）时就会出现被称为"解的一致性"问题。这是由于在特定的波数k或者圆振动频率ω时，行列式$[A]$变为0，与之对应的是式（4-23）将无法求解。这个波数是与物体内部假想的封闭空间的固有值对应的。对于内部问题，像这样的波数（或者频率）会产生共鸣。但是对于外部问题共鸣这样的物理现象是不存在的，上述的问题，仅仅是数值解析上的问题罢了。

回避解的唯一性问题的方法虽然有各种各样的提案，最常用的是Schenck法[6]。现在考虑物体内部假定的点α_m。由于这个点是分析领域以外的点，式（4-21）中的$C(\alpha)$项为0。将这个关系式进行离散化，与式（4-23）同时求解。此时，应该求解的方程式为$(N+1)$个，因为多于变量N，所以使用最小二乘法求解。内部点α_n的个数及位置与计算精度之间的关系可以参阅其他的文献[11]。

e. 声场解析环境条件

当边界面上粘贴有吸音材料时，边界的振动速度与粒子速度v不一致，该速度差为边界上的粒子相对速度$v_r = v - v_s$。这个相对速度和声压的比称为声学导纳Y，则有下式成立。

$$v = v_s + Yp \quad (4-24)$$

声学导纳Y或者其倒数（称为声学灵敏度）的值相对于吸音材料是可以测试的，式（4-24）中的振动速度v_s和声学导纳作为边界条件来指定。图4-18为从声场角度来观察车内空间。

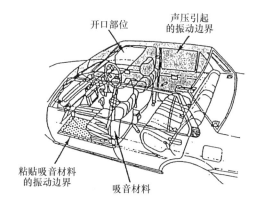

图4-18 从声场角度来观察车内空间

如果结构上存在开口部位，假定在开口部位用无限大的隔音板包围住，就可以计算该部分的声学导纳（或者声学灵敏度）了。使用式（4-24）时，设振动速度v_s为0，指定开口部位的声学导纳。

当考虑结构和声场的耦合情况时,由于振动速度本身也会由于声压的作用而产生变化,必须对声场分析和振动分析同时耦合求解。如果使用振动分析模态法,就可以根据通用的结构分析软件,利用模态模型进行求解了。

f. 噪声对策的指标

为了使声学分析的结果能够有效应用在解决噪声的问题上,工程上必须将数据处理成容易理解的形式。下面将对解决噪声对策的指标进行总结。

(i) 声学灵敏度 利用单位面积上透过的声能计算声功率,了解声强的流向时使用。

(ii) 声功率和声音放射效率 物体放射出来的声音的能量总和 W,在物体表面上对声学灵敏度进行积分即可求得。声音放射效率 e、声功率 W 可以根据下式进行消元化。

$$e = \frac{W}{\rho c S <v_s^2>} \quad (4-25)$$

式中,S 为物体的表面积;$<v_s^2>$ 为物体的平均二乘速度;ρc 为空气的特性声阻抗。声音放射效率表示以转化为声音的效率,如果这个值小,说明即使是相同的振动级别,产生的放射噪声是小的。即使是声音放射效率相同的物体,也会因振动模式的不同而有所差异。一般来说,相对于声音的波长振动模态的波长越短则声音放射效率越小[12]。

(iii) 声压贡献量 空间内某点的声压与物体表面的振动速度呈线性关系。根据对这个系数的调查,可以计算各个单元的振动对声音的贡献量。对贡献量较大的单元的振动进行控制即可有效降低噪声[9]。

(iv) 声压灵敏度 相对于边界振动速度的变动,对声压的变化量进行计算。根据计算结果就可以预测相对于振动速度的变化而带来的声压的变化量。

4.2.2 应用案例

首先举一个难以使用 FEM 法的无限场案例。下面所使用的单元均为 4 节点的一定单元。

a. 在排气消声器分析中的应用

作为预测排气消声器声学特性的方法,利用一元平面波的传递矩阵法自从很早以前就开始了,但是存在着计算精度差、无法进行超过边界频率的高频分析等问题。另外,由于消声器的内部构造复杂,使用 FEM 法时需要花费大量时间去搭建模型。因此,以 BEM 法对声学特性的预测方法为例加以介绍。

图 4-19 中显示的是 3 腔消声器的内部构造及 BEM 模型。为了调校消声器的声学特性而设置的小通孔部分,孔的位置及其开口用面积相同的缝隙进行模型化。输入管端开有小孔和没有小孔的情况分析结果与实验结果进行对比,如图 4-20 所示。有小孔时声学特性虽然出现较大变动,但是到 650Hz 为止与实验值呈现较好的一致性。而在此以上的频率范围内实测值与计算值则会出现偏差,认为是单元尺寸较粗大造成的。另外,在入口管处开有小孔的 3 腔消声室且共鸣频

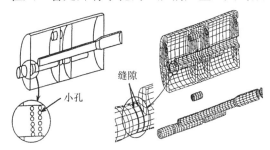

图 4-19 3 腔消声器的构造和 BEM 模型

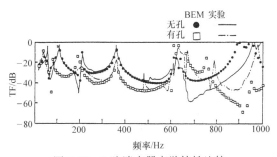

图 4-20 3 腔消声器声学特性比较

率为 640Hz 的消声器内,声压及相位的分布结果如图 4-21 所示。这种声压分布可以根据计算来求得,因此可以判断消声器内部哪个位置出现较强共鸣,进而可以据此进行结构上的优化。

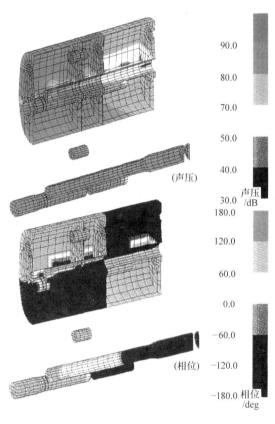

图 4-21 声压及相位分布

b. 在车室内声学分析中的应用

以路面噪声为代表的车室内声学分析,一般是使用 FEM 法。这是由于固有值分析及模态叠加法的应用是可行的。但是使用 FEM 法时,使用复杂的车身板件上的结构模型节点来生成声场的实体模型是相当困难的。由于 BEM 法可以原封不动地使用结构上的节点来生成声场模型,在搭建模型时具有巨大的优势。例如,测试数据中的测试点可以原样导入到 BEM 声场模型中。车室内空间的 BEM 分析结果如图 4-22、图 4-23 所示。像这样了解了车室内空间的固有模态、频率特性等,在其基础上就可以进行一系列评价和优化了。

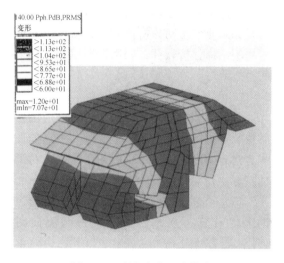

图 4-22 车室内的固有模态

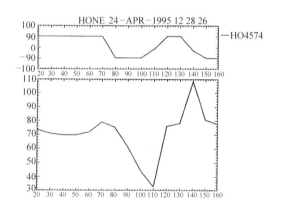

图 4-23 频率特性

c. 在车外噪声分析中的应用

作为放射声场的典型例子为车外噪声的分析案例[15]。车外噪声的主要声源是发动机。由于发动机表面的振动而产生的放射噪声,一部分直接向外部环境放射,而另外一部分则经过发动机舱或者地面构成的声场共鸣或者反射的反复后,放射到车外环境中。因此,决定噪声大小的主要因素是发动机表面振动、发动机舱及发动机的各表面的形状、吸音特性、相对位置、测试点的位置等。在考虑这些因素的基础上进行 BEM 模型化。

图 4-24 中显示的是车外放射声场分析的 BEM 车辆模型和发动机模型。为了降低计算机的负荷，省略驾驶室、下地板后部并且只取对称模型中的一半。另外，将作为声源的发动机表面划分为 5 个区域，分别求每个部分的放射噪声。由于各部分振动之间的相关性很小，假定由每一部分的振动能量相加关系是成立的，那么发动机全体的放射噪声可以由 5 个部分综合得到。另外，当放射噪声时作为输入值的发动机表面振动速度使用的是实测结果。另外，边界设为刚体，吸音材料的设置部位由声学灵敏度结果指定。

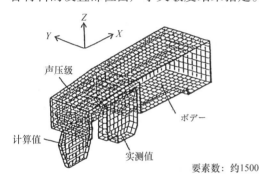

图 4-24　发动机放射噪声频率特性的比较

图 4-25、图 4-26 中是车辆前方 7.5m 处的传声器测得的频率特性、声压分布的计算结果以及与实测结果的比较。不管是哪一种情况都具有很好的一致性。

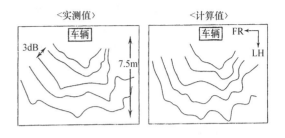

图 4-26　放射噪声实测与计算结果比较

总结

本章中对现在的 BEM 利用率最高的两个领域进行了介绍：① 锻造、铸造零部件如发动机及悬架基于 3 维实体模型的强度刚度分析；② 排气吐出噪声和车内外噪声分析。关于前者，由于所得到的矩阵不具有频段性和对称性等，虽然计算负荷比 FEM 法大，但是基本模型的搭建及变更比 FEM 法要容易得多，因此在设计上能更有效发挥作用。另外，相对于 BEM 法上述的缺点，由于一个单元的精度恶化导致整个计算精度下降的不利点，在初次使用 BEM 法时必须对单元的质量进行严格检查和控制。

而关于后者，介绍了 FEM 法不擅长的无限领域内的分析，如车外噪声分析，以及 FEM 法建模困难的过于复杂的排气吐出噪声分析，另外还介绍了将车身板件的振动值作为输入激励来计算车内噪声的案例。像这些 BEM 法和 FEM 法相辅相成的关系，随着软件和硬件进步的同时变得越来越重要了。例如本章中未曾提及的，如果 BEM 法能够进行固有值分析，将会对设计更加有效。今后将期待这一方面的研究成果。

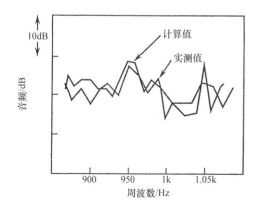

图 4-25　放射噪声分布的比较

［萩原一郎・都井裕・铃木真二・堀田直文］

参 考 文 献

[1] C. A. Brebbia : The Boundary Element Method for Engineers, Pentech Press Ltd. (1978)

[2] 堀田直文ほか：境界要素法による鋳・鍛造部品の静弾性解析（第1報），TOYOTA Technical Review, Vol.41, No.2 (1991)

[3] 汎用境界要素法プログラムSURFES使用説明書，㈱CRC総合研究所

[4] MSC/NASTRAN USER'S GUIDE (V68), The Macneal-Schwendler Co.

[5] 中村己喜男ほか：境界要素法による鋳・鍛造部品の静弾性解析（第2報；エンジン部品への適用），TOYOTA Technical Review, Vol.41, No.2 (1991)

[6] H. A. Schenk : Improved Integral Formulation for Acoustic Radiation Problems, Journal of the Acoustical Society of America, Vol.44, p.41 (1968)

[7] L. H. Chen : Development in Boundary Element Methods-2, Applied Science Publications, New York, p.245 (1982)

[8] C. A. Brebbia, et al. : Boundary Element Techniques in Engineering, London, Newnes-Butterworth (1979)

[9] S. Suzuki, et al . : ACOUST BOOM-A Noise Level Predicting and Reducing Computer Code, Boundary Elements VIII, Berlin, Springer-Verlag, p.105 (1986)

[10] S. Suzuki, et al. : Boundary Element Analysis of Cavity Noise Problems with Complicated Boundary Conditions, Journal of Sound and Vibrations, Vol.130, No.2, p.79 (1989)

[11] A. F. Sybert, et al. : The Use of CHIEF to Obtain Unique Solutions for Acoustic Radiation Using Boundary Integral Equations, Journal of Acoustical Society of America, Vol.81, p.1299 (1987)

[12] S. Suzuki : Applications in the Automotive Industry, in Boundary Element Methods in Acoustics (eds. by R. D. Ciskowski and C. A. Brebbia), Computational Mechanics Publications and Elsevier Applied Science, p.131 (1991)

[13] R. J. Bernhard, et al. : Acoustic Design Sensitivity Analysis in Boundary Element Methods in Acoustics (eds. by R. D. Ciskowski and C. A. Brebbia), Computational Mechanics Publications and Elsevier Applied Science, p.77 (1991)

[14] 小林義明ほか：領域分割型境界要素法による排気消音器の音響特性の解析，自動車技術会論文集，Vol.24, No.2, 9303654 (1993)

[15] 古山正明ほか：乗用車の車室内音場解析，自動車技術会学術講演会論文集，No.902, 902196 (1990.10)

[16] 西村靖彦ほか：境界要素法を用いた車外騒音の音場解析，自動車技術会学術講演会論文集，No.924, 924094 (1992.10)

5 差 分 法

一般的流动基础方程式是由连续公式、运动方程式及能量方程式组成的，每部分都表示流体运动的质量、运动量及能量的守恒法则。求解这些方程式对流场进行数值预测是流体力学（Computational Fluid Dynamics, CFD）的目的。流体现象当然是非常复杂的，以上所述的基础方程式虽然在多种场合都非常有效，但是求得方程式的解却很困难。例如，如果想预测汽车流场中重要的湍流现象，在100km/h时车身周围产生的湍流由各种各样的涡流构成，对所有这些涡流进行数值分析的话则至少需要10^{13}个计算点。即使现在的计算机已经有了飞速发展，在现阶段仍然无法完成这样的任务。因此CFD研究所面临的课题是准确而且高效地求解流体运动方程式的数值分析方法的开发，以及对湍流等复杂的现象进行模型化，得到能够计算的方程式这两个方面。

像这种以流场整个范围内为分析对象的流体分析，与结构分析相比一般需要更多的计算点。在处理汽车流场这样的形状和现象都比较复杂的对象时，即使对湍流模型做了适当的简化，计算点仍然达到数百万级别，因此，CFD研究从最初开始就已经积极地在使用超级计算机，从计算效率的观点来看基于差分法的研究已经得到了飞快发展。以下结合汽车工程相关现象，对这方面的研究成果以及一部分应用案例进行介绍。

5.1 流体基础方程式和差分法

为了理解CFD分析中大规模数值计算的必要性，必须从流场的数值分析计算精度和数值误差这两方面来考察。如果用假定的非压缩性流体基础方程式来考虑车身周围及发动机舱内的情况，连续方程式和运动方程式由下式表达。

$$\frac{\partial u_j}{\partial x_j} = 0 \quad (5\text{-}1)$$

$$\frac{\partial u_j}{\partial t} + u_j \frac{\partial u_i}{\partial x_j} = -\frac{1}{\rho}\frac{\partial p}{\partial x_i} + v\frac{\partial^2 u_i}{\partial x_j \partial x_j} + F_i \quad (5\text{-}2)$$

非压缩性流体的能量守恒法则以温度方程式来表示，对流场施加直接影响的是浮力，由式（5-2）的外力项F_i来表示。因此，常常将式（5-1）、式（5-2）视为基础方程式。出现湍流的雷诺数较大的流场分析时，特别是对对流项[式（5-2）左边第2项]的评价是非常重要的。

评价差分法的近似精度时一般常用的是Taylor级数展开的截止误差。例如，在对流项出现的1阶微分中心差近似。

$$\frac{du}{dx} = \frac{1}{2h}(u_{i+1} - u_{i-1}) - \frac{1}{6}\frac{d^3 u}{dx^3}h^2 + \cdots \quad (5\text{-}3)$$

与网格宽度h相关的最低阶次的误差约为$1/6(d^3 u/dx^3)h^2$，称之为"差分scheme二次精度"。与其相对应，迎风差分则变为

$$\frac{du}{dx} = \frac{1}{h}(u_i - u_{i-1}) + \frac{1}{2}\frac{d^2 u}{dx^2}h - \frac{1}{6}\frac{d^3 u}{dx^3}h^2 + \cdots \quad (5\text{-}4)$$

最低阶的误差项$1/2(d^2 u/dx^2)h$为1次精度。这里所说的精度，具体来说如果网格的宽度为$(1/a)$的话，则误差意味着按照$(1/a)$单次幂、2次幂减小。如果网格宽度有2倍的差异，根据两个计算网格$(h,2h)$所得到的分析结果，当使用1次精度、2次精度时，其数值误差分别为

$$\varepsilon_h \sim |u_h - u_{2h}| \quad (5\text{-}5a)$$
$$\varepsilon_h \sim |u_h - u_{2h}|/3 \quad (5\text{-}5b)$$

这种评价方法，对于非线性方程式不一定正确，对于误差较小（10%以下）时是有效的。

比较式（5-3）、式（5-4），迎风差分

可以作为中心差分的附加项由下式来表示。

$$\frac{1}{h}(u_i - u_{i-1}) = \frac{1}{2h}(u_{i+1} - u_{i-1})$$
$$- \frac{1}{2h}(u_{i+1} - 2u_i + u_{i-1}) \quad (5-6)$$

右边的附加项正如以上所述的迎风差分的误差项的差分近似值,可以理解为与黏性的扩散项具有相同效果,而黏性是根据2阶微分表达式定义的。迎风差分对数值振动的抑制是这个附加项实现的,将其称为数值(人工)黏性。它发挥作用的同时,所得到的数值解中还包含多余的扩散效果。

上述观点是说到Taylor展开式的高阶项为止,所考虑的差分公式可以原状展开,例如,在4次精度中心差分中附加4阶微分,3次精度迎风差分一般的表达式为

$$\frac{\mathrm{d}u}{\mathrm{d}x} = \frac{1}{12h}(-u_{i+2} + 8u_{i+1} - 8u_{i-1} + u_{i-2})$$
$$+ \frac{\alpha}{12h}(u_{i+2} - 4u_{i+1} + 6u_i - 4u_{i-1} + u_{i-2}) \quad (5-7)$$

式中,系数 α 虽然可以任意选择,但实际上一般都是选择 $\alpha = 3$($k-k$格式)和 $\alpha = 1$(UTOPIA格式)。对于这种情况,4阶微分虽然表示一种黏性效果,但是对局部数值分析稳定性的影响比2阶微分的黏性扩散项发挥了更好的效率。对于解的变动网格宽度如果取适当的值,与物理黏性扩散比较,能够将数值黏性误差控制在很小范围内。另外,根据有限体积法(control volume法)定型化公式(5-8)经常用到。

$$\frac{\mathrm{d}u}{\mathrm{d}x} = \frac{1}{h}(u_{i+\frac{1}{2}} - u_{i-\frac{1}{2}}),$$
$$u_{i+\frac{1}{2}} = \frac{1}{2}(u_{i+1} + u_i) - \gamma(u_{i+1} - 2u_i + u_{i-1})$$
$$(5-8)$$

($\gamma = 1/3$ 2阶顶风差分,$\gamma = 1/8$:QUICK,$\gamma = 0$:2阶中心差分)

图5-1中是对上述这些数值黏性影响的

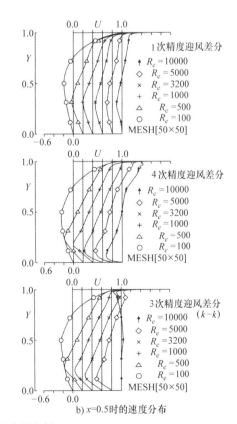

a) 流线图   b) x=0.5时的速度分布

图5-1 驾驶室内流场分析案例

验证案例，在上壁面移动的 2 维腔体的层流问题，用 50×50 的等间隔网格根据多个差分格式来分析。流线图 a）对任一个黏性都显示出很稳妥的结果，断面速度分布从 b）中可以得知，1 次精度迎风差分的解在 $R_e > 500$ 时已经能够很顺利地计算了，结论是误差作为"数值黏性"在起作用。另一方面，对于 3 次精度的迎风差分，在 $R_e < 5000$ 的范围内与 4 次精度中心差分结果高度一致，在这个条件下 2 阶微分的数值黏性可以控制得充分小。如果使用 1 次精度迎风差分得到了同等程度的近似，这个问题在 $R_e = 1000$ 时必须有 10 倍以上的网格节点数。从以上分析结果可以确定，一般来说高雷诺数流动分析一阶迎风差分是不合适的。

但是，当 $R_e = 10000$ 时，可以根据 4 次精度中心差分在上表面的移动壁附近得到结论。当中心差分适用于较为粗大的网格尺寸时通常会产生一些问题，壁面附近急剧变化的速度分布用这样的网格是得不到结果的。另外，对于振动分析中得不到的结果根据 3 次精度迎风差分可以显示出非稳定的变动。对于这种情况，数值误差的影响并没有明确，迎风差分也不一定得到稳定解，根据不同的情况也许从物理模型能得到适当的差分格式（例如，TVD 冲击波捕获格式或者湍流分析的壁函数模型），基本来说网格的尺寸需要尽可能细化。

5.2 湍流的处理

工业中感兴趣的流动，包括与汽车相关的多种流场，一般被称为湍流，是复杂的结构所具有的流场。这种湍流现象根据被称为 NAVIER‐STOKES 方程式的偏微分方程式来描述，在很久以前就广为人知，在没有高速、大容量的电子计算机时代，除了一些具有特殊的解析解的流场，对于 3 维、非稳定、非线性性质的方程式的数值求解根本是不可能的。因此近年来，由于电子计算机飞速发展和与湍流现象相关的进展[1]，基于一定假设成分的 NAVIER‐STOKES 方程式的数值解法已经成为可能（表 5-1）。

另外，关于 NAVIER‐STOKES 方程式的直接解法，需要与雷诺数的 9/4 次幂（$R_e^{9/4}$）成比例的庞大的网格数，除了简单形状的较小雷诺数的流场以外，现阶段实质上是不可能的。

表 5-1 数值解法的分类

非黏性模型	板件法
	离散涡流法
	边界层法
时间平均（整体）模型	$k-\varepsilon$ 模型
	低雷诺数型 $k-\varepsilon$ 模型
	代数应力模型（ASM）
	应力方程式模型（RSM）
空间平均模型（LES）	SGS 模型
直接解法	差分法
	迎风偏差分法
	频谱法
其他	3 次精度迎风差分法的模拟解法

5.2.1 基于雷诺方程式的解法

工业上以流场为研究对象时，了解流场物理量的平均运动是第一要务。根据雷诺方程式、NAVIER‐STOKES 方程式，各个物理量是由平均值和变动成分的和来表达的，即

$$\frac{\partial U_i}{\partial t} + \frac{\partial}{\partial x_j}(U_j U_i) = -\frac{1}{\rho}\frac{\partial P}{\partial x_i} + \frac{\partial}{\partial x_j}\left\{v\frac{\partial U_i}{\partial x_j} - \overline{u_i u_j}\right\} \tag{5-9}$$

式中，U_i，u_i 是方向 i 的平均速度和变动成分。v 是流体的动态黏性系数。右边的第 2 项中 $-\overline{u_i u_j}$ 称为雷诺应力项。如果去除该项，雷诺方程式在形式上和 NAVIER‐STOKES 方程式是相同的。根据这个雷诺应力模型化方法的差异，可以生成各种湍流模型。

a. $k-\varepsilon$ 模型

目前,对于各种各样的湍流有很多的计算案例,$k-\varepsilon$ 模型就是两方程式模型其中之一。该模型采用假定的涡流黏性,雷诺应力由下式表达。

$$-\overline{u_i u_j} = \nu_t \left(\frac{\partial U_i}{\partial x_j} + \frac{\partial U_j}{\partial x_i} \right) - \frac{2}{3} k \delta_{ij}$$

(5-10)

式中,δ_{ij} 是函数;k 是湍流能量 $-(\overline{u_i u_j}/2)$;ν_t 是湍(涡)流黏性系数。位置和时间的函数 ν_t 与动态黏性系数 ν 相比为下面的形式:

$$\nu_t = C_\mu \frac{k^2}{\varepsilon}$$

(5-11)

式中,ε 是湍流能量消散率($\nu \overline{(\partial u_i/\partial x_j)(\partial u_i/\partial x_j)}$)函数。另外 k、ε 分别是根据求解输送方程式来求解。即

$$\frac{\partial k}{\partial t} + \frac{\partial (U_i k)}{\partial x_i} = \frac{\partial}{\partial x_i} \left\{ \left(\nu + \frac{\nu_t}{\sigma_k} \right) \frac{\partial k}{\partial x_i} \right\} + P_k - \varepsilon$$

(5-12)

$$\frac{\partial \varepsilon}{\partial t} + \frac{\partial (U_i \varepsilon)}{\partial x_i} = \frac{\partial}{\partial x_i} \left\{ \left(\nu + \frac{\nu_t}{\sigma_\varepsilon} \right) \frac{\partial \varepsilon}{\partial x_i} \right\} + C_{\varepsilon 1} \frac{P_k \varepsilon}{k} - C_{\varepsilon 2} \frac{\varepsilon^2}{k}$$

(5-13)

式中,$P_k = \nu_t (\partial U_i/\partial x_j + \partial U_j/\partial x_i)(\partial U_i/\partial x_j)$,$\sigma_k$、$\sigma_\varepsilon$、$C_{\varepsilon 1}$、$C_{\varepsilon 2}$ 是常数。表 5-2 中的标准 $k-\varepsilon$ 模型就是表示这些常数。

表 5-2 标准 $k-\varepsilon$ 模型的数值常数

$C_\mu = 0.09$
$\sigma_k = 1.0$
$\sigma_\varepsilon = 1.3$
$C_{\varepsilon 1} = 1.44$
$C_{\varepsilon 2} = 1.92$

标准 $k-\varepsilon$ 模型并不能再现所有的流场。特别是有剥离流场、逆压力斜率的流场[2]、旋回流场[3]、与固体壁面冲突的流场[4]等,标准 $k-\varepsilon$ 模型在这些流场内都不能得到正确的结果。

b. 低雷诺数型 $k-\varepsilon$ 模型

在墙壁附近分子黏性是占支配地位的,由于墙壁的存在湍流的非等方性被强化。为了表现这些湍流的运动状态,考虑低雷诺的效果和到墙壁面距离的影响而假设了修正函数,并将其补充到标准 $k-\varepsilon$ 模型的数值常数中。低雷诺数型 $k-\varepsilon$ 模型虽然有很多个提案,此处根据安倍等人[5] 的 C_μ,$C_{\varepsilon 1}$,$C_{\varepsilon 2}$ 相关的修正函数来表示。

$$f_\mu = [1 + (5/R_t^{3/4}) \exp\{-(R_t/200)^2\}] \cdot \{1 - \exp(-y^*/14)\}^2$$

$$f_1 = 1$$

$$f_2 = [1 - 0.3 \exp\{-(R_t/6.5)^2\}] \cdot \{1 - \exp(-y^*/3.1)\}^2$$

(5-14)

式中,$R_t = k^2/(\nu \varepsilon)$,$y^* = u_\varepsilon y/\nu$,$u_\varepsilon = (\nu \varepsilon)^{1/4}$。

c. 非等方 $k-\varepsilon$ 模型

等方 $k-\varepsilon$ 模型是在假定局部等方性的基础上推导出来的,对于伴随着剥离或者循环的流场,这种假设是不成立的。西岛和吉泽[6]、明和笠木[7] 根据在等方涡黏性模型中补充速度斜率的非线性项,提出了非等方性的再现方案。

d. 应力方程式模型

雷诺应力是由雷诺应力输送方程式直接求解的应力方程式模型(RSM)。雷诺应力输送方程式从根本上来说是从 NAVIER - STOKES 方程式推导出来的,在推导过程中能够进行种种模型化。代数应力方程式模型(ASM)对于雷诺应力输送方程式来说是对流项和扩散项的代数关系转换的结果。ASM 方法的计算量低,另外,最近关于湍流黏性的表达式化的研究结果[8],ASM 的实用性得到了确认。

5.2.2 LES

Large Eddy Simulation(LES)是根据计算网格的宽度对小比例(subgrid scale,SGS)流体运动进行模型化,对比例较大的

流体运动直接计算的方法。在直接计算时可以使用较粗大的计算网格对湍流进行数值模拟。

SGS 模型中使用较多的是作为斜率扩散型涡流黏性模型的 Smagorinsky 模型。即 ν_t 可以由下式表达。

$$\nu_t = (C_S\Delta)^2 \left\{ \frac{1}{2}\left(\frac{\partial U_i}{\partial x_j} + \frac{\partial U_j}{\partial x_i}\right)^2 \right\}^{1/2} \quad (5-15)$$

式中,Δ 是计算网格的代表尺寸 $((\Delta x \Delta y \Delta z)^{1/3})$,$C_S$ 是常数。虽然唯一的模型常数 C_S 通常取某一定值,但一般是在统计理论模型的基础上对流场依赖型 C_S 变动模型进行研究。另外,在实际计算时根据易于使用的人工壁面边界条件和一般坐标系的 LES[11]也常常被用到。

5.2.3 基于3次精度迎风差分法的模拟直接解法

这种解法不使用湍流模型,在形式上是根据直接解法的 NAVIER-STOKES 方程式来求解,因此也称为模拟直接解法。其特征是在同一方程式的对流项中应用3次精度迎风差分法[12]。直接解法必要的细小计算网格在该方法中是不需要的。即,它利用的是数值人工扩散而不是湍流模型。关于对流项,这种奇数次精度的迎风差分法虽然能够进行稳定计算,但是当数值解涉及高阶项时,到现在为止还没有弄清楚截止误差的影响。

5.2.4 湍流模型的比较研究案例

为了了解数值模拟分析的现状,参考一些湍流模型的比较研究案例是有益处的。从最近的研究成果挑选了如下几个比较案例,如在矩形管的摩擦系数、backstep 流动、正方形柱体等上起作用的变动抵抗力相关的湍流模型的研究。

a. 矩形管的摩擦系数

图 5-2 中显示的是矩形管的摩擦系数比较案例。图中包括 k-ε 模型、非等方 k-ε 模型、ASM、LES 等的结果,同时还有与实验结果的对比。不管是哪种方法都和实验结果有很好的一致性。但是在图中从中央到边界的二次流场在 k-ε 模型中没有体现出来。

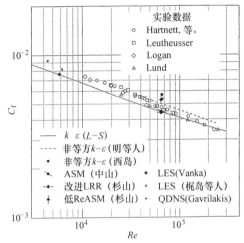

图 5-2 矩形管的摩擦系统比较

b. backstep 流动

backstep 流动虽然形状简单,但是实际上包含剥离、剪断、旋回、逆压力斜率等多种流动状态。表 5-3 中,扩大率为 1.5 的 2 维 backstep 流动相关的再附着距离的比较案例。在表中的 20 个计算案例中显示了湍流模型、计算网格数量、对流项格式、算法等内容。再附着距离不仅仅对于湍流模型,对计算网格数量、对流项格式等都有着很大的依赖性。

c. 作用在正方形柱体上的变动抵抗力

非稳定流场的数值再现包含着两层意义。即,非稳定流场本身其再现的可能性,根据 k-ε 这种时间平均型的湍流模型来确定非稳定分析是否妥当。近年来,在该分析领域内的研究正不断地取得进步。表 5-4 中显示的是正方形柱体上起作用的变动抵抗力的振幅和振动频率的比较[15]。即使是对于时间平均型的湍流模型,根据模型的改进和边界条件优化,就能够分离周期运动和湍流并加以评价。

表 5-3 2 维 backstep 流动时再附着距离的比较（$Re=5500$，实验值 $=6.51$）

序号	涡流模型	计算网格数	再附着距离	参考（算法、对流项框架、其他）
1	$k-\varepsilon$（壁函数）	131×15	4.0	Simple（colocate），1 次迎风
2	$k-\varepsilon$（壁函数）	241×26	4.9	Simple（colocate），1 次迎风
3	$k-\varepsilon$（壁函数）	50×31	5.17	Simple, hybrid
4	$k-\varepsilon$（壁函数）	230×50	5.8	Simple, hybrid
5	$k-\varepsilon$（壁函数）	238×21	4.4	Simple, power-law
6	$k-\varepsilon$（壁函数）	476×42	4.9	Simple, power-law
7	$k-\varepsilon$（壁函数）	238×21	4.9	Simple, Quick
8	$k-\varepsilon$（壁函数）	476×42	4.9	Simple, Quick
9	$k-\varepsilon$（壁函数）	238×21	4.9	Simple（colocate），Quick
10	$k-\varepsilon$（壁函数）	500×60	5.8	Simple（colocate），Quick
11	$k-\varepsilon$（壁函数）	238×21	6.6	Simple, Quick $C_{e1}=1.62$
12	$k-\varepsilon$（壁函数）	230×50	6.4	Simple, hybrid k 方程式扩散项修正
13	$k-\varepsilon$	255×75	6.5	MAC, 3 次迎风 + 1 次迎风 低 Re 型
14	非等方 $k-\varepsilon$（壁函数）	250×30	5.8	Simple（colocate），Quick
15	非等方 $k-\varepsilon$（壁函数）	500×60	5.9	Simple（colocate），Quick
16	ASM（壁函数）	230×50	6.3	Simple, hybrid
17	ASM（壁函数）	230×50	6.6	Simple, hybrid k 方程式扩散项修正
18	RSM（壁函数）	要素数 2901	6.7	GSMAC
19	三次迎风	115×40	7.67	MAC, 3 次迎风
20	$q-\omega$	601×101	6.4	FVM, TVD, 低 Re 型

表 5-4 使正方形柱移动的变动抵抗力振幅和振动频率比较

涡流模型	St	$Cd-m$	$Cd-f$	$cl-f$
$k-\varepsilon$ 模型（壁边界条件：2 层模型）	0.124	1.79	—	0.323
应力方程式模型（壁边界条件：壁函数）	0.136	2.15	0.383	2.11
应力方程式模型（壁边界条件：2 层模型）	0.159	2.43	0.079	1.84
LES（Smagorinsky 模型）	0.132	2.10	0.12	1.58

注：St：Strouhal 数；$Cd-m$：风阻系数（时间平均值），$Cd-f$：风阻系数（时间变动量，单侧振幅），$cl-f$：扬力系数（时间变动量，单侧振幅），实验值：$St=0.135/0.129$，$Cd-m=2.03\sim2.23$

5.3 汽车的热流场分析

5.3.1 汽车热流场分析领域

在超级计算机普及的同时，热流场分析（Computational Fluid Dynamics，CFD）[16]作为模拟分析的新领域并受到了广泛关注。1986 年左右各企业开始开发，见表 5-5，到现在为止汽车企业已经在多个领域内的新技术、新产品开发中积极应用 CFD 方法，如影响汽车性能的风阻系数的减小、降低发动机排放、提高车室内乘坐舒适性等。

以前都是通过实验方法对产品性能进行评价，在实验中流体现象重要部分的流动状态的可视化存在着非常大困难，对性能和原因之间的关系分析研究通常需要大量时间。

5 差 分 法

表 5-5 汽车热流体分析 (CFD)

流体分析领域	分析项目	课题	代表软件
空气动力学	• CD、CL、CYM • 发动机舱内通风 • 风噪、溅泥	• 涡流 • 剥离、再附着 • 非稳定涡流 • 边界层	SCRYU STREAM NAGARE
空调	• 车内温度环境 • 通风管 • 除霜	• 舒适性指标 • 辐射	STAR – CD SCRYU
发动机燃烧 冷却排气系统、催化剂	• 缸内气体流动 • 喷雾及燃烧 • 管内流动和脉动	• 化学反应 • 喷雾动作 • 混合层	FIRE STAR – CD VECTIS TURBO – KIVA
力矩转换器油压回路	• 翼板间流动 • 节流流动	• 移动边界 • 空化	STAR – CD SCRYU

如果使用 CFD 方法，在设计阶段，在三维 CAD 数据的基础上进行流体的数值分析，在性能评价同时还可以实现流场的可视化。另外，流场可视化的实现，还可以对各种各样的问题点进行原因探查和制定可行的解决方案。

特别是设计者看不见的地方实现可视化后，如同设计方法自身。例如，对于在实验中无法评价的问题，在 CFD 分析中仅需要变更激励条件或者边界条件就可以很容易地进行计算，在计算结果中流速、压力、密度、浓度、湍流等各种物理量都可以表示出来，在此基础上可以开展更为详细的评价和方案验证。

另一方面，由于 CFD 分析方法的开发和应用刚刚开始不久，还存在如下多方面问题。例如，缩短计算网格的生成时间、缩短计算时间、对湍流的有效对策等基本课题还有待改善。而这其中计算时间与其他的结构分析或者碰撞分析不同，即使使用超级计算机，通常也需要 10~100h，在设计实用性上还需要选择计算时间更短的方法。

从分析项目上来看，包括流体分析中的湍流、边界层流动、流动的剥离、非稳定涡流，热流体分析中的热边界层、辐射、发动机燃烧分析的移动边界层问题、喷雾、二相流、空化、燃烧（化学反应）等众多的课题。

5.3.2 数值模拟分析的方法和特征

流体的运动量守恒公式是根据 Navier – Stokes[18]方程式来描述的。由于该方程式对于实际中流场几乎得不到严密解，因此一般都使用有限差分法，或者有限差分法和有限元法中间的有限体积法来进行数值分析。

$$\frac{\partial U_i}{\partial t} + U_f \frac{\partial U_i}{\partial x_j} = -\frac{1}{\rho_r}\frac{\partial P}{\partial x_i} + \nu \frac{\partial^2 U_i}{\partial x_j \partial x_j} + g_i \frac{\rho - \rho_r}{\rho_r}$$
(5-16)

具体的计算流程将分析对象所处的空间、时间用有限大小的网格来近似，根据 Navier – Stokes 方程式在这个网格上求解近似表现的差分方程式的解来计算。在非压缩黏性流体的 Navier – Stokes 方程式的左边是惯性项、移动流项，右边有压力项、黏性项和物体力。其中的稳动流项呈现很强的非线性，将成为数值分析方法待解决课题。

对湍流现象实现视觉化表现的据说是 15 世纪的达·芬奇。到了 17 世纪，有人提出了使用牛顿运动方程式通过偏微分方程式来表现非黏性流动模型的方法。在19世纪，描述黏性流体一般运动的Navier-Stokes方程式被推导出来。但是，由于湍流现象的物理量从时间、空间上的变动都是微小的，19~20世纪根据雷诺等人的平均化方法的导入确立了湍流模型的基础。从这个基础的湍流应力模型开始，目前一般的数学模型可以对湍流进行定型化。

现在虽然湍流模型化已经在广泛的工学领域内得到了应用，将涡流黏性假定为等方性的如$k-\varepsilon$模型[18]。如果使用这个模型进行流动的数值分析，就可以得到各种物理量的平均运动。但是，它不能适用于所有的流场，如在伴有剥离、循环的流场中或者有较强旋回的流场中就得不到良好的精度。

因此，有人在研究其他的可行方法，如对湍流模型的改进，或者不使用湍流模型，而是在对流项上使用3次精度迎风差分近似$K-K$格式来模拟直接解法等。但是模拟直接解法从理论上来说是根据湍流能量脱逸格式将计算网格细化，必须达到数百万级别的庞大模型才能求解。

因此，为了缩短计算时间，使用较为粗大的网格以$K-K$格式代替湍流模型进行求解时，需要特别注意以下几方面事项。虽然因为数值黏性作用而使计算过程稳定，如果网格分布有变化则计算结果也会发生变动，即结果与网格的依赖性较强，因此需要对网格分布和计算结果在关系进行充分调查，然后再对计算结果加以评价。另外，目前的状况是即使是使用超级计算机，也需要耗费大量的计算时间，必须综合考虑在设计中的实用性、计算费用、计算时间等问题。

其次，流体分析特有的物体表面上发生边界层流动的模型化（壁法则）是十分重要的。特别是对于湍流现象，由于在湍流的壁附近将以相当大的速率变化，分离流从边界层内部以极大的流动速率席卷到整个车身，给整车的气动特性带来重大影响。在进行CFD分析时，为了计算准确的物理量变化，必须在该领域内布置尽可能多的网格。

因此，如果是用较少的计算网格对整体流场进行预测，必须对壁附近的流动速率根据近似公式进行模型化。在工程上应用很广的边界层的模型化是根据水平平板壁面附近的流速实验值而提出的对数法则[18]。另外，也有人提出用精度更高的低雷诺型壁法则来表现壁附近的流动形态。

目前，作为湍流的模型$k-\varepsilon$模型、作为壁法则的对数法则应用得最为广泛。另外，湍流高精度解法LES[20]及RSM[21]的实用化也正在期待中。

今后，对于实验中无法确定的微观湍流及边界层流动类的细微问题，根据实际现象还应该有实用性更高的湍流模型或者壁法则等新的分析方法不断被开发出来。

数值模拟方法，一般来说和CAE同样分为生成计算网格的前处理、服务器求解、计算结果的后处理等三个阶段。目前有各种各样的商业软件，可以根据作用目的选择适用的工具，没有必要自己开发软件。

最重要的是在众多的商业软件当中，根据分析目的并结合各种各样的测试结果及其他公司的信息来选择。

首先关于前处理，在表5-6中显示的是根据CFD分析对象的不同有很多种计算网格的生成方法。历史上是从直交直线网格开始研究的，目前网格的生成已经实现可视化，和结构分析的实体模型一样，使用非结构网格进行分析也正在盛行。

5 差 分 法

表 5-6 CFD 计算网格

计算网格种类		代表软件			网格生成难易度	生成时间	网格精度	计算时间
		前处理	求解器	后处理				
直交直线		Pre – M	STREAM	Atrac	◎自动生成	○	△	◎
曲线拟合		PROSNER	SCRYU	Atrac	○	△	○	○
非结构		PROSNER PRO – STAR FIRE	SCRYU STAR – CD FIRE	Atrac PRO – STAR FIRE	○	△	◎	○
重合		—			○	△	○	○
直交适合		CRI/HEXAR	STAR – CD PRO – STAR		○自动生成	○	○	△

CFD 分析中,由于必须对物体周边的空间划分成网格,与一般的结构分析相比所需要的网格数量更多,达数万甚至数百万级别。根据网格生成方法的研究,目前根据 3 维 CAD 数据自动生成网格的方法已经达到了实用化程度,在短时间内就可以准确生成结构复杂的模型。

还可以先用较粗大的网格进行分析,对分析结果中物理量急剧变化的部分网格进行自动细化、再分割,然后再次计算,通过这种方法也可以实现用较少的网格达到较高计算精度的目的。

作为分析求解器,包括能够高效计算的流体基础方程式的离散化方法和算法,有很多种提案供选择。而作为计算方法用得较多的还是有限体积法,N - S 方程式的离散化时间积分 1 次隐式解法、移流项的 1 次迎风差分法及 3 次迎风差分法以及其他的空间差分法的 2 次中心差分法等也多有利用。

另外,使用从连续方程式和 N - S 方程式推导出的与压力相关的泊松方程,称为 SIMPLE 法的算法进行了收敛性计算。再者,即使是矩阵求解也已经实现了高速度化,还使用了逐次过剩缓和法(SOR 法)及共轭斜率法对各个联立方程式进行了收敛性计算。

以超级计算机的高速化为目的而实行的矢量化及并行化也取得了显著的进步。今后根据数值解法的改进,还应该有更多的高速且高精度的离散方法被开发出来。

还有一种称为超并行计算(Massively Parallel Processing,MPP)的方法。这种计算方法是将分析领域分割成多个块,给每个区域块分配计算机的 CPU 和内存,以区域块为单位计算的同时,维持所有的区域块之间的数据连接。基于 MPP 方法的原理,面向 CFD 分析的超高速计算软件和计算机不断地被开发出来。

后处理技术随着 EWS 的进步,从 2 维流态可视化到 3 维流态可视化,已经能够对各种物理量实现高速显示。特别是 CFD 分析中,在实验中无法得到的流态已经能够在整个分析领域内加以展示，从掌握现象到解决对策，工程上的流程已经成为现实。进一步讲，还可以对观察非定常流动的模拟显示，开展更加实用的研究。

作为分析程序，前、后处理一般是在EWS上执行，求解的高速计算是在超级计算机、高性能EWS或者并行计算机上进行，在它们中间搭建高速网络以保证数据共享。

5.3.3 分析案例

进行CFD分析的目的不论是研究还是设计应用，其计算方法是有很大区别的。对于以研究为目的，由于需要详细观察流体现象的条件，因此计算时间即使较长也要保证计算结果的精度。与此相对应，对于设计应用目的，以实现以下三个方面的平衡为目标来选择合适的计算方法。

① 能用的简单计算方法。
② 价格低、速度快的输出。
③ 可以信赖的计算结果和评价方法。

本节将以汽车企业中以设计应用为目的的分析案例加以介绍。

a. 空气动力学分析

空气动力学的分析目的可以分为很多种，如降低风阻（C_d值）、提高高速稳定性（C_l值）和确保横向稳定性（C_{ym}值）；为了有效消耗发动机散发出来的热量，在发动机舱内进行流动和热的耦合分析；轮罩内的制动盘的冷却分析等。最近，也有人通过流体压力变动的分析方法来研究A柱及外后视镜等处发生的风噪声。

汽车周边的流场可以作为非压缩性的高雷诺数湍流来处理。计算网格通常使用边界适应性网格（BFC）。

另外，对于形状复杂的发动机舱内热流场分析，为了缩短计算网格的生成时间，经常使用直交网格来自动划分网格。

对于风噪，为了提高部分网格的分解能力而提升计算精度，经常使用非网格、重合网格和自适应性网格等。

图5-3中显示的是具有代表性的空气动力学分析的BFC计算网格，图5-4中显示的是汽车周边流线[22-25]的计算案例。像这样根据CFD分析的方法，就可以从造型设计的初始阶段使用CAD数据，对空气动力特性进行评价和优化。

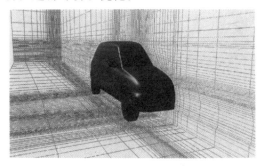

图5-3 空气动力学分析的计算网格

图5-4 汽车周围的流线

目前横风分析[25,26]已经达到实用化，通过对车辆的外形进行优化设计，来降低驶出隧道或者遭遇横风时车身受到的横向力。图5-5是车辆受到横风作用时的风流向可视化结果。

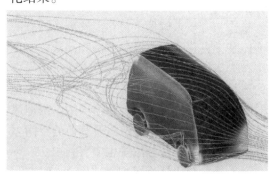

图5-5 受到横向风时的流线

另外，为了确保对发动机冷却性能影响重大的散热器通风，根据防撞梁及格栅的开口形状以及发动机舱内各单元的配置，通过发动机舱内热流场分析来实现最佳化的设计。

图5-6中显示的是发动机舱内的温度分布[27]，图5-7中显示的是货车的中央地板周边的流线结果[28]。根据这些分析结果，对发动机舱内的各个单元进行最佳化的位置分布，以达到最佳化的冷却性能及结构布置。

图5-6　发动机舱内的温度等值线

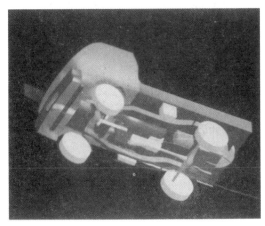

图5-7　货车地板下面的流线

为了满足燃油消耗率和高速稳定性相关的外形设计以及热特性等相互矛盾的性能要求，需要对防撞梁及格栅的开口形状，以及发动机舱内各单元的配置进行优化，空气动力学分析在造型或者设计规划阶段都发挥了重要的作用。

b. 发动机燃烧过程分析

在发动机的气缸内，会出现流动和湍流的生成、燃料喷射、燃料与空气的混合、着火、燃烧、热量传递等各种各样的物理形态，在时间、空间上各个物理量的变化都呈现出激烈、复杂特性。

另外，虽然经过了多年的实验研究，到现在为止也未能完全明确气缸内的实际现象。因此，通过CFD方法来掌握各个物理量的变化规律是值得期待的。但是，由于物理量自身的变化是非常复杂的，因此实际中是将每个过程的流动、喷射、燃烧分开来研究的。

流场分析多数是指包含进排气道在内的气缸内流动分析。缸内的流动属于高雷诺数型。而计算时使用的网格，即使形状很复杂，多数情况下也还是使用非结构网格，同时还要保证气门、活塞等零部件能够运动，因此必须使用移动边界问题的计算方法。

基本的分析方法是将活塞和气门固定住求解吸入空气量的定常流动分析。根据分析结果，就可以计算定常流动状态时的气门流量系数及涡流等。

其次所使用的分析方法是使活塞和气门能够移动的非定常流动分析。求解从进气开始到压缩上止点为止的分析方法。图5-8中显示的是气缸内的流速矢量[29]。

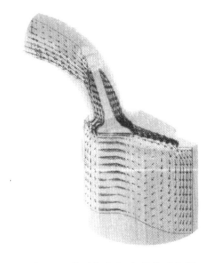

图5-8　发动机气缸内的流速矢量

为了改善发动机内的气体燃烧过程，必须对流动和湍流进行优化控制。因此将进气道和燃烧室的形状设计成各种各样的形状，在很短的时间内就可以完成缸内流动的可视化 CFD 分析。因此，CFD 方法已经成为发动机开发过程中不可缺少的设计辅助工具。

燃料喷雾的数值分析是从柴油机开始研究的，目前也已经应用到汽油机的燃料喷射过程的研究中了。喷雾计算时开发了分裂、冲突、合体、壁面冲突举动等的物理模型，最近已经应用到实际的发动机中。喷雾对于燃料喷射到高温壁面上产生冲突时的过程分析是十分重要的，根据各种各样的实验公式的导入能够得到精度较高的近似解。

图 5-9 中显示的是汽油机进气道内燃料喷射时的燃料液滴分布[30]分析案例。从燃料喷射装置喷射出来的雾状燃料，在发动机气缸内的气流及热流呈现什么样的姿态是非常重要的，但是通过实验方法是很难观察到的。如果使用 CFD 方法就能对三维燃料喷雾的分布进行研究，流动和喷雾组合分析应用到燃料喷射装置的开发、进气道内的喷射、发动机缸内的喷射的优化设计中。

燃料分析伴随化学反应的流动计算，已经有各种各样的燃料湍流模型提案。对于以降低排放改善对环境的污染为目的的排放分析，例如当燃料不完全燃烧时所产生的 HC，燃烧温度越高则排放的废气（NO_x）越多，降低与燃料消耗成比例的炭氧化合物的排放是当前急迫的课题。

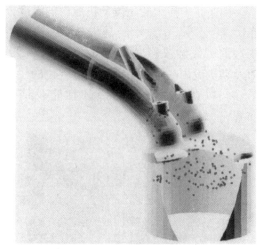

图 5-9 进气道内的喷雾分析

但是燃料分析过程中通过流动分析得到的流速分布、湍流的强度分布以及在喷射分析中得到的燃料液滴分布、燃料浓度分布等正确的信息不足将导致无法预测。因此，现阶段都是作为实验方法的辅助手段而使用的。

图 5-10 中显示的是燃料分析中求得的火焰传播的姿态。通过观察每个时刻的火焰面扩散的姿态，进而对燃烧过程加以改善。

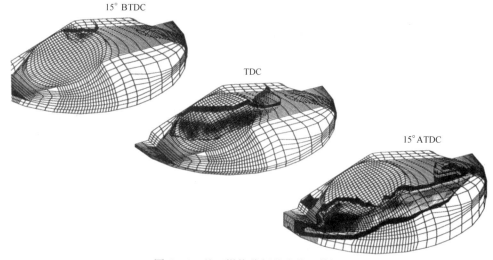

图 5-10 基于燃烧分析的火焰面传播

为了确保发动机本体不会由于燃烧而产生的热量出现裂纹等问题,需要对发动机内的冷却液流动通路进行优化设计,即对水套内的冷却液流动姿态进行分析[31]。图 5-11 中显示的是 3 维复杂的计算网格。这个复杂的计算网格可以由 3 维 CAD 数据生成,在流动及热交换的阶段进行分析。

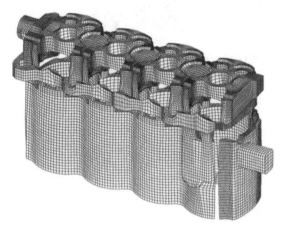

图 5-11　发动机冷却水的计算网格

另外,为了保证催化剂有效发挥作用,对降低排气阻抗及排气热量的消散进行分析,实施排气系统和催化剂内部的热流场分析。

c. 空调分析

根据空调分析的目的,包括多种分析项目。例如,与建筑物内部的空调一样,为了使空调在车室内保持舒适的温度环境而进行的分析;为了保证空调本身的工作效率及低噪声化而开展的分析;车辆行驶过程中的外界气体吸入的换气性能分析、风窗玻璃的除霜除雾分析等。

汽车内部供乘员活动的空间狭窄,另外由于太阳照射等行驶环境及状况而使车内温度时刻都在变化。为了减小这些影响,为乘员提供一个舒适的乘坐环境,汽车上都配有大容量的空调系统和换气装置。

空调分析的问题点在于乘员对车室内的舒适性没有一个确定性评价标准。乘员对温度感觉灵敏,即使是 1℃ 的温度变化也能感觉到。因此,一般都是对乘员周围不同部位的温度感知来评价车室内的温度分布的。

最初,车室内的温度分析的案例如图 5-12 所示。车室内的流场姿态通过微粒实现了可视化。在驾驶人的面部、头部、腕部、足部周围的流动和热的控制,灵活应用在空调系统的开发中。最近,为了计算太阳的照射量,如果输入纬度、经度和时刻就可以自动计算从玻璃进入到车室内的热量。

图 5-12　车内空调分析

在分析空调器的降温性能及暖气装置运转时的升温性能,必须了解流场和温度变化随着时间的变化关系。当计算 30min 内的变化经历时,由于计算时间较长,因此通常采用定常计算。

图 5-13[32] 中显示的是除霜器吹出气流的 3 维分析案例。除霜形状和玻璃表面的流速分布之间具有较强的相关性,通过对除霜器形状的优化来使玻璃表面的流速均一化,使玻璃除霜干净,以保证前方视野。

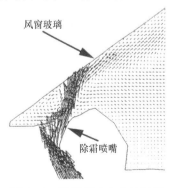

图 5-13　除霜器吹出来的气流

另外对于玻璃表面，除霜器从结冰状态开始动作到完成解冻，对该过程也可以实施热流场分析来预测解冻速度。

d. 铸造分析

铸造是指熔化的金属注入模具，金属凝固后得到所需要的形状的工艺过程，由于是伴随着热量流动和金相变化的复杂的3维现象，对该过程的预测是十分困难的，期待能通过合适的数值模拟分析来减小分析工时和修改形状的费用。

此处对铸造分析中使用差分法时所必需的3维复杂形状分析模型的搭建方法以及差分法的实际应用案例，即凝固分析和铸模填充分析加以介绍。

(i) 分析模型　铸造分析中通常使用能够处理形状复杂的大规模模型的差分法。实施分析时除了素材（铸模）以外，熔化金属注入铸模时的引流部分、铸模的温度控制所需要的冷却系统、形成中空部分的型芯的形状等都是必需的。将这些形状分割成多个单一单元，组成分析所需要的模型。由于差分法计算简单，作为计算所使用的单元多数是骰子状的直交单元。为了方便，在这里称这个骰子形状的单元为体元（Voxel）。用体元的集合来近似所期望的形状，物理参数及初始温度等必要的数据分别输入每一个体元就可以进行分析了，但是对于形状复杂的体元则存在着一定困难。

最近在零部件设计中已经广泛使用CAD方法，有时可以从CAD数据直接生成铸造分析用的模型。图5-14中显示的是气缸盖的分析模型。进行计算时所必需的物理参数等数据，需要根据每一个构成部分的材料牌号给定对应的参数。

(ii) 凝固分析　差分法在铸造流程中的应用达到实用化进程的如凝固分析。凝固分析是根据直接差分用热传导分析来对凝固潜热进行修正，设定温度和固相率之间的关系函数来计算凝固状态，所得到的计算结

工作　材料No.6

中子　材料No.1

图5-14　气缸盖的分析模型

果是温度和凝固状态随时间的变化关系。

以发动机悬置支架在形状变更前后的CT扫描结果和缺陷预测结果的比较为例，如图5-15所示。零件中央位置的凸起是安装到车身上用的凸台，在改进前凸台根部的CT扫描断面中发黑的部分是由于凝固收缩而产生的称为拉伸巢的缺陷。根据凝固分析预测拉伸巢位置，是根据单位体积中的固相比例，当固相率的分布中出现3维封闭空间时，就可以判断该领域内发生了拉伸巢，它是经常使用的闭环法[1]或者修正温度速率法[34]的缺陷预测参数。图5-15中的缺陷预测结果表示熔化的金属到达停止流动极限时的固相率3维显示断面。图5-16中，促使缺陷发生部分的凝固且为了补充体积收缩而在该部位的正下方变薄显示出同样的情况，缺陷得到了有效的控制。

(iii) 铸模填充分析　差分法在铸造流程中的另一个应用是铸模填充分析。铸模填充分析求解金属向铸模中填充过程中包含自

由表面的 3 维流场，以美国 Los Alamos 研究所开发的方法为基准来求解包含自由表面的 N－S 方程式的一般方法。

根据凝固分析的缺陷推测

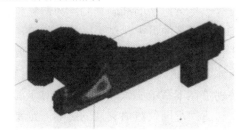

CT 扫描

图 5-15　改进前的缺陷

作为铸模填充分析的应用案例，图 5-17 中所显示的发动机悬置支架的铸模填

根据凝固分析的缺陷推测

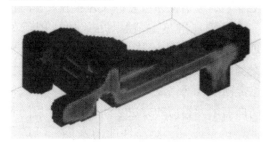

CT 扫描

图 5-16　形状变更后

充分析结果。计算过程中，为了求解实际零件填充状态而实行的根据对熔化金属的注入位置、厚度变化等分析，来研究流动的变化。

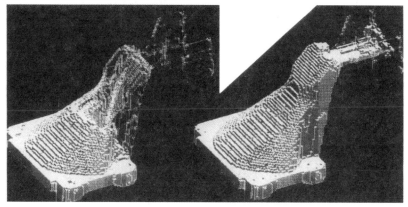

图 5-17　填充过程

铸模填充分析虽然目前仍是发展中的技术，与实验结果的对比[36]或者与能量方程式及 Darcy 流动的耦合分析正在不断地尝试当中[37,38]，通过分析结果的验证和铸造质量的对比，可以预测今后的分析精度能够更

进一步的提高。

总结

最近的计算机技术革新取得了令人耳目一新的成果，以前的超级计算机已经发展到

小型化水平。随着计算机的发展，CFD 在工程上的应用课题从分析求解器的效率向包含前处理（网格生成）、后处理（图像处理）等综合性能转移。以上所显示的分析案例的一部分也是从便于使用的角度出发，已经从复合网格及非构造网格等的差分法范畴向有限元类似的方法逐渐转移。今后随着计算机更便宜、更高性能的发展，CFD 分析应用的领域也肯定会不断扩大。其结果是，CFD 介入到设计开发的过程中，CFD 分析也会同 CAD 黑盒子化一样逐渐发展为一体化、自动化。

但是如开始时所叙述的那样，对于最新超级计算机来说，像汽车流场这样的较为复杂的对象，完全实现数值分析还有待时日。因此，工程上应用的 CFD 分析，所有的计算结果包含着或多或少的近似。对于流体现象仅仅是细微的误差，有时也会造成无法完成对于复杂运动的准确预测。为避免盲目相信一些漂亮的可视化结果表现，如流速矢量或者压力分布等计算结果，最终还是要依靠流体力学和经验来判断计算结果的正确性。特别是在本章中所叙述的那样，对于湍流模型的适用范围及数值黏性的影响一定要多多注意。

[小林敏雄・谷口伸行・鬼头幸三・栗山利彦・恩田祐]

参 考 文 献

[1] たとえば，数值流体力学编集委员会编：数值流体力学シリーズ，乱流解析，东京大学出版会 (1995)
[2] たとえば，吉泽 徵：上記文献(1)，1
[3] 小林敏雄ほか：日本機械学会論文集（B編），Vol.54, No.481, p.3230 (1986)
[4] M. Kato, et al.：Proc. 9th Symp. Turbulent Shear Flows, p.10-4-1 (1993)
[5] 安倍賢一ほか：日本機械学会論文集（B編），Vol.58, No.554, p.3003 (1992)
[6] S. Nishizawa, et al.：AIAA Journal, Vol.25, p.414 (1987)
[7] 明 賢國ほか：日本機械学会論文集（B編），Vol.56, No.531, p.3298 (1990)
[8] 小林敏雄ほか：日本機械学会論文集（B編），Vol.59, No.567, p.3373 (1993)
[9] 森西洋平ほか：日本機械学会論文集（B編），Vol.57, No.540, p.2602 (1991)
[10] 森西洋平ほか：日本機械学会論文集（B編），Vol.57, No.540, p.2595 (1991)
[11] 富樫盛典ほか：生産研究，Vol.46, No.2, p.103 (1994)
[12] 姫野龍太郎ほか：日本機械学会論文集（B編），Vol.53, No.486, p.356 (1987)
[13] 小林敏雄编：日本機械学会 RC104 研究分科会研究成果報告書，p.90 (1994)
[14] 小林敏雄编：日本機械学会 RC104 研究分科会研究成果報告書，p.239 (1994)
[15] W. Rodi；Journal Wind Engrg. Vol.52, p.1 (1992)
[16] 保原 充：数值流体力学，东京大学出版会 (1992)
[17] 栗山利彦：数值流体力学の研究開発と設計活用，自動車技術会学術講演会前刷集，921001 (1992)
[18] Chen, C.-J. and Tanaka, N.：乱流モデルの基礎と応用，構造計画研究所 (1992)
[19] T. Kawamura, et al.：AIAA Paper, No.80-13575 (1984)
[20] J. W. Deardorff：A Number Study of Three-Dimensional Turbulent Channel Flow at Large Reynolds Number, J. Fluid Mech., Vol.41, p.453-480
[21] P. Bradshaw, et al.：Collaborative Testing of Turbulence Model (1989)
[22] 奥村健二ほか：乱流モデルを用いた 2BOX 車の 3 次元空力解析，自動車技術会学術講演会前刷集，924077 (1992)
[23] 姫野龍太郎ほか：差分法を用いた流れ解析による実車空力特性の解析，自動車技術会学術講演会前刷集，901018 (1990)
[24] 内田勝也ほか：CFD によるドアミラー付き車両の空力解析，自動車技術会学術講演会前刷集，9437142 (1994)
[25] 奥村健二ほか：乱流モデルを用いた車両の横風シミュレーション，自動車技術会学術講演会前刷集，9305887 (1993)
[26] K. Okumura, et al.：Practical Aerodynamic Simulations (Cd, C1, Cym) Using a Turbulence Model and 3rd-Order Upwind Scheme, SAE Paper, 950629 (1995)
[27] 加藤信博ほか：エンジンルーム内の流熱解析，自動車技術会学術講演会前刷集，902128 (1990)
[28] 加藤信博ほか：エンジンルーム内の流熱解析，—キャブオーバーエンジントラックへの応用—，自動車技術会学術講演会前刷集，912224 (1992)
[29] 吉田欣吾ほか：吸排気ポートを有するエンジンの多次元流動解析，自動車技術会学術講演会前刷集，912145 (1991)
[30] 栗山利彦：設計開発で用いられる CFD 可視化手法，自動車技術，Vol.147, No.4 (1993)
[31] 加藤信博ほか：エンジン冷却水の流熱—構造連成解析，自動車技術会学術講演会前刷集，9540183 (1995)
[32] 池田雄策ほか：デフロスタノズルによる曇り除去数値解析，自動車技術会学術講演会前刷集，924076 (1992)
[33] 大中逸雄：コンピュータ伝熱・凝固解析入門，丸善 (1985)
[34] E. Niyama, et al.：49th International Foundry Congress Paper No.10 (1982)
[35] B. D. Nichols, et al.：LA-8355 (1980)
[36] 野村宏之ほか：鋳物，Vol.63, p.431 (1991)
[37] 朱錬ほか：鋳造工学，Vol.68, p.668 (1996)
[38] 新山英輔ほか：型技術，Vol.8, No.12, p.86

6 优化分析

像汽车这样的工业产品在设计过程中，是以满足产品功能要求为中心的，尽可能生产出商品价值高的产品。这里所说的设计要求或者商品价值则指设计者、经营者，以及消费者在对产品进行评价时的判断标准。而且这样的标准随着时代进步也变得越来越严格，现在汽车不仅仅是运送人或者货物可依赖的工具，还要求保证较好的乘坐舒适性以及对周边环境的维护性。

在进行汽车设计时，为了应对各种复杂的要求，需要大量时间和费用投入。优化设计对于创造一个开放的设计环境，受到了越来越多的关注。汽车行业中优化设计的应用是从分析技术较为明确的结构设计领域开始的，到今天已经推广到噪声问题、结构问题、碰撞问题等领域。优化方法除了直接应用数学上严密的数理规划法以外，为了更有效地求解问题，根据专业领域的不同，还包括最佳标准法、均质化法、成长应变法等，这些方法也都在独立发展和进步。本章对今后汽车设计中不可或缺的优化技术进行详细介绍，前段内容以基础理论为中心，而后段内容则侧重于每个领域的周边理论和应用案例。

6.1 优化理论

6.1.1 问题描述

a. 标准的优化问题

优化设计是从设定有限个参数为设计变量 x 来描述设计对象开始的。当设计变量是连续变化时，通常都是按照1、2、3……这样的离散值变化的。对于最常见的优化问题，假设变量是连续变量。变量限定于整数范围问题的整数规划法，特别是限定于整数 $0 \sim 1$ 范围内的问题称为 $0 \sim 1$ 规划问题。此处假定变量限定于连续变化。

设计变量矢量 x 并不能任意选择，通常都会有各种各样的限制条件。如

$$g(x) = 0 \quad (6-1)$$

像上式这样用等式来表现关于 x 的约束条件。

$$g(x) \geq 0 \quad (6-2)$$

而式（6-2）这样的约束方式则称为不等式约束条件。满足约束条件的解称为可能解或者允许解，解的集合称为实行可能领域或者允许领域。另外，关于变量的约束

$$x_i^L \leq x_i \leq x_i^U \quad (6-3)$$

特别是侧面的约束，除此以外的约束与举动约束有时是有区别的。

从满足上述约束条件的设计变量中，搜寻评价函数或者目标函数最大或最小的解的问题，称为优化问题或者数理规划问题。

优化问题一般由下面的形式来描述。

$$\text{Minimize}: f(x) \quad (6-4)$$
$$\text{Subject to}: g_i(x) = 0, i \epsilon E \quad (6-5)$$
$$g_i(x) \geq 0, i \epsilon I \quad (6-6)$$

如果目标函数是最大化问题，则目标函数取 $-f$ 即可。

b. 对偶问题

优化问题，根据拉格朗日指数的导入则转变为称为对偶问题。根据问题变换后的对偶问题的求解有时很容易。另外，结构分析领域内所使用的优化标准方法与对偶问题有着紧密的关系。接下来说明标准的优化问题是如何转变为对偶问题的。下面为了简化，以一个变量、一个不等式约束的问题进行说明。

设最佳的解为 x^0。最佳解可能出现位于约束边界上和不在边界上两种情况。由于后者属于没有约束的优化问题，我们来考虑有约束条件的前者。相对于最佳的解，设计变量的变化 dx 必须满足下面的关系式。

$$df \frac{\partial f}{\partial x} dx \geq 0 \quad (6-7)$$

$$dg = \frac{\partial g}{\partial x} dx \geq 0 \quad (6-8)$$

式（6-7）从最小解的条件出发，式（6-8）从必须满足约束条件出发来推导。两个关系式同时成立仅限于 $\partial f/\partial x$ 和 $\partial g/\partial x$ 符号相同以及同时为 0 的情况。因此可以推导出以下的关系式：

$$\frac{\partial f}{\partial x} - \lambda \frac{\partial g}{\partial x} = 0, \lambda \geq 0 \quad (6-9)$$

接下来，根据式（6-9）可以定义如下的关系并导入拉格朗日函数。

$$L(x, \lambda) = f(x) - \lambda g(x) \quad (6-10)$$

如果使用该拉格朗日函数，最佳解将变为

$$\frac{\partial L}{\partial x} = \frac{\partial f}{\partial x} - \lambda \frac{\partial g}{\partial x} = 0 \quad (6-11)$$

$$g(x) \geq 0 \quad (6-12)$$

式中，

$$\lambda \geq 0, g(x) = 0 \quad (6-13)$$

$$\lambda = 0, g(x) > 0 \quad (6-14)$$

上述条件与非线性规划问题中重要的基本定理库恩-塔克条件（Kuhn-Tucker condition）相对应，称为拉格朗日指数。

另外，关于最佳解拉格朗日函数能够显示出具有下面关系式的性质。

$$\text{Maximize}: L(\lambda) \quad (6-15)$$

$$\text{Subject to}: \lambda \geq 0 \quad (6-16)$$

该变换后的问题相对于原来的问题称为对偶问题。详细内容请参阅一般的教科书，拉格朗日指数将在 6.1.3 项 c. 的例题中进行详细的说明。

c. 多目标优化问题

我们经常遇到的优化问题如果能够用式（6-4）~式（6-6）的标准优化问题描述的话，那么剩下来的就只是纯粹的数学问题。如果是能够使用计算机进行求解的问题，有很多种方法都可以用来求解最终的解。

但是有时候会发生最终所求得的解"没有实用性"这样的情况。这意味着满足所有约束条件的解是不存在的。从数学上看尽管有一个解，但是在现实设计问题中是不允许的。实用解不存在时，需要对工程上的约束条件进行重新评价、修正，保证能够得到具有实用性的解。为了保证能够解决类似问题，在数理规划法方面提出了称为多目标优化这样的方法。多目标优化是将不满足约束条件当作评价函数（目标函数）来使用。此时与原来的评价函数综合在一起，生成多个评价函数最小化的必要条件。通常由于多个目标函数存在着相互矛盾性，需要对目标函数之间的关系进行调整。在 6.1.3 项中将对多目标优化的方法之一的目标规划法的概念加以介绍。

6.1.2 优化数值计算的历史

从很早以前就有数学家在关注优化问题的研究，为了得到函数的极值非线性规划法得到了发展。但是使用计算机进行优化的数值计算，并不是基于非线性优化理论，是从其他的完全不同的方法开始的。在第二次世界大战中，美国认识到军事作战规划重要性，在战后开始了"优化问题的科学计算"相关的项目研究。在这个项目中，Dantzig 将问题转变为线性关系，使用电子计算机，开发了称为 Simplex 的算法。这种方法称为线性规划法，借助当时刚刚实用化的电子计算机，在军事以外的领域内快速发展起来。线性规划法的实用性给经营者们带来了新颖的视角，因此引起了多方关注。原来依赖于凭直感和经验总结出来的规则，明确了数学上的意义。因此，与产业系统构造的数学分析相关的研究又掀起了一个高潮。

线性规划法的薄弱点是针对现象的数学模型限定于所有的线性问题。更为详细的解决问题的方法即非线性规划问题的解法也开始了研究。收益以外的处理收益分散经济的投资组合模型（Portfolio model）的约束条件虽然是线性的，目标函数却可以用设计变量的二次式来表示。这个问题称为二次规划法。二次规划法对于没有约束的非线性问题，根据与准牛顿法的组合应用，现今已经发展到价很高的逐次二次规划法。另外，关于线性问题作为 Simplex 法的扩充，开发了一般化简约斜率法，对于非线性不是很强的大规模问题，认为是有力方法。

工程上关于数理规划法的应用，与基于计算机的数值分析方法实用化的步调保持一致，其研究也得到了飞快发展。如果存在能够计算约束条件和目标函数的分析程序，根据与数理规划法程序的组合应用就可以计算优化问题了。由于结构分析领域内的 FEM 法从很早以前就已经实现了实用化，优化研究方面也投入了大量精力。但是对于非线性问题，由于需要多次反复计算，距离实际问题中应用还有很大的差距。

关于结构分析中实用数理规划法的应用，Schmit 等人从 20 世纪 70 年代称为近似模型的概念导入时就已经开始了。这种方法的特征是数理规划法中要求的特性值并不是由 FEM 法计算得到的，而是以基于 FEM 法构建的单纯近似数学模型为对象开展优化分析的。例如，显示模型举动的函数 f，相关于设计变量进行 Taylor 展开，如果截止到一次项，就可以用下面的关系式近似。

$$f(x) = f(x^k) + \sum_{i=1}^{n} \frac{\partial f}{\partial x_i}(x_i - x_i^k) \tag{6-17}$$

当然近似的精度是有限界的，优化计算将采取逐次应用的方式。有时根据不同的场合并不仅仅是设计变量自身。例如，使用设计变量的倒数进行 Taylor 展开，就能够推导出容易求解的近似模型。根据近似模型的导入计算效率得到了显著提升。在高效求解 Taylor 展开式的微系数 $\partial f/\partial x_i$（称为灵敏度系数）的灵敏度分析进展的同时，结构分析的优化计算，通用的结构分析软件也介入其中，在工业领域内开始渗透。

汽车工业从 1980 年前后为了车辆的轻量化将板厚作为设计变量，通过 FEM 态分析和动态分析的组合应用的尺寸（Sizing）优化问题成为可能[5]。

结构分析中的优化问题领域，使用直接应用数理规划法和其他流程中存在的方法。其中典型代表是称为全应力设计的方法。例如，考虑一种桁架结构，以零部件应力的最大值作为约束条件。各个部分的应力 σ 达到约束条件 σ_{limit} 时则结构最轻，如果采取这样的工程上的直感，各个部分的截面积根据下式进行变更。

$$A_{\mathrm{new}} = A_{\mathrm{old}} \sigma / \sigma_{\mathrm{limit}} \tag{6-18}$$

对上述操作反复进行直到求得最佳的解。全应力设计并不需要计算灵敏度系数，解的收敛也很快，即使是实际中的大规模问题也同样适用[6]。全应力设计在今天已经成为优化设计的标准。这种方法与直接应用数理规划法相比，虽然存在着一些缺点，但是它计算效率的优势使它得到了飞速发展。

在 20 世纪 80 年代后期，根据 Bendose、菊池等人的研究成果，拓扑优化取得成功，它是根据均质化法的实用性得到推进而实现的，同时也认为是有赖于根据最佳化标准法大规模问题的处理成为可能。另外，以对偶法为基础，最佳化标准法从数理规划法的观点来看能够实现定型化，这一点根据马等人的研究已经明确[8]。

6.1.3 优化理论

a. 线性规划法

线性规划法是将约束条件和目标函数同时按照线性关系来处理的单纯问题。变量较少的问题根据图形的解释就可以很容易理解。对于不属于设计上的问题，例如以某个工场生产的两种产品为例。每一种产品的资源和劳动力的单位消耗（即 1 件产品所需要的资源和劳动力）以及能够利用的所有资源和劳动力都是明确的，下面的不等式约束条件是成立的。

$$x + 2y \leqslant 10 \qquad (6\text{-}19)$$
$$4x + y \leqslant 10 \qquad (6\text{-}20)$$

式中，x，y 是两种产品的产量。销售额是与 $x+y$ 成比例关系的，在资源和劳动力的约束条件下取得最大销售额的问题，由以下的线性规划问题定式化。

$$\text{Maximize：} x + y \qquad (6\text{-}21)$$
$$\text{Subject to：} x + 2y \leqslant 10 \qquad (6\text{-}22)$$
$$4x + y \leqslant 10 \qquad (6\text{-}23)$$
$$x \geqslant 0, \ y \geqslant 0 \qquad (6\text{-}24)$$

满足约束条件 x，y 的组合如图 6-1 中所示，其中目标函数取得最大化的解是位于领域交点的位置。

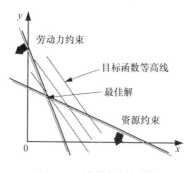

图 6-1　线线规划问题

变量较多时按照以上的图解法就无法求解了。Simplex 法是按照使目标函数最大化且满足约束条件的点的自动求解算法来开发的。详细内容请参阅相关的资料[1,2]。另外，Simplex 法作为一种突破性的算法，近年来一种称为内点法的解法被提出来，线性规划法再次受到研究者关注。目前通用的软件已经很完备，甚至数万以至数十万的变量的大规模问题也能够求解。

利用以上的例子，并没有涉及多目标优化法。不把销售额当作目标函数，来考虑想取得销售额大于 6 的约束条件的问题，如下所示。

$$x + y \geqslant 6 \qquad (6\text{-}25)$$

从图 6-2 中可以得知，对于这样的问题的解是不存在的。数学上虽然存在"无解"这样的现象，但是在现实中这样的答案是允许的。能够解决这样的问题的多目标优化方法之一的目标规划法，下面来加以介绍。

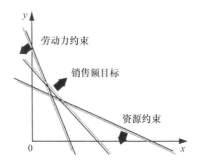

图 6-2　不存在可执行领域的问题

目标规划法并不考虑无法突破约束条件的情况，而是以想要达成的目标为对象。在上述的例子中，销售额和资源、劳动力是作为约束条件存在的，其意义在于视三者均能达成目标，从而分析重要性。例如，不突破资源的限制，认为劳动力比销售额更重要的经营者，会选择图 6-3 中的 A 点作为最佳的解。对于这种情况，虽然满足了劳动力的约束条件，但是销售额并没有达到目标。另一方面，当销售额优先于劳动力时，B 点为最佳的解。对于这种情况劳动力的约束条件

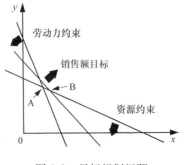

图 6-3　目标规划问题

就无法满足,将会带来超负荷工作的问题。

由于没有完成作为约束条件的设计要求,在设计现场就会出现对设计方案的频繁修改。关于这一点,工程上的优化并不是简单的数学上的问题。必须反映出作为最终决定者的设计人员的意图到底是什么。对于目标规划法,这个案例中所说明的除目标优先顺序以外,还有目标之间的权重系数。除此以外,还有如通过沟通对期望目标进行修正,根据模糊理论利用隶属函数反映最终决定者意图的提案。

b. 二次规划法

约束条件虽然是线性的,但是目标函数扩张到二次元的问题称为二次规划问题。二次规划问题是非线性规划问题很重要的一个分支。另外,它与没有约束条件的优化问题的准牛顿法组合应用,就可以利用逐次二次规划法。逐次二次规划法和目标函数、约束条件同样是一般的非线性规划问题的有力的计算方法。

此处,为了详细调查拉格朗日指数的功能,举一个简单的例子。我们来考虑包含 x, y 两个变量的函数最小值问题,如下式所示。

$$z = f(x, y) = x^2 + y^2 \quad (6-26)$$

另外有下面的关系式作为约束条件。

$$g(x, y) = x + y - 4 = 0 \quad (6-27)$$

对于这个问题,可以理解为图 6-4 所显示的那样,求曲面 $z = f(x, y)$ 和平面 $g(x, y) = 0$ 的交线 C 上 z 的最小值的点的问题。

式(6-27)中最简单的是设 $y = 4 - x$,消去以外,目标函数将变为

$$z = f^*(x, y(x)) = 2x^2 - 8x + 16 \quad (6-28)$$

根据下式

$$df^*/dx = 4(x - 2) = 0 \quad (6-29)$$

当 $x = 2$ 时,$z = 8$ 求得最小值。$z = f^*(x)$ 与 C 在 $x - z$ 平面上的投影曲线 $C*$ 相当,最佳解与 $C*$ 的极值对应。

拉格朗日指数以下式的约束条件形式添加到目标函数中,为了转换为求解的停留条件而被导入。

$$z_I = x^2 + y^2 - \lambda(x + y - 4) \quad (6-30)$$

的独立变量为 z_I,停留条件将变为

$$2x - \lambda = 0 \quad (6-31)$$
$$2y - \lambda = 0 \quad (6-32)$$
$$x + y - 4 = 0 \quad (6-33)$$

联立所得到的式(6-31)~式(6-33),根据对联立方程组的求解,停留点为 $x = 2$,$y = 2$,$\lambda = 4$ 时,得到最佳解为 $z_I = 8$。

用图来表示的话,则 C 为参数,解是由全部包含 C 的曲面群构成的。图 6-4 中是当 $\lambda = 4$ 时 z_I 的表示。必须注意最佳解是由曲线群的最低点给出的。如果根据式(6-31)、式(6-32)将 x, y 代入式(6-30),λ 作为的函数来表示的话,z_I 将变为

$$z_{II} = -\lambda^2/2 + 4\lambda \quad (6-34)$$

这时的问题就转变为求 z_{II} 的最大值。如图 6-4 所示,z_{II} 与 z_I 的最低点所连接成的曲线相当。

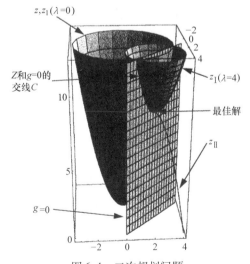

图 6-4 二次规划问题

根据这个简单的案子,我们可以理解为根据拉格朗日指数的导入二次规划问题转变为代数方程式的求解问题。另外,还可以转

变为只是没有拉格朗日指数约束的函数最大化问题。这个最大化问题与原来的最小化问题的对偶问题相当。

c. 可行方向法

作为带有约束条件的优化实用解法而被开发出来的可行方向法是针对结构分析中最常用的方法。

此处，对可行方向法的基本原理加以说明。来考虑以下的约束条件。

$$\text{Minimize}: f(x) \quad (6-35)$$

$$\text{Subject to}: g(x) \leq 0 \quad (6-36)$$

可行方向法对于解在约束条件中不存在时，作为没有约束条件的优化问题而进行了探索。当没有约束条件时，利用目标函数的斜率来求解最佳解是比较容易的。当优化解满足约束条件时，为了找到同时满足约束条件和目标函数的解，可以使用可行方向法。

如图 6-5 中，用 2 个变量 x_1、x_2 在空间内描述目标函数的等高线和约束条件。设约束条件上的一点 x^0 的目标函数的斜率和约束条件的斜率为

$$\nabla f(x^0), \nabla g(x^0) \quad (6-37)$$

解的搜索方向以向量 S 标记。另外，斜率及 S 正规化为 1。相对于搜索方向之前的两个条件由下式表达。

$$\nabla f(x^0) \cdot S \leq 0 \quad (6-38)$$

$$\nabla g(x^0) \cdot S \leq 0 \quad (6-39)$$

如图 6-5 所显示的那样，S 的方向限制在目标函数最小且满足约束条件的范围内。此处需要注意的是当约束条件不是线性时，式 (6-39) 中有时会出现不满足约束条件的点。假设约束条件为凸出的，由于其范围狭窄，因此参数 θ 以下式的形式导入。

$$\nabla g(x^0) S + \theta \leq 0 \quad (6-40)$$

θ 越大则表示非线必越强。

沿着约束条件，为了保证最大限度地满足目标函数最小的条件，可行方向法按照下面的方式来设计优化问题。

$$\text{Maximize}: \beta \quad (6-41)$$

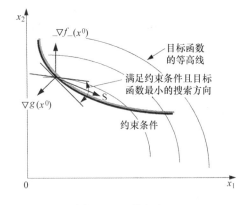

图 6-5 可能方向法

$$\text{Subject to}: \nabla f(x^0) S + \beta \leq 0 \quad (6-42)$$

$$\nabla g(x^0) S + \beta \theta \leq 0 \quad (6-43)$$

$$-1 \leq S_i \leq 1, (i=1,2) \quad (6-44)$$

式 (6-41)、式 (6-42) 要求目标函数最小，式 (6-43) 是当目标函数的达成度较大时，允许偏离约束条件，当达成度较小时要尽可能按照约束条件来进行。上述问题，由于是关于 β、S_1、S_2 的线性问题，根据线性规划法即可以求解，如果设定适当的 θ 值，就可以用来决定解的搜索方向。

d. 最优准则法

最优准则法是与对偶法密切相关的，根据直感等单纯方法对设计变量进行更新。按照这种方式就可以将数据规划法直接应用到规模过大的问题中了。

来考虑下面这样的问题。

$$\text{Minimize}: f(x) \quad (6-45)$$

$$\text{Subject to}: g(x) \geq 0 \quad (6-46)$$

使用拉格朗日指数 λ，如果将目标函数进行扩张，则可以得到

$$F = f(x) - \lambda g(x) \quad (6-47)$$

根据关于最佳解的 Kuhn-Tucker 条件，可以得到如下的关系式。

$$\frac{\partial f}{\partial x_i} - \lambda \frac{\partial g}{\partial x_i} = 0 \quad (6-48)$$

还可以变形为下式

$$\lambda = \frac{\partial f}{\partial x_i} \bigg/ \frac{\partial g}{\partial x_i} \quad (6\text{-}49)$$

公式右边的分母是与变量 x_i 的约束条件相关的灵敏度，分子是与变量的目标函数相关的灵敏度。另外，拉格朗日指数 λ 相当于二者的比，该比值相对于最佳的各个变量 x_i 具有相同的值。但是，由于该比值对于不是最佳解时，对于每个变量都是不同的，根据这个信息就可以改变变量的大小。现在，当 x_i, $\partial f/\partial x_i$, $\partial g/\partial x_i$ 全部为正时，根据下式可以改变变量。

$$x_i^{\text{new}} = x_i^{\text{old}} (\lambda e_i)^{1/\eta} \quad (6\text{-}50)$$

可以按照下式来定义变量 x_i 的有效性和变量的调整参数。

$$e_i = \frac{\partial g}{\partial x_i} \bigg/ \frac{\partial f}{\partial x_i} \quad (6\text{-}51)$$

上述的变更法则意味着相对于目标函数的灵敏度小，相对于约束条件的灵敏度大。如果换一种表达方式，可以快速接近约束条件，保证目标函数最小值的变量变大。因此，如果变量接近了最佳解，λe_i 接近于 1，变量不再变化。上述变量更新法则的应用是推导拉格朗日指数 λ 所必需的。这种推导方法可以认为是与拉格朗日指数 λ 相关的对偶问题的求解，以及解更新后假定其存在于约束条件上来推导拉格朗日指数的方法。

为了更好地理解最优准则法，来参考一下具体的二次规划问题，见下式。

$$\text{Minimize}: f = x_1^2 + 2x_2^2 \quad (6\text{-}52)$$

$$\text{Subject}: g = x_1 + x_2 - 2 \geq 0 \quad (6\text{-}53)$$

扩张后的目标函数为

$$F = x_1^2 + 2x_2^2 - \lambda(x_1 + x_2 - 2)$$
$$(6\text{-}54)$$

相对于该目标函数，最佳解的必要条件为

$$\frac{\partial F}{\partial x_1} = 2x_1 - \lambda = 0, \quad \frac{\partial F}{\partial x_2} = 4x_2 - \lambda = 0,$$
$$\frac{\partial F}{\partial \lambda} = 2x_1 + x_2 - 2 = 0$$
$$(6\text{-}55)$$

根据二次规划法就可以求解联立议程式，得到最佳解为 $x_1 = 4/3$, $x_2 = 2/3$, $\lambda = 8/3$。这个问题可以认为是通过最优准则法求解的。相对于各个变量的有效性 e_i 将变为：

$$e_1 = \frac{\partial g}{\partial x_1} \bigg/ \frac{\partial f}{\partial x_1} = \frac{1}{2x_1} \quad e_2 = \frac{\partial g}{\partial x_2} \bigg/ \frac{\partial f}{\partial x_2} = \frac{1}{4x_2}$$
$$(6\text{-}56)$$

对变量进行更新，则有

$$x_1^{\text{new}} = x_1^{\text{old}} (\lambda e_1)^{1/\eta}, x_2^{\text{new}} = x_2^{\text{old}} (\lambda e_2)^{1/\eta},$$
$$(6\text{-}57)$$

假定拉格朗日指数 λ 满足更新后的变量约束条件。从式（6-58）可以推导出式（6-59）。

$$x_1^{\text{old}} (\lambda e_1)^{1/\eta} + x_2^{\text{old}} (\lambda e_2)^{1/\eta} - 2 = 0$$
$$(6\text{-}58)$$

$$\lambda = \left(\frac{2}{x_1^{\text{old}} e_1^{1/\eta} + x_2^{\text{old}} e_2^{1/\eta}} \right)^\eta \quad (6\text{-}59)$$

而对于下式的对偶问题的解，可以直接使用 $\lambda = 8/3$。

$$\text{Maximize}: -\frac{3}{8}\lambda^2 + 2\lambda \quad (6\text{-}60)$$

初始值设为 $x_1 = 2.0$, $x_2 = 2.0$，当 $\eta = 2$ 时，解的变化如表 6-1 中所总结的。不管是哪一个都可以了解到最佳解的收敛状态。

另外，从式（6-59）可以了解到，由于拉格朗日指数已经为正，$(\partial g/\partial x_i)/(\partial f/\partial x_i)$ 的成立是变量更新的必要条件。这个性质是与问题的凸出性相关的。对于动态问题该特性有可能不成立，根据文献［7］的介绍最优准则法有时难以应用于动态问题上。根据导入中间变量将其转变凸出性的问题后，就可以用对偶法进行处理了。这些代表性的方法有 CONLIN 法[9]、MMA 法[10]、马等人的方法[8]。其中马等人的方法是通用性及效率最好的。虽然可以直接利用数理规划法，但是为了保证更好的计算效率，最优准则法作为一般的解法，其通用性也在不断改进当中。

表 6-1 最优准则法的解

循环次数	根据式（6-59）推测 λ			指定 $\lambda = 8/3$	
	x_1	x_2	λ	x_1	x_2
1	1.17157	0.82842	1.37258	1.63299	1.1547
2	1.25423	0.74577	2.68544	1.47558	0.87738
3	1.29429	0.70571	2.67124	1.40265	0.76480
4	1.31394	0.68605	2.66779	1.36755	0.71405
5	1.32367	0.67632	2.66695	1.35034	0.68995

6.1.4 最优准则法的相关理论及应用案例

a. 利用基本向量的形状优化分析

介绍一下将形状参数作为基本向量的形状优化分析。当进行形状优化分析时，很自然地会使用点、线、面、体等 CAD 数据。但是，如果条件允许，将 CAD 数据输入到 FEM 软件中进行自动网格划分，再在优化过程中对 CAD 数据逐次的自动更新。能够完成这样任务的系统通常都是些大规模的，特别是使用体模型时，在识别必要的 CAD 数据的同时，FEM 模型的自动分割目前还是不成熟的。被称为无网格技术的研究正在进行当中，其实用化已指日可待。

因此，在边界上设计控制点，对形状进行样条插值，以 FEM 模型中的边界节点的坐标作为参数，并与 FEM 法的自动网格划分结合在一起，像这样的尝试在很多的论文中都曾有过报告。尽管如此，当使用样条插值时，对于复杂形状由于控制点较多而无法一一显示，对于曲线和曲面交叉的地方，与内部的节点连接在一起无法适当地移动，因此灵敏度系数的非线性较强[13]。因为存在这样的问题点，所以该技术的实用化还有困难。为了解决这样的问题，在 1990 年左右，Vanderplants 等人将形状直接作为参数，在可能的基本向量的基础上开发了形状优化方法[14]，并将其组合到通用的软件中。图 6-6 中所显示的被称为基本向量，准备了初始形状及变更后的形状，按照下式根据线性组合对整体形状进行求解。

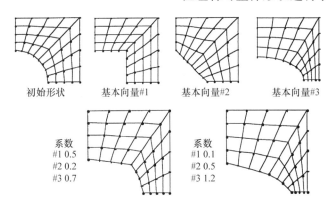

图 6-6 基本向量例

$$G = G_0 + \sum x_i (G_i - G_0) \quad (6\text{-}61)$$

式中，x_i 是设计参数的加权系数；G 是 FEM 模型的整体坐标矢量；下脚标 $0, i$ 分别是初始形状和第 I 个坐标矢量。根据式（6-61），以基本向量法中的各个基本向量的加权系数作为设计变量来求解最佳的形状。

在这里介绍一个使用基本向量法完成的形状优化案例[15]。对具有相互矛盾关系存在的轻量化和刚度提升为目标的 FF 车的后副车架进行优化分析。图 6-7 中显示的是初始形状。分析条件为约束与车身的安装点，在悬架的安装点施加弯曲及扭转载荷。图 6-8 所示是优化前后的形状以比，表 6-2 所列是优化前后的各项参数的对比。在 FEM 模型中忽略了组装用的管、螺母以及和侧板之间的焊接，因此会造成重量及刚度与实验测试结果的误差，但是从相对对比的角度来说该模型是妥当的。本案例最终得到的形状，其扭转刚度的显著效果在实验测试中也得到了确认。另外，优化后所达到的扭转刚度、弯曲刚度及重量变化如图6-9所示。

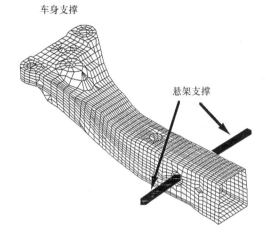

图6-7　分析模型和分析条件

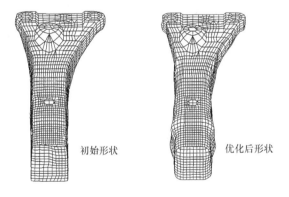

图6-8　初始形状和优化后形状对比

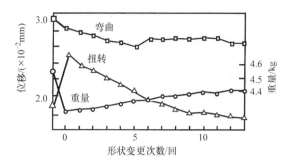

图6-9　扭转、弯曲刚度及重量的变化

表6-2　初始形状和优化后的特性比较

	数值优化		实验	
	初始形状	优化后	初始形状	优化后
重量/kg	4.5	4.4	5.3	5.1
扭转变形量/($\times 10^{-5}$m)	2.0	1.8	1.8	1.4
弯曲变形量/($\times 10^{-5}$m)	2.9	2.7	2.7	2.6

如上所述，在基本向量的基础上对形状进行优化的方法，通过将形状直接作为设计参数能够实现大自由度的形状优化，形状优化的实用性很高。但是还存在一些需要解决的问题。其一是必须准备好称为基本向量的FEM模型，因此数据准备的时间较长。再者，在优化过程中形状发生变化时，有时会出现FEM单元扭曲变形等极端恶化的情况。在基本向量的基础上对形状进行优化的方法虽然还存在着上述的一些问题未解决，但是通过FEM方法的使用技巧和软件的灵活运用，其实用性今后一定会向更大的范围扩展。

b. 利用均质化法的拓扑优化分析

近年来，汽车的轻量化及降低成本的需求越来越高，不依赖于材料变量的轻量化技术的重要性正逐渐增加。与其相对应，最近较为流行的话题是使用均质化法的拓扑优化分析技术的灵活应用。此处对利用均质化法所实行的优化设计方法进行调查，在介绍两个代表性的案例后，对均质化法的优化设计方法今后的展望加以描述。

（i）现状调查　利用均质化法的拓扑优化分析是以得到最轻量化结构为目的的强有力的方法，最近受到了众多关注。调查的内容是以搭建最佳的2维构造为目的，在允许范围内进行拓扑优化来得到最佳的材料分布的问题。因此，使用最优准则法在指定的体积内，来分析什么样的结构是最佳的。

如图 6-10 所显示的是使用从稠密到中空的微观构造，利用均质化法理论来计算等价弹性系数。文献 [7、16 - 18] 中同时使用微观结构的旋转角和其他变量。该方法是根据马等人的方法将其扩充到动态问题中[18]。通过大量的研究马等人开发针对上述问题的先进的优化方法[8]。另外还如下面所述的重新设定了一般化固有值指标。

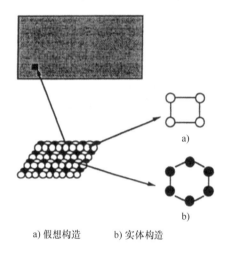

a) 假想构造　　b) 实体构造

图 6-10　设计领域内的微观构造

在实际的汽车设计过程中，虽然有时需要同时对多个固有振动频率进行优化，但是对于多个固有振动频率的控制问题，例如，改变固有频率的先后顺序等非线性较强的问题，即使是以简单的平板为对象的分析也是非常困难的。另一方面，Tenek 等人为了得到静态或者动态的二维构造的最佳拓扑形状，将数理优化法和均质化理论组合在一起使用[20,21]，并且与使用最优准则法所得到的几个结果进行比较。另外，笔者等人还像图 6-11 中所显示的那样对很多个微观结构模型进行研究，虽然根据不同的问题得到了最终的最佳形状，但是都是属于旋转角以外的其他变量。文献 [21] 中，还将上述方法的应用扩展到了异方性多层板结构中。Olhoff 等人开展了更进一步的研究，将基于均质化理论的拓扑优化分析应用到了以尺寸调整及形状优化为目的的前处理过程中[22]。而且将整个流程整合到了 CAD 软件当中。

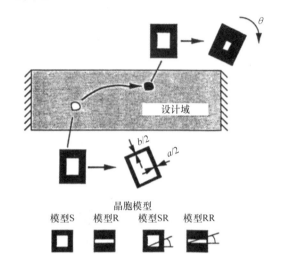

图 6-11　四种均质化模型及各自的设计变量

如上所述，尽管在使用均质化法的优化分析投入了大量的精力，与通常的优化分析方法相比还必须进行细小的有限元单元分割，因此只限定于简单的结构上。作为例外的只有 Fukushima 等人[23]、Torigaki 等人[24]、Tenek 等人[25]的方法。特别是 Tenek 等人使用部分构造分析的拓扑优化分析可以称得上是最为先进的方法。作为目标的构造为单件时其实际上的边界条件及载荷条件等是不明确的，如果不是放在车辆总装状态下进行拓扑优化，边界条件及载荷条件的假设方法的差别有时会导致缺少实用性的不正确结果。对于这一点将在（iv）中说明。

（ii）静态拓扑优化分析案例　图 6-12a 中是以底盘的悬架摆臂为对象的分析模型及分析条件[15]。首先显示的是为了比较而实施的相对于原始形状只实施了基于基本向量法的形状优化（以下称为形状优化）结果。此处，设原始形状的最大应力和重量分别为 100 进行比较。形状优化是以最大应力降低 17%，同时保证重量最小为目标而进行的。

最终所得到的最佳形状如图6-12b所示，重量和最大应力的变化如表6-3的第1行所示。在表中还显示出最大应力降低到83、重量增加到105的结果。

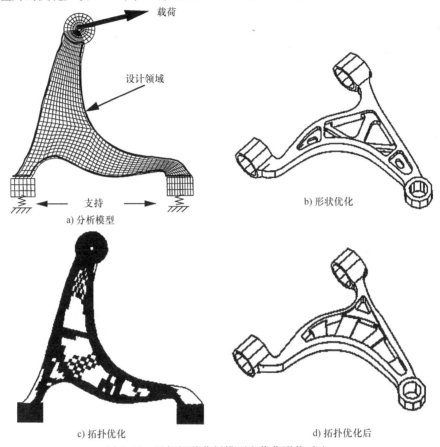

图6-12 悬架摆臂分析模型和优化形状对比

表6-3 不同形状优化方法的特性比较

	优化前后	重量	最大应力
以前方法	以前的形状	100	100
	优化后	105	83
基于拓扑优化的形状优化	基于拓扑优化的初始形状优化后	99	83
		92	82

像这样在应力大幅降低的基础上以重量最小化为目的进行形状优化的情况，由于限制在原始形状的范围内而无法达到期待的目标。因此，根据均质化法的拓扑优化分析来决定拓扑关系，并在此基础上继续进行形状的优化分析。首先确定与其他零部件不发生干涉作为设计领域的最大范围。此处，悬架摆臂基本上是作为平面形状，载荷也是在平面内作用的，这是一个2维模型的例子。以设计体积减小50%作为约束条件的分结果如图6-12c所示。图中是载荷作用时得到的相对于衬套反力的合适形状。

基于这个结果确定与原始形状重量相同的概略形状，将其作为原始形状进行形状的优化分析。这个初始形状相对于原始形状应力为83，重量为99且品质也大大提升。在此基础上进行形状优化所得到的结果如图6-12d所示，重量和最大应力的变化如表6-3的第2行所示。像图中所显示的那样，应力为82，重量为92，与原始形状相比应力降低了18%、重量降低了8%。像这种综合应用拓扑优化和形状优化来实现应力和重量降低的结果，就是很好的应用形状优化的案例。

如上所述，综合应用拓扑优化和形状优化的方法，与单独的形状优化相比能够得到更大幅度的效果。

（iii）动态拓扑优化分析案例　对于固有频率的优化来考虑以下三个问题。①指定的固有频率最大；②结构的固有频率与已知的固有频率之间的差最大；③固有频率和所给定的目标之间的差最小。另外，在这些问题当中，并不是单一的固有频率，有时必须同时考虑多个固有频率。因此，可以定义下式中的一般性固有频率目标。

$$\lambda^* = \begin{cases} \lambda_0^* + \left(\sum_{i=1}^{m} w_i(\lambda_{ni} - \lambda_{0i})^n \Big/ \sum_{i=1}^{m} w_i\right)^{\frac{1}{n}} \\ (n = \pm 1, \pm 2, \cdots; n \neq 0) \\ \lambda_0^* + \exp\left(\sum_{i=1}^{m} w_i \ln|\lambda_{ni} - \lambda_0| \Big/ \sum_{i=1}^{m} w_i\right) \\ (n = 0) \end{cases}$$

(6-62)

式中，λ_{ni}（$n_i = n_1, n_2, \cdots n_m$）是优化目标的固有频率；$m$：所考虑的固有值个数；$w_i$（$i = 1, 2, \cdots, m$）是加权系数；$\lambda_0$ 和 λ_{0i}（$i = n_1, n_2, \cdots n_m$）是转换参数。如果使用式（6-62）中的一般性固有频率目标，根据 n、λ_0 和 λ_{0i}（$i = n_1, n_2, \cdots n_m$）的给定方式，类似上述①~③的固有频率优化问题就可以实现了。

此处，使用图 6-13 中所显示的车身的简易模型，尝试进行前 4 阶固有频率的最大

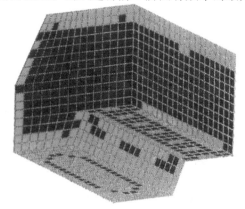

图 6-13　分析模型及最佳加强板厚分布

化分析。这里所使用的单元为壳单元，如图 6-14 所示，单元的某个一定的厚度作为基本板厚保留，对除此以外的板厚进行优化分析。总之，所要了解的是由板件构成的车身上，哪里需要布置加强板才能得到最大的固有频率。表 6-4 中显示的是优化过程中固有频率的变化。另外，图 6-13 中显示的是优化后的加强板的布置。

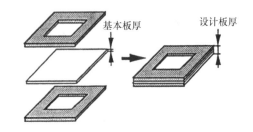

图 6-14　基本板厚及设计板厚

表 6-4　简易车辆的固有频率

序号	初始的	希望的	得到的
1	6.2	15.0	15.0
2	8.2	20.0	19.1
3	11.7	25.0	25.0
4	14.3	30.0	29.7

（iv）使用部分结构分析的拓扑优化案例　当车辆受到弯曲及扭转载荷时，以地板单件为对象进行拓扑优化分析。分析流程如图 6-15 所示，首先对整车模型进行结构分析，得到地板位置的位移。其次，单独取出地板部分，以得到该部位的最佳拓扑形状为目的进行优化分析。使用均质法的拓扑优化分析，其目标函数通常选择平均响应或者应变中的一个。这就与之前的流程有所不同。即，在边界上所给定的位移下，在优化分析过程中保持加载点的位移固定不变时所能承受的最大载荷。另外，约束条件与之前相同，为分析对象的体积。本方法的优点是可以一次性完成车辆整体的 FEM 分析，在内环的循环之间，不需要对车辆整体再次进行 FEM 分析，因此可以大大缩短计算时间。

本方法被认为是使用均质化法拓扑优化的最新方法。

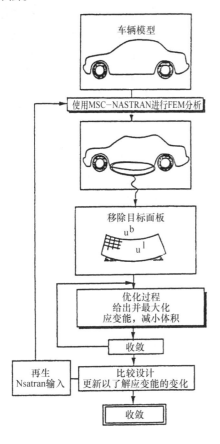

图 6-15 分析-设计优化规划概要图

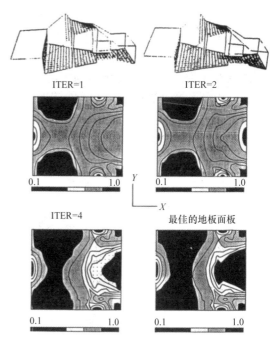

图 6-16 地板体积减少 70% 时的最大位移、车身变形、地板拓扑

另外如图 6-16 所示在车辆上施加 2 种载荷。第一种载荷是使车辆整体产生弯曲变形的两个垂直方向的力，作用在地板的左右前端，方向为 Z 的负方向（即向下）。

第二种载荷是使车辆整体产生扭转变形的大小相等、方向相反的两个垂向力，作用在地板的左右前端。考虑地板的最佳拓扑形状求解。此时，以获得极力避免零散分布孔的桁架结构为目的。重量低减目标是弯曲降低 40%、扭转降低 30%。当进行地板单件的优化分析时，对于承受弯曲载荷的情况，使用了微观结构模型 S。相对于总计 255 个单元，将每个单元的密度设为设计变量。之后在反复计算过程中尽管有一些细小修正，仅仅通过 4 个循环的反复就得到了与最终形状接近的结果。其详细过程略去。

其次，在承受扭转载荷的情况下，以地板的重量减小到 70% 为目标，进行了拓扑优化尝试。此处，当使用模型 S 时，目标函数出现振动。另一方面，如果使用 SR 模型则收敛很顺利，在第 2 个循环就得到了结果。像这样对于承受扭转载荷的情况，由于面内的剪切变形显著，再加上旋转角度为变量，是计算结果收敛的必要条件。

这里的设计变量共计 150 个。如图 6-16 所显示的那样，对地板的拓扑优化形状进行调查，材料应该连续分布在后地板较宽的两条细长形的带状范围内。图中还显示了地板的原始形状和优化后形状的扭转变形模态。可以看到车辆的变形模式没有出现显明差异。但是，与 $\xi = \sqrt{u^2 + v^2 + w^2}$ 的最大位移相比，优化后的地板模型中变得更小。此处，u、v、w 分别是坐标轴 X、Y、Z 方向的位移成分。

c. 非线性问题的优化分析

各家汽车公司都公布了使用 PAM/CRASH、RADIOSS、LS/DYNA[26]等通用的动态显式软件进行的非线性分析成果。但是，如果是碰撞分析，其自身的计算时间长，很难得到理想的结构。因此，一直期待着能在非线性，特别是优化问题中的应用，由于灵敏度系数计算困难，上述能够进行优化分析的碰撞分析软件是很少的。因此，利用UNIX系统的命令，将通用的优化分析软件与上述的碰撞分析软件连接到一起来进行优化分析，下面介绍一下这方面的应用案例[27,28]。这里所说的优化分析方法是指逐次接近优化算法。图6-17中所显示的是以受轴向压缩的板件为对象，发生碰撞前后的变形状况。此处的目标函数是由下式表示的碰撞能量吸收量。

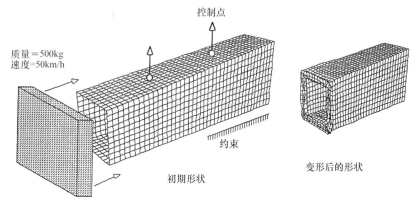

图6-17 构造、条件和变形图

$$\text{Maximize:} F(x) = \int_0^T W(t) \mathrm{d}t$$

$$W(t) = \left(\frac{E^\mathrm{p}}{E} + 1\right) \int_\Omega \int_0^T \sigma^T \mathrm{d}\varepsilon \mathrm{d}\Omega$$

$$E^\mathrm{p} = \frac{EE^T}{E - E^T} \quad (6\text{-}63)$$

式中，E、E^T 分别表示弹性系数、塑性系数。优化是在式（6-63）所示的在某个重量以下总吸收能量的最大化为约束条件进行的。同时为了降低计算机运算负荷，由下式来近似表达目标函数。

$$\overline{F}(x) = F(x_0) + \sum_{i=1}^N \Lambda_i \frac{DF}{DX}(X_i - X_{i0})$$

（X_i 为设计变量）$i = 1, 2, \cdots, N$

$$\Lambda_i = \frac{X_{i0}}{X_i} \cdots \text{若} X_i \cdot \left(\frac{DF}{DX_i}\right) > 0 = 1, \text{否则}$$

(6-64)

这里所用到的近似表达式，由于是以凸出空间来表示的，像碰撞这种强非线性分析能够得到较为稳定的解。另外，灵敏度是利用差分法计算的。如图6-17所示，相对于初始形状，设置控制点，设计变量由控制点的坐标求解、其他节点的坐标由样条插值求解。所得到的形状如图6-18所示，优化历程如

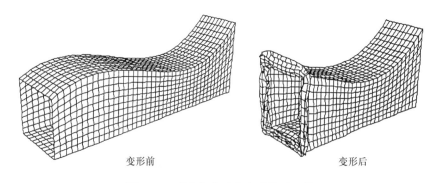

图6-18 形状优化后的变形前后比较

图6-19所示。像这种虽然形状单一，即使是对于动态的非线性现象也能求得较为稳定的解的分析案例，说明非线性问题的实用化是有可能性的。

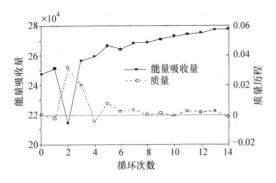

图6-19 优化历程

总结

到1990年为止，实现实用性的时域优化分析的是刚度问题中基于较小型模型的尺寸优化。即使是这种尺寸优化，对于设计者来说也未必能得到理想的结果，对于无法得到创新型构造的情况，在进行实际的设计过程中优化分析并不是有那么多的优点。但是，如上所述，近年来优化分析技术的完善、均质化法以及限于篇幅关系未有涉及的成长应变法[30]等的关联技术的发展，优化分析的作用正不断地增大，状况正在不断地改善。

从形状及拓扑优化分析的实现可以了解到悬架等车辆零部件的大胆的形状变更研究已经成为可能。基于这种方法，能够期待实现大幅度的重量低减和性能提升，优化分析在设计中的应用也已经取得了显著进展。同时，分析人员易于使用的前处理器，以至后期拓扑优化中通过大幅度变更所得到的形状，在用来验证后期制造过程中是否能够实现的后处理器也是不可缺少的。另外，为了缩短计算时间，也在期待着并行计算等超级计算机技术的发展。最能发挥优化分析作用的是在非线性问题中的应用。对于这一点本章中列举了近似模型的应用案例，如果能求解不依赖于差分的灵敏度系数，可以进一步提高其实用价值。

虽然本章中所述述的优化分析主要是用在设计阶段，如果能够在上游的概念设计阶段开展优化分析，应该能够得到更好的效果。本章中仅限于概念介绍的基本原理，根据模拟这些原理的方法及定性的方法来进行优化是非常有效的。另外，对于工序安排等在生产中的应用，基于多目标优化分析及实验规划法的田口法也在期待之中。优化分析方法其自身从完善阶段进入到实用阶段，在实际的汽车开发过程中的应用也越来越深入。

［萩原一郎・铃木真二・堀田直文］

参 考 文 献

[1] 坂和正敏：線形システムの最適化，森北出版（1984）
[2] 茨木俊秀，福島雅夫：FORTRAN77 最適化プログラミング，岩波書店（1991）
[3] G. B. Dantzig（小山昭雄訳）：線形計画法とその周辺，HBJ 出版局（1983）
[4] A. Schmit, et al.：Some Approximation Concepts for Structural Synthesis, AIAA Journal, Vol.12, p.692（1974）
[5] 萩原一郎：自動車開発による最適化技術を考える，日本機械学会最適化シンポジウム '94（1994.7）
[6] R. H. ギャラガー（Gallagher），O. O. ツィエンキービッツ（Zienkiewicz）共編（川井忠彦，戶川隼人監訳）：最適構造設計，培風館（1977）
[7] M. P. Bendsoe, et al.：Generating Optimal Topologies in Structural Design Using a Homogenization Method, Computer Methods in Applied Mechanics and Engineering, Vol.71, p.197-224（1988）
[8] 馬 正東ほか：振動低減のための構造最適化手法の開発（第二報：新しい最適化アルゴリズム），日本機械学会論文集（C編），Vol.60, No.577, p.3018-3024（1994.9）
[9] C. Fleury, et al.：Structural Optimization：a New Dual Method Using Mixed Variables, International Journal for Numerical Methods in Engineering, Vol.23, p.409-428（1986）
[10] K. Svanberg：The Method of Moving Asymptotoes a New Method for Structural Optimization, International Journal for Numerical Methods in Engineering, Vol.24, p.359-373（1987）
[11] たとえば，J. A. Bennet, et al.：Structural Shape Optimization with Geometric Problem Description and Adaptive Mesh Refinement, AIAA Journal, Vol.23, No.3（1983）
[12] 菊池 昇：均質化法による最適設計理論，日本応用数理学会招待原稿，Vol.3, No.1（1993.2）
[13] K. Nagabuchi, et al.：Shape Optimazation Using High Order Sensitivity Coefficient ICES 91（1991）

[14] Vanderplaats, et al.：A New Approximation Method for Stress Constraints in Structural Synthesis, AIAA Journal, Vol.27, No.3, p.352-358 (1989)

[15] 小林義明ほか：形状最適技術の開発，第1回最適化シンポジウム '94, p.107-112 (1944)

[16] M. P. Bendsoe：Optimal shape design as a material distribution problem, Structural Optimization, Vol.1, p.193-202 (1989)

[17] K. Suzuki, et al.：A homogenization method for shape and topology optimization, Comput. Methods Appl. Meth. Engrg., Vol.93, p.291 (1991)

[18] Z. Ma, et al.：Topology and Shape Optimization Technique for Structural Dynamic Problems, IUTAM Symposium on Optimal Design with Advanced Materials, Lyngby, Denmark (1992.8)

[19] 馬 正東ほか：振動低減のための構造最適化手法の開発（第一法ホモジェニゼーション方法を用いた構造最適化理論），日本機械学会論文集(C編), Vol.59, No.562, p.1730-1736 (1993.6)

[20] L. H. Tenek, et al.：Static and vibrational shape and topology optimization using homogenization and mathematical programming, Comput. Methods Appl. Mech. Engrg., Vol.109, p.143 (1993.10)

[21] L. H. Tenek, et al.：Optimization of material distribution within isotropic and anisotropic plates using homogenization, Comput. Methods Appl. Mech. Engrg., Vol.109, p.155 (1993.10)

[22] N. Olhoff, et al.：On CAD-integrated structural topology and design optimization, Comput. Methods Appl. Mech. Engrg., Vol.89, p.259-279 (1991)

[23] J. Fukushima, et al.：Shape and topology optimization of a car body with multiple loading conditions, SAE Paper, 920777, International Congress and Exposition Detroit, Michigan (1991.3)

[24] T. Torigaki, et al.：Development and Application of a Shape-Topology Optimization System Using a Homogenization Method, SAE Paper, 940892 (1994)

[25] L. H. Tenek, et al.：A Substructure Method Incorporating Homogenization for Finding Optimum Vehicle Body Panel Topologies, JSME International Journal

[26] DYNA3D User's Manual, Lawrence Livermore National Laboratory, Livermore, CA (1991)

[27] 堀田直文ほか：車両開発における構造最適設計技術の活用，自動車技術会学術講演会前刷集, No.951, 9534117 (1995)

[28] J. Fukushima, et al.：Shape Optimization for Impact and Crash Problem of Car Bodies using DYNA3D, Second U.S. National Congress on Computational Mechanics, USACM (1993)

[29] L. A. Schmit, et al.：Approximation Concept for Efficient Structural Synthesis, NASA CR-2552 (1976)

[30] M. Shimoda, et al.：Shape Optimization Based on Biological Growth-Strain Method Eighth International Conference on Vehicle Structural Mechanics, SAE, p.258, p.35-44 (1992)

7 分析硬件

汽车开发过程中的模拟分析一般都是大规模的。这是因为汽车是由各种各样的复杂形状的零部件组装而成的。因此关于分析时所使用的硬件,以前都是使用超级计算机的。超级计算机对于矩阵的运算等单纯的浮动小数运算具有高速的处理能力。

最近工作站及个人计算机取得了飞速的进步,如果是较小规模的分析,使用这些计算机就已经能够很好地完成分析任务了。而且价格比超级计算机要便宜很多,对环境要求简单,使用起来非常容易。如果将工作站的 CPU 连接起来,能达到超级计算机相同的运算性能的并列计算机技术也已经开始应用了。

像这样分析所使用的硬件从以前超级计算机一家独大发展到现在的百家齐放。为了高效地实施分析,在理解各种计算机的能力及特征的基础上针对性地选择。另外,为了开发更高效的分析软件和算法,最大限度地发挥作为平台的计算机能力是十分重要的。

关于计算的架构等内容请参阅一些专门的文献资料,本章仅对汽车开发过程中的 CAD、模拟分析的计算机导入历史简要回顾,介绍这些软件都能完成哪些任务。另外还将对计算机的性能简要介绍。

7.1 前处理和硬件

7.1.1 图形终端的历史

模拟分析及 CAD 的历史,从其操作界面的图形终端的历史中大致就可以了解。初期的分析前处理,是从使用连接到主框架上的存储型终端开始的。

1970 年前后,国际商业机器公司的 IBM2250 型及稍后的 3250 型登场,CAD 终端开始向汽车工业渗透。

但是当时的终端不仅价格高(2250 型 4000 万日元,3250 型 1000 万日元),而且能够显示的线条数量也很少,包含大量网格的模型显示并没有应用到存储型上,它几乎成了 CAD 的专用工具。

在那之后的 1984 年,IBM5080 发布了配置大量显示内存的光栅扫描方式(和电视相同的原理),能够显示的线条数量更多,同时还可以着色显示,对于分析来说是非常重要的。因此,应用于日本汽车工业界的 CAD 和分析后处理终端得到了迅速普及,达到了占据整个市场 10%~20% 的程度,各家公司均以拥有 5080 终端作为 CAD/CAM/CAE 先进程度的竞争目标。

7.1.2 高速化和小型化

以前的模拟分析虽然使用微型计算机,但不管怎么说还是以通用的大型计算机为主的。后来,汽车工业上的分析求解器的主要任务逐渐向超级计算机上转移,大规模处理已经成为可能。

另一方面,关于分析处理的种类,在价格方面优于超级计算机的微型计算机或者工作站等小型的计算机能够通过并行的方式应用了。特别是世界上掀起了一个小型化的高潮,在汽车工业内的 CAD 应用都是大规模的信息交换,缺少通用的大型计算机是很难完成任务的。模拟分析领域内的业务相对独立一些,因此优先于 CAD 率先转换到以工作站为主要工具了。

另外,与有很多内制软件的汽车 CAD 相比,市场上销售的前处理软件的主力产品已经移置到工作站上,这一点也是一条主要的原因。

7.1.3 硬件的进步及带来的好处

图 7-1 中显示的是从 1992 年到 1994 年之间主要工作站的价格和性能变化历程。

像这种以工作站和个人电脑为代表的小型计算机在 5 年时间内取得了 10 倍以上性价比的惊人进步,那么用户到底从中受到了哪些好处?它不仅仅局限于汽车公司的用户,一定有非常多的人感受到了强烈冲击。这是因为其能力有了更大的应用范围,具体如下。

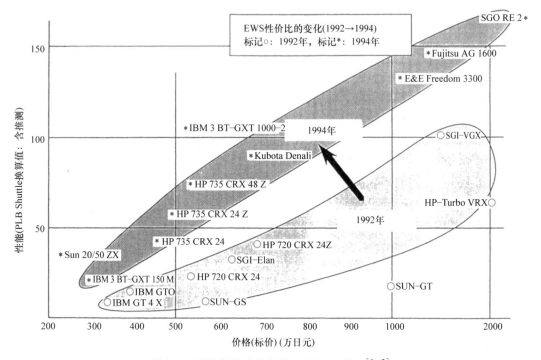

图 7-1　EWS 性价比的变化（1992→1994）[1-3]

a. 更大规模的应用

汽车工业的需求已经高于那个年代的最高性能,计算机的能力即使还有哪怕一点点余地,那么就可以进行数据的大型化、网格的细分化以及应用于以前未曾涉及过的其他领域。

b. 更高品质的要求

形状及分析模型由线到面及体的更高级表示,也无法确保实际中的快速反应响应需求,形状及分析结果的展示、着色及分段着色表示等多种方式也已经实用化,提高了结果评价的效率。

c. 用户界面的改善

多窗口等功能使用户操作更加形象化。初期廉价的工作站上令人感到沉重的 X-windows 操作系统,以及模拟分析所使用的工作站并没有出现过问题。这是因为具备求解运算及网格处理能力的计算机,在用户操作时间内有是有空闲的。对于这种情况像主机那样在空闲时间内无法将计算资源提供给其他人使用的工作站,应该提升用户界面性能以更加合理地发挥其功能。

7.1.4 对硬件制造商的期待

a. 更高的性能

最近的搭载高性能终端的工作站,是在硬件是直接按照面的表达形式进行着色、映射的机型。

它显示出优于连续三角形显示的响应性能,另外它的高质量画像仅限定于设计人员,对于分析来说是多余的。现阶段相对于高功能,更期待的是高性能。

b. 大规模数据的高速表示

汽车工业最大的特征，是相互之间有关联的用户数的多少、形状模型及网格模型的大小，正因为如此才需要非常高的计算机性能。特别是 CAD 及分析前处理更是要占用半数以上与显示相关的计算机性能。这里所说的显示性能，有评论指出需要数万个多边形/秒或者 GPC 等的标准值，实际上仅仅这些是不够的。

笔者以前曾经咨询过几家硬件制造商，100 万个多边形/秒是指 100 万个多边形在 1 秒的时间内投影，还是说 1 万个多边形在 1/100 秒的时间内投影？该问题的意图在于用于演示或者测试而生成的数据和汽车上大规模的数据之间可能相差太大。因此，计算机必须具有在人能够接受的响应时间内完成庞大数据的绘图任务，而对于一些少量的数据，在人没有意识到的短时间内的投影是无法对其进行评价的。

另外，用户为了最大效率地利用计算机的显示性能，经常是只表示需要观察部件或者某个部位，所显示的数据经常需要反复更新，因此计算机的该项功能需要更进一步开发和提升。

c. 综合性能

CAD 或者分析前处理更加注重的性能是颜色处理而不是浮动小数点，是强化的内存而不是 CPU。这是因为数据量越大，与单独的性能相比更需要的是综合性能。特别是对于汽车在显示模型的同时，需要显示的数据量也大幅增加，如果内存不足的话存储路径及硬盘将会出现问题，不管有多少 CPU 或者显示器，模型放大或者缩小等基本操作都将受到影响。特别是网格化的大量数据这种倾向越来越严重，因此期望计算机性能更进一步提升。

7.2 服务器用硬件

7.2.1 超级计算机的历史和分析实用化

图 7-2 显示的是代表性的超级计算机随着年代其运算能力的演变。纵轴是理论的最

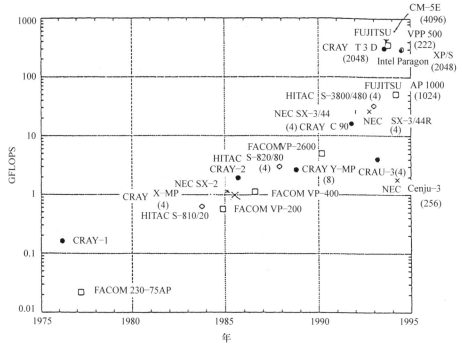

图 7-2 超级计算机发展经历

以最初的上市年为基准（ ）内为 CPU 数。没有说明的是单一 CPU

高运算能力。在该图中将代表每个机种的点连接起来,其变化规律以5年时间为一个对数单位,可以看出大约有10倍的进步。从日本国内汽车公司引入超级计算机开始的10年中间,运算能力大约提升到100倍。

随着计算机运算能力的提升分析技术也在不断地进步。最具代表性的是碰撞及空气动力学分析等大规模的数值计算的实用化。为了在设计过程中使模拟分析更加实用化,满足必要的精度和开发流程的吞吐量(throughput)是基本的条件。碰撞及空气动力学分析属于非线性分析,由于其现象涉及车辆整体,为了保证精度必须对网格进行细化、搭建范围更广的模型等。随着超级计算机能力的提升,即使是大规模的模型,也可以在很短时间内完成分析任务。

表7-1中是空气动力学分析中的计算规模在每个时代的演变情况。根据该表中的数据,1986年时最高只能计算不超过3万个节点的二维模型。而到1988年时已经能处理50万规模,最终130万个节点规划的模型已经在设计开发中得到实际应用了。

如风噪、热问题、发动机燃烧、包含假人在内的碰撞分析、大规模的结构噪声分析等,目前还有很多的分析无法应用。随着超级计算机能力的提升,在上述这些问题的实用化推广过程中一定能发挥越来越重要的作用。

表7-1 空气动力学分析规模的变化

	1986年	1988年	1990年
网格点数	30000	500000	1300000
计算时间	2	30	13
CPU	CARYXMP12	CRAYXMP432EA	CRAYYMP8/664
备注	二维	三维简易模型	三维

7.2.2 各种计算机的运算能力

最近的个人电脑、工作站的进步是非常显著的。这些计算机的运算能力与各种计算机参数等如图7-3中的综合显示。对于这种情况,纵轴的运算能力是从利用YAKOB的反复法对三元泊松方程进行求解,对对标程序的计算时间逆推出来的。因为这个程序是从流体代码中抽出来的,可以认为在处理实际问题时也能得到较为接近的结果。但是,与结构分析多少有些差异,联立方程式阶次的大小也因机种的不同而不同,因此即使有略微的差异也无关紧要。

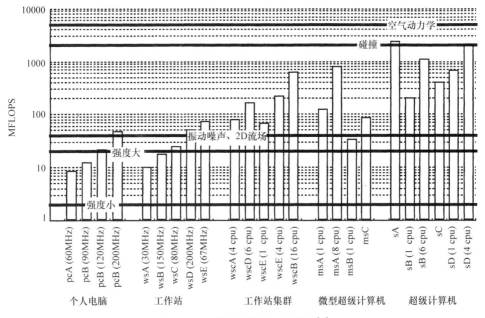

图7-3 各种计算机的运算能力[5]

横轴所表示的机种，个人电脑为 PC/AT 交换机或者 Mac 等，工作站为单一 RISC 处理器的 UNIX 机器。另外工作站集群是 RISC 处理器的并行计算机，微型超级计算机是超级计算机的低价版向量计算机。另外，超级计算机中多个处理器结合在一起包含几百个 GFLOPS 的梦幻般的机器，在这里没有列入比较。

从该图可以得知每个范围的大概速度。个人计算机为最新机型，有 10~40 个 MFLOPS 左右，工作站有 10~70M 的 FLOPS 左右。工作站集群和微型超级计算机有 50M~1G 的 FLOPS，另外，超级计算机则有数百 M~数 G 的 FLOPS，或者更多。即使是相同的范围由于上述的结构差异存在，但是描述这些差别是非常困难的。为了大致了解大概的速度差，可以粗略地汇总如下。

① 个人计算机和工作站之间的速度差约为 2 倍。

② 其他范围之间的速度差大约为 10 倍。

如果以个人计算机为基准来考察，工作站的速度大约不超过 2 倍，可以认为是同等的速度。另一方面，和超级计算机的差约为 100 倍以上，这个差别是不能简单地填补的。

那么，我们已经了解了各种计算机的大体速度，再来看一下这些计算机能够进行分析的界限是多少。表 7-2 中显示的是几种分析代表性的连接点数和计算时间。表中列出的标记为 sB 的计算时间是上述超级计算机的实测结果。

表 7-2　各种分析的计算时间比较

	强度（小）	强度（大）	振动噪声	2D 流场	碰撞分析	CFD
连接点数	1500	10000	3000	30000	35000	1300000
时间/s	100	1000	2000	2000	100000	280000

这里所举例的分析对应的时间，最重要的是在设计开发过程中实际使用的。此处假设为 3h，根据该假设对运算能力进行逆向计算，结果如图 7-3 的横线所示。碰撞或者空气动力学分析中应该需要超级计算机这样的高速机型，最低也需要计算时间较长的工作站集群或者微型超级计算机。另外，振动噪声或者 2 维流场分析也需要工作站之类的速度较高的机型。虽然低速机型不一定完成不了计算任务，但是相对于最初提出的吞吐量（throughput，对网络、设备、端口、虚电路或其他设施，单位时间内成功地传送数据的数量），肯定会超过 3h。另一方面，对于强度分析无论哪种机型都是可以胜任的。

7.2.3　计算成本

我们来考察一下计算成本的问题。虽然工作站被认为是价格较低的，但是从性价比的角度来看它是不具备优势的。随着年代变化的进展和超级计算机的综合比较，如图 7-4 所示。所显示的机型包括 2 种工作站和 1 种超级计算机。数量虽少但都是汽车公司普遍使用的机型，放在这里进行比较是正合适的。按照每台计算机的价格来比较，则工作站具有压倒性的优势，但是从性价比来看如图中所示并没有差异。本来工作站是作为显示器或者通信用，一台计算机上有很多的内存，如果按照比例来算的话应该是很便宜的。另外由于个人计算机的价格约为工作站的几分之一以下，那么两者在性能上有一些差异是得到普遍认可的。

从成本方面来看还有一项应该注意的是工作站集群和低价版超级计算机。前者是由通用的 CPU 芯片并列组成的，后者则是专用的向量计算机，虽然感觉上前者要便宜些，但是实际上却有着很大差别。这是由于工作站集群的内存及 CPU 之间的连接开关（switch）的价格是非常高的。

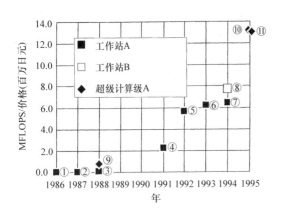

图7-4 工作站和超级计算机的性价比

7.2.4 各种计算机的分类使用

超级计算机是碰撞及其他大规模实用化分析中不可缺少的。如果能充分发挥其运算能力，那么可以搭建无须担心计算点数的网格，前处理过程也可以有效缩减。另一方面，如果工作站及个人电脑能够在规定的时间内得到结果，那么它就是无敌的。由于在个人的环境中能够使用，就能够得到不受计算机共用的混乱状态影响的稳定吞吐量，特别是个人电脑在成本方面还有着非常大的优势。另外，工作站及微型超级计算机具有上述的优点。

到底哪一种才最适合于模拟分析是无法得到准确结论的。不管是哪一种，以前的超级计算机一枝独秀的状况已经转变为多种可能供选择，根据分析规模及设计开发的业务形态来区分使用这些计算机是十分重要的。

总结

个人计算机及工作站的性价比，目前正在向更高的方向发展，硬件制造商也在不断开发下一代产品，如果有两者平衡的需要，一定还能够更进一步地发展。已经成功开发出来的LSI技术如果能够应用到超级计算机中，那么其性价比还能够更上一个台阶。

这样一来，普通的分析处理都能够即时融入个人电脑及工作站的CAD程序中。对于无法处理的问题也同样利用与网络紧密结合的超级计算机进行即时处理。例如，与发动机舱的总布置并行实施，自动进行干涉检查、对法兰边等尺寸较小的部位即时进行自动网格划分，还有可能实现对强度不合格的部位自动发出警告（这里指的是个人电脑、工作站）。同时对于耐热性的模拟也可以同时进行，计算出各个部件的温度（这里是指经过网络连接的超级计算机）。

以更低的价格提供理想的计算机能力，帮助用户以还没有意识到的方式来实现上述的模拟分析，期待着这一天能够早点到来。

[森博己・藤谷克郎]

参 考 文 献

[1] 加古川群司：パーソナル3次元グラフィックスの時代が始まる，日経CG，p.14-32（1992.5）
[2] グラフィックス描画性能が100万ポリゴン/秒を超える，日経エレクトロニクス，p.137-154（1993.4）
[3] 2Q 1994 GPC and XPC Quartely Summary
[4] 島崎貞昭：スーパーコンピューティング応用の現状と将来，情報処理，Vol.36, No.2, p.125-131（1995）
[5] インターネットホームページ：http://ccazami.nifs.ac.jp

8 后 处 理

为了便于了解模拟分析中得到结果，进行的数据处理称为后处理。空气动力学分析中求得流线图、强度分析中求得应力分布及各部位的变形量等一览表、风噪分析中得到频率-声压级折线图及其他各种各样的图表都属于后处理范畴。而其中应用最多的是利用计算机图形显示，称为"基于CG的可视化"。

可视化这样的词语，本来是指对空气流动等无法目视的现象通过某些手段使之能被看见的意思。代表性的例子是用白色的烟雾来显示空气流动的风洞实验。模拟分析的结果随着计算机能力的提升不断地达到更高的高度，在计算机显示器上能够实现与实际非常接近的情景再现，可视化已经是很普遍的常用语言。

本章首先对可视化的必要性加以概述，之后再对必要的技术进行阐述，最后再介绍可视化技术在汽车开发中的使用效果。

8.1 可视化处理的必要性

在结构或者流体分析中，能够求得空间上离散点的流速、压力、位移及应力。计算结果如图8-1所显示的数值明细。从图中可以得知，从这样的数值来想象实际上的流动

```
-.64468E-01  0.12509E-01 -.65950E-01  0.64330E-02 -.96017E-01  0.25840E-02
-.11826E+00  0.59030E-02 -.13450E+00  0.12080E-02 -.15651E+00 -.13900E-03
-.16475E+00 -.65760E-02 -.18467E+00 -.89630E-02 -.16365E+00 -.38810E-02
-.93726E-01 -.22390E-02 -.26142E-01  0.20227E-01  0.16890E-01  0.56227E-01
 0.36124E+00  0.98866E-01  0.55067E+00  0.14948E+00  0.71513E+00  0.19754E+00
 0.84553E+00  0.24352E+00  0.94341E+00  0.28724E+00  0.10156E+01  0.32953E+00
 0.10681E+01  0.37063E+00  0.11053E+01  0.41057E+00  0.11305E+01  0.44930E+00
 0.11459E+01  0.48671E+00  0.11532E+01  0.52263E+00  0.11537E+01  0.55696E+00
 0.11486E+01  0.58959E+00  0.11386E+01  0.62044E+00  0.11243E+01  0.64942E+00
 0.11062E+01  0.67641E+00  0.10848E+01  0.70131E+00  0.10604E+01  0.72400E+00
 0.10335E+01  0.74442E+00  0.10042E+01  0.76248E+00  0.97297E+00  0.77821E+00
 0.94004E+00  0.79158E+00  0.90560E+00  0.80251E+00  0.86988E+00  0.81103E+00
 0.83305E+00  0.81709E+00  0.79533E+00  0.82064E+00  0.75695E+00  0.82167E+00
 0.71809E+00  0.82021E+00  0.67895E+00  0.81629E+00  0.63966E+00  0.80992E+00
 0.60038E+00  0.80112E+00  0.56128E+00  0.78988E+00  0.52252E+00  0.77621E+00
 0.48426E+00  0.76017E+00  0.44667E+00  0.74179E+00  0.40991E+00  0.72115E+00
 0.37410E+00  0.69833E+00  0.33940E+00  0.67339E+00  0.30591E+00  0.64640E+00
 0.27372E+00  0.61744E+00  0.24299E+00  0.58654E+00  0.21386E+00  0.55384E+00
 0.18642E+00  0.51945E+00  0.16076E+00  0.48349E+00  0.13699E+00  0.44608E+00
 0.11514E+00  0.40733E+00  0.95327E-01  0.36732E+00  0.77616E-01  0.32619E+00
 0.62063E-01  0.28407E+00  0.48741E-01  0.24109E+00  0.37680E-01  0.19740E+00
 0.28906E-01  0.15313E+00  0.22463E-01  0.10841E+00  0.18361E-01  0.63374E-01
 0.19553E-01  0.19167E-01  0.20168E-01 -.26753E-01  0.23171E-01 -.72581E-01
 0.28556E-01 -.11817E+00  0.36304E-01 -.16339E+00  0.46379E-01 -.20811E+00
 0.58775E-01 -.25222E+00  0.73436E-01 -.29555E+00  0.90319E-01 -.33801E+00
 0.10937E+00 -.37943E+00  0.13050E+00 -.41971E+00  0.15365E+00 -.45876E+00
 0.17876E+00 -.49646E+00  0.20576E+00 -.53270E+00  0.23455E+00 -.56736E+00
 0.26506E+00 -.60035E+00  0.29718E+00 -.63153E+00  0.33078E+00 -.66084E+00
 0.36575E+00 -.68818E+00  0.40197E+00 -.71352E+00  0.43936E+00 -.73676E+00
 0.47781E+00 -.75781E+00  0.51716E+00 -.77659E+00  0.55727E+00 -.79303E+00
 0.59799E+00 -.80706E+00  0.63914E+00 -.81866E+00  0.68057E+00 -.82785E+00
 0.72220E+00 -.83454E+00  0.76382E+00 -.83870E+00  0.80525E+00 -.84035E+00
 0.84635E+00 -.83941E+00  0.88687E+00 -.83588E+00  0.92663E+00 -.82982E+00
 0.96544E+00 -.82125E+00  0.10031E+01 -.81024E+00  0.10395E+01 -.79682E+00
 0.10744E+01 -.78103E+00  0.11076E+01 -.76285E+00  0.11387E+01 -.74235E+00
 0.11676E+01 -.71964E+00  0.11939E+01 -.69482E+00  0.12174E+01 -.66803E+00
 0.12378E+01 -.63932E+00  0.12547E+01 -.60881E+00  0.12678E+01 -.57661E+00
 0.12763E+01 -.54278E+00  0.12779E+01 -.50750E+00  0.12773E+01 -.47099E+00
 0.12681E+01 -.43341E+00  0.12509E+01 -.39500E+00  0.12244E+01 -.35600E+00
 0.11865E+01 -.31663E+00  0.11348E+01 -.27714E+00  0.10667E+01 -.23777E+00
 0.97922E+00 -.19876E+00  0.87091E+00 -.16058E+00  0.74282E+00 -.12395E+00
 0.60081E+00 -.90210E-01  0.45604E+00 -.61163E-01  0.32302E+00 -.38302E-01
```

图8-1 计算结果数值明细

或者变形的样子是非常困难的。因此，将这种数值数据用速度矢量来显示，进行简单的可视化尝试，如图 8-2 所示。通过这些改变，圆柱表面的剥离样式、流速的快慢等一目了然。这种表示方法过于简单，虽然与这前所说的可视化有一点相似，但是与原始的数值相比在表现力上还是有了很大进步。

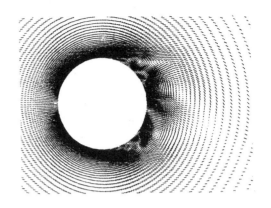

图 8-3 圆柱周围的流场（速度矢量）

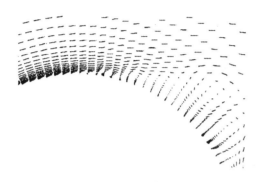

图 8-2 圆柱附近的流场（速度矢量）

但是仅仅这样是远远不够的。如图 8-3 所显示的那样，用速度矢量来展示还是无法分辨清楚圆柱周围流动的样式。我们想要的模板是指实验中的可视化。长久以来通过实验可视化技术尝试了各种各样的方法来解明复杂的现象。模拟分析也使用同样的可视化方法来展示复杂的结果。对于速度较慢的流动，从上流释放示踪物的可视化实验是非常有效的。通过这种方式在圆柱周围产生无数的假想粒子，粒子沿着计算结果的速度分布路线运动的情况如图 8-4 所示。假想粒子的数量是有限的，与烟雾相比显然属于比较粗大的，但是流动的样子还是可以很清楚地得以展现。另外，为了确认计算结果精度，可以将计算结果与实验结果进行比较。

可视化是通过视觉来观察事物，与什么样的部件在什么样的场所，通过哪种方法来模拟分析的最佳处理方式是不同的。但是，像这样通过各种各样的图形来描述计算结果，就可以很容易地了解我们想要知道的东西。

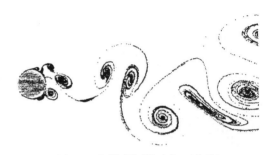

图 8-4 圆柱周围的流场（纹线）

8.2 可视化技术

8.2.1 可视化技术的基础知识

模拟分析技术广泛使用有限元法、有限体积法、差分法等多种离散化方法。对于这种情况，在模拟分析中得到每个网格点或者节点的物理量数值。离散化方法从原理上来说计算点越多则结果的可靠性越高。所处理的形状越复杂，想要了解现象越详细，那么所需要的计算点就越多。

近年来，超级计算机逐渐得到普及，工作站的价格也越来越低，再有个人电脑的性能也越来越先进，随着这些外部条件的变化模拟分析技术所需要的环境也不断地完善，已经能够使用更多的计算点来完成分析。但是，数据量变得越大，分析对象的形状越复杂，从计算中得到的庞杂的物理量中去理解物理现象也变得越来越困难。因此与实验可视化方法相同，数值模拟也可以通过可视化技术来显示重要的结果。图 8-5 中显示的是根据非结构网格有限体积法对非稳定冲击波通过圆锥状的物体时产生的三维折射和反射样子的数值计算结果[1]。图 8-5a 是瞬间的计算网格的一部分，图 8-5b 是山状物体及其压力等高线的彩色显示，图 8-5c 是对相同结果的着色面彩色显示。

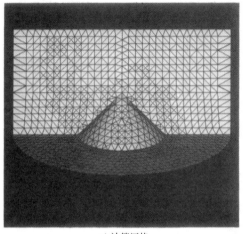

a) 计算网格

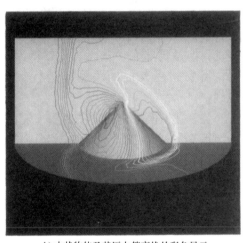

b) 山状物体及其压力等高线的彩色显示

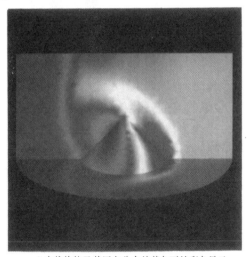

c) 山状物体及其压力分布的着色面的彩色显示

图 8-5　可视化显示例：冲击波过山时的分析和反射[1]

像这样用图来描述结果所必需的技术实际上并没有太大困难。为了了解其原理，首先介绍一下可视化是按照什么样的方法来实现的。

如果用一句话来描述的话则可以总结为数值模拟结果的可视化，其表现方法各种各样，暂且以图 8-5b 中各标量的等高线和物体、图 8-5c 中与标量相对应的可变着色面为例，来说明为了描绘这些图形到底需要哪些处理方式。图 8-5 中所显示的图形，不管是哪一个都是在工作站的显示器上显示出来的结果。在显示器上显示出图形本来应该是被称为设备驱动程序的软件的功能，但是从用户的角度来看，它是图 8-6 所显示的那样

145

是通过图形库来表示图形的,为了简化,我们来考虑图形库显示的结果。

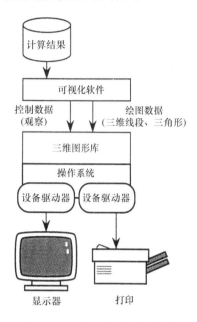

图 8-6　GWS 上图像显示流程

图形库生成图形的工作称为计算绘图（CG）。其工作过程如图 8-7 所示,在三维空间内设置适当的"物体",计算通过某个"窗口"能见到它时窗口是如何反映的并绘制成图形。在计算机上如何表示"物体"虽然有很多种方式,但是从根本上来说给定 2 个点之间的连线及指定 3 个点组成的三角形。图 8-5 中分别为用这种方式绘制的曲线及多边形等复杂的形状,曲线是较短线段的集合,多边形曲面则是小三角形的集合。

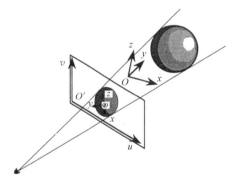

图 8-7　在画面中的显示

总之,图形库的功能就是在三维空间内设置线段及三角形,用指定的观察方法（通常称为观察,Viewing）来考虑如何查看并绘制图形的过程。对于 3 维的简单涂色,却经常发生在画面上看不见的情况,这时就需要用光照射来提升立体感,或者用着色、面处理等必要的技术辅助。另外,由于图形库只能处理 2 维数据,必须将 3 维数据向 2 维平面内转换,这一步是必须由数据库来完成。对于这种情况,如果想得到更高精度的结果显示,必须考虑应该隐藏哪些线,即进行隐藏处理。

上述内容虽然是图形库的功能,但是在实际的数据处理过程中,应该还有一些事情需要事前处理。首先,必须决定需要描绘哪些结果。是描绘物体还是表示物理量,还是两者都需要展示,还有这些是需要用面来显示还是用线来显示。其次,必须决定需要显示哪些物理量。模拟分析中会得到很多的物理量,但是仍然有一些无法直接得到的结果,需要利用其他的关系式进行运算来得到。

关于数值模拟分析的后处理,需要展示的结果都是不固定的。以流体分析为例,经常需要频繁查看压力、查看涡量（vorticity）、绘制流线等作业,这些操作应该能够即时交换式进行,期待着综合性的后处理可视化软件的开发。再有,像这样需要绘制的物理量决定以后,还要确定所绘制的线段是从哪里开始,到哪里结束,在哪里着色等。是否还有其他更好的方法,如从计算结果中取出用等高线来表示的线段及三角形。到底使用什么样的可视化方法,取决于该部分是采用哪种方式来处理。例如,为了绘制等高线而对数据进行检索及插值,为了绘制流线而对数值进行积分等。

对上述后处理的可视化作业进行总结,可以分两个阶段来考虑。第一阶段是从所得到的物理量中生成需要表示的结果。像上述那样在第一阶段内由内插值、微分、积分等各种各样的运算构成。第二阶段是展示第一阶段所决定的线段及面的过程。在这一阶段需要有图形库等软件的支持。考虑以上阶段的实际研究过程开发出更加易于使用的系统软件是必需的。下面分别介绍线段和着色面这两种表达方法。

8.2.2 画线处理

a. 画线处理的基本过程

如上所述 CG 的基础是画线和着色面。我们再来考虑一下计算网格、等高线、流线等画线的绘制作业。虽然有颜色时线也是带颜色的，但我们仅以面的表示为主来加以叙述。在计算机内按照熟悉的步骤，根据图形库单单依靠数字的指定来改变颜色的情况是非常少的。

当用线来描述物体的形状及计算网格时，因为已经知道应该连接起来的线段坐标，所以只要将这些数值交给图形库即可。另一方面，为了描述等高线及流线等数值上的处理是必需的。例如，这里所说的等高线是指某个物理量通过一定位置的曲线。但是，对于通常的离散化方法离散点是通过求解得到的，还是单元内部的平均值？网格点以外的空间内的解的分布并不是已知的，对各个离散点上的物理量的分布进行内插值，则转变为幅值的等高线。流线绘制的情况也是相同的。即，利用网格点上的数据或者单元代表的数据，查找与期望值相当的位置；反之某个位置的物理量是用来求解什么就需要进行必要的插值处理。因此这些作业是否能够有效地进行，高效的数据可视化是非常重要的。下面将就一般的插值法加以介绍。

b. 内插值法

首先考虑二维数据，已知四边形顶点所代表物理量的情况，来决定所希望位置的物理量。利用四边形格子四个顶点的坐标来定义格子内部的局部坐标。

$$\vec{x} = (1-\xi)(1-\eta)\vec{x}_1 + \xi(1-\eta)\vec{x}_2 + \xi\eta\vec{x}_3 + (1-\xi)\eta\vec{x}_4 \quad (8-1)$$

式中，$\vec{x}_1$ 等为图 8-8a 中所显示的格子顶点的坐标。ξ、η 是 0 和 1 之间的数字，各个顶点为 1 或者 0 的局部坐标。由于分析的对象是点的坐标，如果将该值代入式（8-1）右边的 $\vec{x}_1$ 等，就可以得到关于 ξ、η 的二阶关系式。需要决定的虽然是局部坐标 ξ、η，但两个公式及两个未知数方程是可解的。但是，由于有 $\xi x \eta$ 这样的高阶项，代数计算将会很麻烦，假想一个初始值，并在其基础上通过牛顿迭代法进行求解。由于值的范围是有限制的，在有限几个循环内即可收敛，就可以确定局部坐标 ξ 和 η。物理量的分布与式（8-1）同样做假设，并利用 ξ、η 的值以及格子顶点的物理量，从下式就可以求解该点的物理量 p。

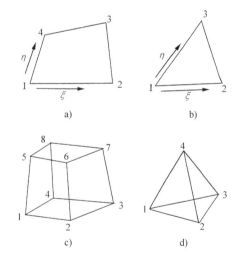

图 8-8 决定给定点的物理量的计算网格内插值

$$p = (1-\xi)(1-\eta)p_1 + \xi(1-\eta)p_2 + \xi\eta p_3 + (1-\xi)\eta p_4 \quad (8-2)$$

式中，p_1、p_2、p_3、p_4 为各个顶点的物理量。

对于三角形单元的情况也是相同的。首先，所要求解的物理量的位置局部坐标 ξ、η 由该点的坐标 x、y 决定。如图 8-8b 所显示的那样定义局部坐标，所使用的公式如下：

$$\vec{x} = \vec{x}_1 + \xi(\vec{x}_2 - \vec{x}_1) + \eta(\vec{x}_3 - \vec{x}_1) \tag{8-3}$$

如果求解联立方程式就可以确定 ξ、η 的值。当然，局部坐标 ξ、η 是要满足如下的约束关系式的。

$$0 \leq \xi, \eta \leq 1, \xi + \eta \leq 1 \tag{8-4}$$

此时的优点是不需要反复法。利用代数式计算就可以求解 ξ、η 的值。利用所得到的物理量，根据式（8-5）就可以求解物理量 p。

$$p = p_1 + \xi(p_2 - p_1) + \eta(p_3 - p_1) \tag{8-5}$$

3 维的情况完全是相同的。当使用六面体网格时有如下的关系式存在：

$$\vec{x} = (1-\xi)(1-\eta)(1-\zeta)\vec{x}_1 + \xi(1-\eta)(1-\zeta)\vec{x}_2$$
$$+ \xi\eta(1-\zeta)\vec{x}_3 + (1-\xi)\eta(1-\zeta)\vec{x}_4$$
$$+ (1-\xi)(1-\eta)\zeta\vec{x}_5 + \xi(1-\eta)\zeta\vec{x}_6$$
$$+ \xi\eta\zeta\vec{x}_7 + (1-\xi)\eta\zeta\vec{x}_8 \tag{8-6}$$

式中，$\vec{x}_1$ 为 8 个顶点的局部坐标（图 8-8c）。

当使用四面体网格时，利用式（8-7）就可求得局部坐标 ξ、η、ζ（图 8-8d）。

$$\vec{x} = \vec{x}_1 + \xi(\vec{x}_2 - \vec{x}_1) + \eta(\vec{x}_3 - \vec{x}_1) + \zeta(\vec{x}_4 - \vec{x}_1) \tag{8-7}$$

因为它是三元联立方程式，用代数方法即可求解。局部坐标 ξ、η、ζ 位于如下的范围内。

$$0 \leq \xi, \eta, \zeta \leq 1, \xi + \eta + \zeta \leq 1 \tag{8-8}$$

利用所得到的 ξ、η、ζ，根据式（8-9）确定所求得的点的物理量。

$$p = p_1 + \xi(p_2 - p_1) + \eta(p_3 - p_1) + \zeta(p_4 - p_1) \tag{8-9}$$

相反，当物理量已经给定时，我们来考虑该物理量对应的坐标及线段的求解方法。这样的话等高线及等值面的绘制则是必需的，以图 8-8b 的情况为例，其他的情况可以按照相同的方式来考虑。三角形网格顶点的物理量是已知的，每个顶点的值分别设为 p_1、p_2、p_3，且有 $p_1 > p_2 > p_3$ 的关系（图 8-9）。如果设需要追踪的值为 p_0，当 $p_1 > p_0 > p_3$ 时则通过该三角形的等高线。根据 p_0 与 p_2 的大小关系，边 1 与边 2 或者边 2 与边 3 横向相交，在每个边上根据内插值等方法来求交点，连接这两个点的直线就是所求的。

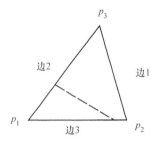

图 8-9 给定的物理量和坐标追踪

上述操作过程其实是给定点求物理量的逆过程。各个边上的操作和根据式（8-5）的 $\xi = 0$（边 2）、$\eta = 2$（边 3），或者 $\xi + \eta = 1$（边 1）中的任意一个相当。设 $\xi = 0$ 来求 η 的值，将其代入式（8-3）就可以计算边 2 上的等于 p_0 的点的坐标。其次（例如，当边 3 横向穿过时）设 $\eta = 0$ 来求 ξ 的值，将其代入式（8-3）就可以求边 3 上等于 p_0 的点的坐标。连接这两个点的直线即可。边 1 横向穿过时只要给定 ξ 和 η 的关系式中的任意一个，就可以按照同样的方法求解。对于给定坐标值来求解理量的情况两个公式都可以利用，但是当物理量给定来求坐标标时只能使用一个关系式。必然只能得到 ξ、η 的关系式中的一个。但是，如果在边上考虑，相对于 ξ、η 的约束条件只有一个，根据各自的横向通过边给出两个关系式，就可以确定横向通过边的坐标。

这里所显示的二元、三元的内插值法，在直接、间接地对等高线、等值面、流线等进行描述时是可以使用的。另外，考虑到下面将要叙述的在所选定的网格中生成等高线或者着色面（意味着只有二元内插值法是必要的）时，对于任意截面的表示是没有困难的。之所以这样说是因为利用三元内插值法进行面的切割，在所切割出来的面上可以计算某个网格线的投影点的物理量。但是，数据构造将有更高难度。将之后所得到的（内插值得到的）网格点及其物理量作为新得到的网格点及其物理量（作为非结构数据），以下的方法就可以原样使用了。

c. 等高线的绘制方法

按照上述方法对二元情况即可以绘制等高线。对于绘制三元等高线的情况，可以利用事先指定的二元方法。对于三角形，假定在其内部解是呈线性分布的，物量是直线，利用直线连接 2 点实际上是一次精度的近似。

四边形格子的情况也是相同的。但是对于双一阶（假定为类似于 $1 + a\xi + b\eta + c\xi\eta$ 的分布）的情况，格子内部的分布是呈曲线形的。因此，通过边上的内插值而得到的点之间用直线连接，则与格子内部的等高线分布出现不一致。之所以这样说是因为格子点以上的精度不是很重要，仅仅用直线连接是可行的。另外，如果将四边形格子分割为两部分并按照上述的方法，则变为三角形内的分布了。格子分成三角形的方法包括两种，虽然有一定的任意性，但是其影响几乎是没有的。如果利用高阶内插值法，从格子点值超出范围的局部最大、最小值即使存在于格子内部也将会是有利的。当然如果能避开还是比较稳妥的。关于内插值法目前也是作为研究的主题正在进行当中。

等高线的选择方法实际上也是一个问题，通常要决定适当的下限和上限，在其之间进行等间距分割的情况是较多的。等高线多是利用线的密集程度来观察物理量变化的程度，如果用不等间距线来分割的话将会发生无法判断哪里出现急剧的变化。作为一个例外，当物理量的变化为对数时，由于是对数关系，有时出现等间距的情况。

d. 向量及流线的绘制方法

当所求得的物理量是矢量时，可以用带箭头的标量来表示。向量的绘制并没有特别的难度。实际中多是选择格子面并在其上只用标量表示。对于流体的数值模拟分析的情况，以速度矢量的显示为例，选择箭头的方向为速度矢量的方向，根据速度绝对值的大小来决定其长度的比例，具体例子如图 8-10 所示。这是片冈等人模拟的发动机舱内的通风状态对汽车后部的空气流动变化的影响的结果[2]。显示的是后部流场内的截面速度矢量。当然，并不仅仅是速度，对力的成分或者压力的特定方向上的成分等的标量表示都有助于对不同现象的理解。

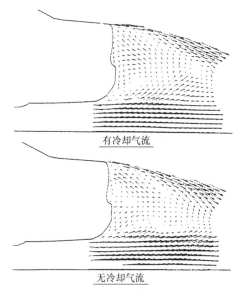

图 8-10　速度矢量示例：发动机舱内通风及车后流场的变化[2]

在矢量的基础上还可以进行一些运算来得到更多的信息。最具代表性的是流体数值模拟分析中的流线。对速度矢量在空间内进行积分就可以整体掌握流场的方向，速度矢量也成为了解不断增长的流场的有力手段。流线虽然只是流体数值模拟分析时的必要表示，但是由于它是非常重要的物理量，先对其进行必要的介绍。流线从根本上来说是为了掌握稳定流动的姿态而利用的有效手段，但是对于非稳定数据也同样适用，绘制某一瞬间的速度场的流线（严格来讲并不能称为流线），对流动的姿态进行调查。但是，由于流线的切线方向与该点的速度方向是一致的，对于非稳定流动的情况则与粒子的流动轨迹是不一致的。

绘制流线时可以利用稳定解（或者某一瞬间）的速度矢量分布。流线出发的位置（通常选择格子点位置），按照顺序对速度矢量以假定的时间步长在空间内进行积分，计算该粒子的移动位置，并将这些位置连接起来即完成了流线的绘制。从某个格子点出发的假定粒子在假定的时间后的位置上恰好位于其他的格子点位置的情况几乎是不存在的，因此在格子点位置利用速度矢量值进行内插值是必需的。对于这种情况可以使用已经介绍过的内插值法。像这种针对结果的数据实施数学运算，就可以使对现象的理解更加容易，但是要注意运算的精度。

来考虑一下具体的积分方法。首先介绍一下流线的求解方法。对于某一时刻的流线，用该流线的方向的坐标 s 来表示的话，则有

$$\vec{u} = \frac{\mathrm{d}\vec{x}(t)}{\mathrm{d}t} = \frac{\mathrm{d}\vec{x}(s)}{\mathrm{d}s}\frac{\mathrm{d}s}{\mathrm{d}t} = k\frac{\mathrm{d}\vec{x}(s)}{\mathrm{d}s}$$

(8-10)

由于沿着坐标位置的流线取得的微分是与速度成比例的，如果对速度在空间内进行积分则可以得到流线。对于该积分将 s 作为假定的时间是可以的。即，所关注的（假定的）粒子沿着时间是可以追踪其轨迹的。

由于式（8-10）中的积分是运动方程式的积分，可以使用一般的常微分方程式的解法，但是在模拟分析结果的后处理作业中要求在瞬间绘制大量的流线，计算负荷很高，因此通常不会使用它。虽然提出了很多种方案[3-8]，但是一定要注意所得到的流线的精度是否满足要求[3,9,10,11]，积分中所积累起来的误差会使流线偏离正确的方向，因此必须注意积分的方向及步长。即，绘制高速流线时可以取较大的积分步长，但是要注意结果中所得到的流线的精度。下面就结合具体的案例，对绘制流线时的注意事项从三个方面加以介绍。

(i) 积分空间　当使用结构网格进行计算时，关于物理坐标可以利用所谓的反变速度 U 在计算空间内进行求解流线的积分来代替式（8-10）的积分。这种方法的优点是使用物理坐标 (x, y, z) 时，对于该点位于哪个网格中、必须用什么样的方法来检索，在计算空间内从 (ξ, η, ζ) 的值就可以直接了解。虽然这两种方法在数学上是等价的，在计算空间内的积分时只能在格子点上给定坐标变换的雅克比行列式，因为坐标变换而产生的误差是无法避免的。另外，在物理空间中速度 u 最高只能变化 1 阶（边界层内部则没有这个限制），反变速度 U 依赖于网格的疏密程度，可以变为任意多的位数。举一个简单的例子，当计算网格的尺寸变化时，即使物理速度 u 是一定的，计算面的反变速度也会有很大变化。对于离散化的数据，像这样的误差是可以一概忽略的。

如果可行的话虽然希望能在物理空间内进行积分，但是由于计算负荷的问题、内插值及积分步长的问题等而产生的差异，本来最多也就是只有网格单元大小程度的精度，最好是能够根据精度的要求分开来使用。

(ii) 积分法　考虑积分法时，基础关系式是在物理空间还是在计算空间是没有直接关系的，此处来考虑式（8-10）的积分。

如果设假想时间为 τ，重要的是求解"$\tau = \tau_1$ 时 $x = x_0$ 的情况当 $\tau = \tau_2$ 时它在哪里，即 x 是什么"的问题，用式（8-10）的积分形式可以有下式存在：

$$\vec{x}_2 = \int_{\tau_1}^{\tau_2} \vec{u}(\tau)\mathrm{d}\tau + \vec{x}_1 \quad (8-11)$$

式中，$\vec{u}(\tau)$ 为假想时间的函数，实际上是坐标本身的函数，该积分将变成非线性的。一个计算方法 $\vec{u}(\tau)$ 为 $\tau = \tau_1$ 的值原样不变，到 $\tau = \tau_2$ 为止进行积分。它相当于欧拉显式解法。此时，有下面的关系式

成立:

$$\vec{x}_2 = \vec{u}(\tau_1)\Delta\tau + \vec{x}_1 \quad (8-12)$$

为了进行精度更好的积分必须选择隐式解法,或者高精度的显式解法。例如,当使用 2 阶 Runge – Kutta 法时,将有

$$\vec{x}_* = \vec{u}(\tau_1)\Delta\tau + \vec{x}_1$$

$$\vec{x}_2 = \frac{1}{2}\vec{u}(\tau_*)\Delta\tau \quad (8-13)$$

或者当使用 Crank – Nicolson 法时,将有

$$\vec{x}_2 = \frac{1}{2}(\vec{u}(\tau_1) + \vec{u}(\tau_2))\Delta\tau + \vec{x}_1$$

$$(8-14)$$

式中,$\tau = \tau_2$ 的 u,即 $x = x_2$ 时的 u 是必要条件,x_2 是未知数,使用 Crank – Nicolson 法时,必须用隐式解法来求解。

不能一概地评论哪种方法更好。例如,长久以来 NASA Ames 研究所的软件一直是使用欧拉显式解法,但是却十分注意对于积分步长的使用。最终通过图像显示的结果是否出现了通过目视能够发现的差异是非常重要的,因此根据问题不同有时使用显式解法已经足够了。而关于积分的步长,相对于所要解决的问题,虽然希望能够依靠经验来决定其大小,但是一般可以参考作为测试软件的简单的旋流。

(iii) 积分步长　流线的精度实际上由积分方法以及是否正确地选择了积分步长而决定的。从数值积分的原理来讲,积分步长越小则结果的精度就越高,但是实际上由于速度等的内插之间关系的影响,当积分步长小到某种程度以上时,就不会因为积分步长更小而使精度更高。

因此选择适当的积分步长就成为主要的问题了,实际上积分步长依赖于应该求解的流场,因此并没有所谓的基准。但是,在 1 次积分中移动了 1 个格子以上的流线则精度就不会很好。这是由于在物量空间内进行积分的话,相对来说有时速度过大而网格过小。因此,积分位置的每一处,可以考虑以大约 1 个网格大小的积分步长为基准,给定它的几倍或者几分之一,使全体的积分精度均匀化的方法。当然,使用上述测试软件来加以确认也是一种方法。

具体的积分过程的例子请参阅文献 [8–10]。最后,流线显示的具体案例如图 8-11 和图 8-12 所示。图 8-11 中是小森谷等人对车内空调的气流可视化研究结果[13]。图 8-12 是伊藤等人对空气动力学基础模型的后流姿态的可视化研究结果[14]。其中任意一个都是非常强的 3 维旋流状态。

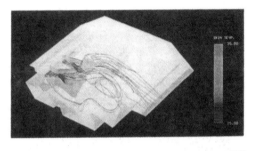

图 8-11　流线案例 1:车内空调流动可视化[13]

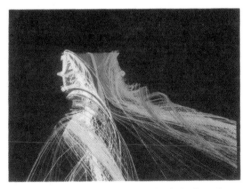

图 8-12　流线案例 2:空气动力学基础
模型的后流姿态[14]

e. 基于速度矢量以外的显示

(i) 流迹线　流线是稳定流动的速度矢量的空间积分,流迹线则是随着时间而变化的非稳定流动的各个瞬间速度矢量的空间积分。因此,速度分布不仅仅是在空间内,同时也是时间的函数,流线的空间积分也要保证其时间上的精度。如果能够得到所利用的

速度矢量在各个时刻的状况,由于流线本身并不随着时间而变化,所使用的数据量会非常庞大,但经过加工后最终的数据量能达到与流线相同的程度。考虑到通过实验方法对流动的可视化处理类似,相对于流迹线纹线更为有效。

(ⅱ)纹线 纹线是所使用的原数据随着时间而变化的流场的全部。从相同的空间内起始点在各个时间步长内逐次释放出新的粒子,就能够得到与实际中的通过烟雾或者染料可视化相同的流动。具体的例子如图8-13所示[15],这是根据姬野等人的研究得到的车身周围特别是地板下部的流场。

图 8-14 时间轴案例:太阳能汽车周围的流场[16]

图 8-13 纹线案例:地板下部的流场[15]

(ⅲ)时间轴 这种情况是将释放粒子的起始点设置在线上,以适当的时间步长有间隔地释放出粒子。如果将其考虑为氧气泡的可视化模拟,那么也许能够更容易理解,案例如图8-14所示。和图8-13相同,这也是姬野等人的研究结果[16]。从图中可以看到与氧气泡的可视化方法非常一致。

8.2.3 面的表示

a. 颜色信息

最近彩色位图显示(将一般的工作站中的画面视为较小点集合的方式来表示画像的装置)正在被广泛使用,我们接触到彩色图像的机会越来越多。像这种显示方式中的最终图像被称为像素的是由大量的点集合在一起构成的。可以将它当作打印机的点数。它依赖于显示器的尺寸和性能,整体画面由1000×1000个像素构成。如最初时所述,用户定义适当的坐标,只需要将这些坐标值输入图形库,并不需要对像素本身有更深的理解。但是,图形库接收到这些坐标后以像素为单位对光线的明亮度进行调整、对颜色进行变换等,那么最后见到的结果就是由线及有颜色的面构成的。

在8.2.2项中叙述过的利用线进行表示的前提下,不是用边来表示面,而是直接以面来表示,就能够生成更加真实的图像。也就是说,用着色的面来表示形状,如蓝色代表压力低,红色代表压力高,用这种与幅值对应的颜色来代替绘制等高线。用面表示本身就没有难度,首先来考虑一下颜色信息。

虽然颜色在纸面上没有特别的意义,但是在显示器上用颜色来区分就非常重要了。例如,只改变网格线和等高线的颜色就可以增加易分辨性,这一点很容易想象得到。颜色的基本原理是可见光的3种原始色R(红)、G(绿)、B(蓝)。所有的颜色都是由这三种基本颜色按照不同的比例混合成而成的。最近的工作站按照RGB的强弱在0~255范围内分为256段。256代表8位,RGB合计共24位颜色。三种颜色共有$256^3 = 16777216$种。这是实际上的颜色的所有数量,称为全色(Full_color)。

颜色的生成方法,例如红,在255后面

加两个0，即（255，0，0）表示最亮的红色。在红色当中混入绿色则变为黄色，（255，255，0）代表最亮的黄色。接下来如果再混入蓝色则变为（255，255，255）的白色。强度变弱，（128，0，0）为暗红色，（128，128，128）为灰色。如果全部为0，就变成了黑色。总之，每一个值的大小决定了颜色的明暗，混合的方法决定了颜色的种类。如果对混合方法再多下点功夫，例如，从黄色中减少绿色的量变成（255，128，0）后，则偏离黄色向红色靠近，即变成了橙色。相反，减少红色变成（127，255，0）后则表现为黄绿色。那么，如果三种颜色都混入后，如（255，128，128）将会是怎么样的呢。如果将其视为（127，0，0）和（128，128，128）的和，那么就是红色加上白色，变成粉色了。颜色的分类，可以认为是由白色混合成的颜色，总之所有RGB的值所呈现的颜色都不是鲜艳的。

通常最明亮而且最鲜艳的颜色，其种类是变化的。图8-15就是一个例子，横轴为颜色的种类，纵轴为RGB各自的强度。如果从左边开始看，最初R以外都是0，所以为红色。G值如果增加则变成橙色、黄色。G变成255后而R减小时，R等于0时为绿色。接下来B值增加到255时，则成为淡蓝色。G值减小到0后变成蓝色。增加R的值到255则变成紫色，B值减小到0后则又回到红色。在图中如果使用横轴的0到2/3处，颜色从红色向蓝色光滑变化。而且经常是1个成分的值为255，则该颜色最亮，另外其他的两个成分中的1个经常为0，则成最鲜艳的颜色。

但是，像这种生成颜色的方法并不是直接的。实际上图形库中最常使用的是HSV彩色模型或者HLS彩色模型。H为Hue即色调，颜色的种类。S为Saturation，直译为饱和度，实际上代表颜色的鲜艳程度。V为Value，L为Lightness，二者都代表明亮度。

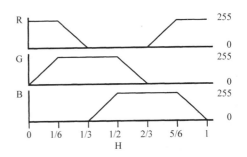

图8-15　RGB数值引起的颜色变化

HSV和HLS虽然有少许的差异，但二者都是指定S和V，或者L和S来保证颜色最明亮、最鲜艳，然后通过改变H的值，如上所述，即可实现颜色的变化。数值模拟可视化中的颜色经常是与某些物理量的幅值相对应的，对于标量物理量，相对于一个参数由一种颜色的变化即可决定，这样的模型使用起来也很容易。是否使用HSV等的彩色模型因图形库而有所不同，如图8-15所显示的那样，如果用函数来定义颜色变化，则和只能使用RGB的图形是相同的。

b. 面表示的流程

通过坐标的定义来表示物体的形状，再用颜色来定义形成的表面，至此为止就结束了，并不做特殊的说明。如同最初所叙述的那样，仅仅这样无法显示出立体效果，对于3维物体需要设定光源，以便能够实时观察。光源的设置或者视点的设置等使用指定图形库的方法即可，并没有特别的技术。

另一方面，对于标量物理量的显示，可以用着色面来表示物理量的分布以代替等高线的绘制。图8-5c中显示的就是用着色面来表示物理量的分布。由蓝向红变化表示压力在增大，整体上的压力分布可以一目了然。因此，接下来考虑一下这种表达方式。和使用等高线时相同，对于四边形可以将其分割成两个三角形，按照三角形来考虑，每个三角形的3个顶点的坐标就是已知的。与等高线相同，想要表示的物理量的最大值、最小值对应的颜色信息按照前一节b.的方法指定为 HSV 的值，该顶点的物理量所对应的颜色信息就可以确定了。

大部分的图形库中，3 个顶点的坐标和按照上述方法确定的每个顶点的物理量的颜色信息交给"多边形着色面子程序"就结束了。使用色调表达连续的颜色变化时，例如压力的最小值 H 为 0，最大值与 H 的 2/3 对应即可。S 和 V 中的 1 个保持固定不变以保证颜色最鲜艳或者最明亮。只能用 RGB 表示的图形库则准备好 HSV – RGB 等的变换模型即可。像这样对于所有想要显示的三角形，执行上述的操作虽然可以达到目的，但实际上图形库中汇总了将要描述的多数三角形，多数情况下可以称之为三角形库。

由于 3 个顶点的物理量未必是相同的，因此它们的颜色也会有差异。那么三角形内部的颜色是怎么样的呢？多数的情况下都是用适当的光滑内插处理得到的。当然该内插值是没有物理意义的。总之，原来顶点的物理量未必与内插处理后的值的颜色对应。因此，从着色面的精度来说则为 0 次精度，可以大致了解解的分布。具体的案例如图 8-16 所示。图 8-16a 是吉行等人对碰撞时车身变形模式的彩色表示[17]。图 8-16b 是藤谷的紧凑型车高速行驶时车身表面的压力分布彩色图[18]。对于复杂的车身形状，哪里压力高哪里压力低一目了然。

最后介绍一下等高线与着色面表示方法的差异。想要显示的信息一般是静态的物理量，递交给图形库的信息也是相同的。但是所表现出来的内容有时候是完全不同的。等高线重点在于物理量变化的程度，即物理量是如何急剧变化的。而着色面则只是显示物理量本身的幅值。

例如，我们来考虑一个物理量同样分布的情况。用着色面来表示的话用 1 种颜色即可，并且从中可以了解到幅值的大小。而等高线就不能用 1 根线来表示。当然，从等高线上是无法分辨出物理量的幅值是多大。所

a) 碰撞时汽车变形姿态的颜色显示[17]

b) 高速行驶的紧凑型车表面产生的空气压力[18]

图 8-16　面显示案例

以不能说着色面方法具有优势。虽然着色面的方法无法理解实际的物理量的变化状况，而等高线则由于集中于某一位置，就非常容易理解。但是等高线方法必须给出绝对的数值。

像这样着色面表示和等高线表示乍看很难理解为同样的物体，但是由于从其中得到的信息是不同的，因此其结果有着各自的意义。另外，如果将等高线着色显示，这样就可以读取到两方面的信息，因此广泛使用[12]。

c. 等值面表示

等值面作为 3 维标量物理量分布的可视化方法之一，其值是将一定范围连接起来组成的曲面。3 维等高线也可以称为等值面。但是，如果一次性将多个幅值表示出来将无法区分开来，因此经常是一次只表示一个或者至多几个等值面。等值面的计算与等高线

相同，在3维空间内进行内插值即可。

举例说明。由于是3维物体，如果进行线性内插值，那么三角锥则是基准。差分法的格子是六面体，虽然可以原样使用，但是本例中将其分割为5个三角锥。图8-17中显示的就是将六面体分割为5个三角锥。5这个数字本身并没有特殊的性质，分割成6个或者更多也是可以的。但是分割数量越少则可以在越短的计算时间内抽出等值面。应该注意的地方是，相互邻接的网格之间连接面的分割方向如果不同，将造成内插的物理量边界上的不连续，结果会出现有的点上等值面连接不上的问题。

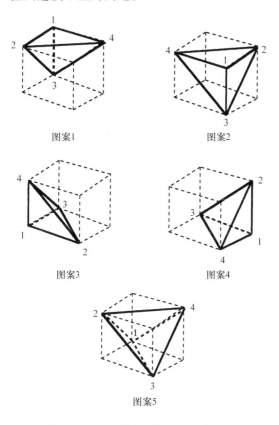

图8-17 基于等位面的六面体分割

可以假定三角锥内部呈线性分布，进行内插值时可以利用式（8-7）~式（8-9）。这时即使给了定物理量的幅值，反过来求与其相对应的坐标值，像用等高线的项来表示那样，内插值法可以反过来使用。或者说，与等高线相同，边上的交点从边两端的值的负荷平均求得，面上的交线是这些交点连接而成的直线。在等高线的项目中已经叙述过，以三角形为基础来追踪等高线时，如果从3个顶点的值和所要追踪的值的大小关系来考虑，在三角形内部有1条等高线，也就是说边上的交点必须有2个。

同样，给定三角锥的4个顶点的物理量，考虑到与所要追踪的值的大小关系，交点有3个或者4个，等值面是与其对应的三角形或者四边形。上述操作如果应用到所有的网格上，最终就可以得到等值面的形状。由于原来的形状是三角锥，与结构网格、非结构网格无关，上述方法均可以使用。像这样的说明虽然简单，但是写到实际的程序中并非如此。

生成等值面时必须设定光源，用光照射到等值面上。如果不这样做就无法了解等值面的形状，因此等值面必须要求CG值具有一定的高度。具体的案例如图8-18所示。花冈发表的前门柱附近的纵向涡流产生噪声的研究成果[19]。为了观察涡流的姿态而显示的螺旋形面，如果从掌握现象这样的研究角度来讲，这个等值面可以得到很多东西。但是，由于等值面是立体的构造，视点、光源设定等高度的渲染是必需的。结果即使是一个等值面的显示也需要很多的计算时间，如果所要表示的量过多，从即实性的角度来看就得不偿失了。根据工作站的能力来固定视点，等值面的计算也事先进行，这样来表示的话则要容易得多。

市场上销售的软件虽然都具有很多的等值面显示功能，但是其算法和本文中介绍的方法没有什么差异。等值面虽然可以称得上是3维的等高线，由于经常是仅表示1个或2个面，可以认为等值面是特定大小物理量分布的显示手段。本来我们所要考虑的图像

图 8-18 等值面案例：前门柱处剥离涡流的可视化[19]

是在输出端即显示器上来定义面，3维信息的完全展示从原理上来讲是不可能的。因此经常需要根据视点的变化来获得立体的图像。这样一来整个场的物理量分布就无法一目了然了。下面我们再来考虑被称为立体渲染的方法。

8.2.4 立体可视化

最近，立体可视化在 CG 的世界内被反复提到[20]。立体可视化与之前叙述的以三角形为对象的面渲染相比，最初是针对3维数据处理，本来是美国的一家名为 PIXAR 的 CG 公司，通过 CT 扫描得到2维切片，进行堆积而得到3维立体图像的方法。

其基本的原理是，以 512×512 像素、共计 200 枚图像为例，则有 $512 \times 512 \times 200$ 个长方体，在每个长方体的内部设定光的透射度、反射度、颜色特性（反射哪种颜色等），沿着光线的路径进行积分来求得从某个点如何观察等之类的繁杂过程。例如，想要绘制苹果的图像，用面渲染的方法只能看到苹果的表面，而立体可视化甚至可以表达苹果的内部结构。根据透明度的设定不管哪里看起来都是相同的，但是所表示的量是完全不同的。

本来立体可视化方法虽然是基于3维CG 对画像进行处理的 CG 技术的强化，在3维空间内，每一个微小领域的值所拥有的状况和离散化数值计算结果是共同的，数值模拟结果通过立体可视化进行了尝试。在一般的坐标系内或者使用非结构网格所得到的计算结果虽然有多种立体可视化方法，但经常使用的是将想要可视化的领域分割为适当的细小长方体，在每一个长方体的内部根据解的内插值等方法求得结果，然后使用立体可视化程序进行图形绘制。切割成长方体的方法是为了简化沿着光线路径进行的积分，因此必须考虑这样做所产生的误差。不经过长方体的转换而直接进行积分的方法虽然也是可行的，但是立体可视化方法是需要一定计算时间的，因此其实用性方面会有一定限制。

那么立体可视化方法作为一种新的可视化方法是不是值得期待呢？首先，所有的3维数据处理对内存和计算能力的要求比面渲染要严格得多，无法期待能够在 GWS 上毫无阻滞地绘制图形。实际上，如果从立体可视化方法以实用级清晰度所绘制的案例来看，多数是使用超级计算机完成的。由于内存或者运算能力等问题将来一定会有办法解决的，认识到立体可视化方法的期望价值，通过硬件化等措施将来一定会实现程序的高速化发展。

相比于所述内容，立体可视化方法能够完成面渲染无法完成的任务，据此对流体现象是否有了更进一步理解是更加重要的。对于认为立体可视化方法好的一部分人来说，由于所表现的是3维原始形状，截取断面、绘制等值面等操作是很简单的，由此判断立体可视化方法是先进的，但是这些操作使用之前介绍过的面渲染方法也是可以实现的，还可以将其写入到程序。因此实际应用中到底选用哪一种方法也是有些困难的。

为了进行比较，可以考虑一下等值面的表示方法。面渲染的等值面是生成与某函数一定值相当的面并加以表示。而立体可视化方法则是对实际指定范围所属值全部表示出来。如果设定各个等值面幅值的透明度,一直到其内部为止都是可见的。结果用一种表示方法就很容易掌握流体的特性。从等值面来看对视点进行调整来理解其样式,但是如果用体积来表示的话即使视点不变更也是很容易理解的。

也就是说,通过立体渲染特征性的可视化,可以表现定义模糊的流体现象。例如,在空间内压力变化较大的地方,如果给定与其大小对应的适当颜色和不透明度,其结果是如冲击波等变化急剧的面也是可以看到的。当然,利用多个渲染等值面来表示,也可以分别设定透明度。立体渲染表示的操作会有很大负担,现阶段多是对数据事先进行处理再表示,如果能够减轻负担,体积渲染法也许能够有更进一步的发展和应用。

最后,举一个立体渲染法的例子,如图8-19显示的是吉行发表的车身周围空气压力的分布情况[17]。例如,为了了解有交叉的地方压力变化是如何产生的,像这种对立体的展示是非常方便的。但是,这个例子是1992年的数据,当时利用超级计算机花了7min才完成的,从其中可以得知结果有时也可能成为问题。

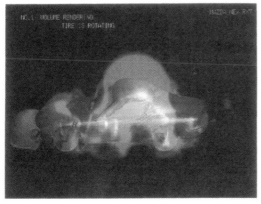

图8-19 立体可视化案例:车身周围的空气压力分布[17]

8.2.5 交互多界面和模拟

如果按照前面所叙述的方法编写程序即可实现可视化。但是编写出一个程序并执行的话,只画出一个图像就结束了,这样对于想从很多个方向来观察结果,进行各种各样的可视化操作的情况就无法适用了。因此,实际上需要的是适于观察的变更、标量物理量的选择、等高线的描绘、面渲染等各种各样的交互式功能。目前的图形库多数是按照上述要求开发出了交互式的使用方法。

通常为了便于观察而进行一些操作上的变化,如隐藏一些图像、改变视图等,然后将隐藏的图像再次显示出等操作,在PHIGS(程序员层次交互式图形系统)上一旦将图像绘制好了以后,恢复到原先的视图就可以自动重新绘制图像。另外,多数的图形库还可以用鼠标等输入装置直接读取,结合鼠标的使用还可以进行图像旋转等程序的编制。但是,编写像这样很方便地处理复杂问题的程序,付出的是更多的编程时间。但是,如果分析对象变得很复杂,轻松方便的可视化软件还是必需的。

最近,在进行数值模拟分析的同时,计算结果也已经能够很方便地显示出来。之前的数值模拟,在计算结束之前都要经历一段等待时间,计算结束后才能进行后处理等操作。另外结果分成几步输出,并逐一观察。但是,不仅仅是非稳定计算,在计算的中途如果能够对进程进行观察的话则会有很多的有利之处。例如,在显示器上观察计算进行得是否顺利,如果能够通过显示结果决定向计算任务发送命令对参数进行调整,就可以更加有效率地进行计算。另外,对于计算中遇到的问题进行调查也是非常有意义的。

这意味着在计算的同时可以进行可视化操作,即交互式可视化或者交互式可视工程登上了舞台。如果考虑到最近的GWS的运算能力、图像显示能力,对于简单的问题可以凭借低价格的交互式可视化来实现,在个人计算机上也逐渐能够实现上述功能了。

在计算的同时显示图像虽然还有些难

度，但与一般的模拟方法所表示的静止画面相比，能够提供相当多的数据信息。对于流动随着时间变化的非稳定流场当然是可以的，即使是稳定流动也可以根据流线改变长度、改变视点来观察表面压力分布变化和等值面等，来提高对3维空间图像的理解。视点变化或者流线的变形等操作，由于数据本身并没有增加，工作站的负担并不会变大。如果能够实现这些功能，就可以实现交互式操作。但是，当处理非稳定数据时，加上之前的空间数据，还存在这些数据的时域系列。

例如，即使是空间内10万点程度的较小的3维计算，时间方向上的积分通常达到1万以上，有时甚至达到10万到数十万，最终所得到的数据量至少有$10^5 \times 10^4 = 10^9$，即达到4GB规模的数据。这当然是一个不现实的数字。物理现象的变化并不是在每一个时间步长内发生的，需要对每一个步长内的物理量变化进行比较，这是一个缓慢的过程。另外，观察连续图像生成的模拟结果，针对从中我们能够学到什么的问题，这是"现象变化的样子"，并不用抽出所有的定量性信息。按照这种方式来考虑，时间系列的数据在某种程度上略有缺失也不会造成太大问题。

例如，当物理量出现周期性振动变化时，其中的一个周期内如果有10~20个点的话，那么应该足够理解流动变化情况了。因此，没有必要将所得到的数据全部留下来，以适当的时间间隔抽出数据是可行的。另外，考虑到硬盘容量及数据处理，必须将所输出的数据限定在特定的函数或者特定的场所内。去除时间系列数据中得到的数据，或者限定输出特定函数的输出，有时可能会无意识地丢失重要的数据。为了避免这种现象发生，今后在处理非稳定数据这种庞大的数据时，并不能仅按照研究者的意图输出结果，能够输出用来检测所发生的各种变化信息的智能软件，对于今后可视化系统的进展来说是非常重要的[21]。

现实中，输出想要模拟的现象（当然研究者应该恰当地了解它），如特殊函数的时域结果，以它为参照，对其中所表现出来的特征性的非稳定变化在可见的程度内去除数据。实际上大多数的情况下几乎都是按照经验来进行操作的。

像这样如果能够在工作站上实时显示一连串的图像（实时模拟），模拟的任务就完成了。这些从研究者的立场来说是终极的软件系统，但遗憾的是通常保存在硬盘上模拟结果的时间系列数据，能在1s内完成多次必要的数据图像显示操作的工作站的能力还不是很高。

与此相对应，将输出画面的图像作为图像数据保存好，如果能够对其进行连续表示，虽然有数据保存这样的事前处理，还是可以实现实时模拟的。像这样将图像数据按照画面上一个一个的像素给定RGB数据，称为光栅数据或者像素数据。像这样的像素数是与所表示的图像大小有关的，如果设定很小的画面就不需要太多内存，就可以完成简单模拟。但是，由于数据已经是以像素为单位保存，视角或者画像尺寸已经无法变更。

相反，如果缩减工作站画面上的模拟显示，那么模拟结果就可以在电视上做成了。这时，事先做出图像的像素数据，用特殊的装置对一个画面一个画面地进行控制，然后传送到电视中。当使用一般的电视机时（几乎都是这样的），电视信号通常在1s内包含30帧画面。因此，在60s内生成的模拟结果会包含$60 \times 30 = 1800$帧画面。通常的电视信号的1个画面具有640×480个像素，很轻松地就可以生成GB级别的数据。另外，像素画面的生成会耗费大量时间。

电视的动画节目等是一个画面一个画面地手工制作的，实行起来是非常困难的，而且每次节目至少需要30min时间。像这样的节目，实际上对相同的画面循环播放3～4次的方法能够节省大量作业时间。为了用这种方法进行模拟将像素数设为1。这样一来完成的模拟在人的眼睛里是连续的。在科学技术研究上也使用相同的方法。实际上1min左右的模拟画面需要准备300～500帧的画像数据。实际上的电视模拟节目必需的硬件、软件请参考有关的文献[12]。

有时候数据即使只有一个（例如，某个时刻瞬间的结果），也可以通过改变视角来进行观察。视角改变以后，与模拟画面邻近的现象更容易理解，如果一个画面一个画面地设定视角，这也需要大量的工作量。为了避免这个问题以几秒为单位事先设定视点，在之间进行光滑的补足来完成模拟画面。这种方法称为关键帧模拟。要保证补足是光滑的，例如可以利用插样补足。姬野等人[22]以2～5s为单位设定关键帧，并在之间补足100～150帧画面。

参 考 文 献

[1] 宫路幸二ほか：3次元物体を過ぎる衝撃波の挙動，第27回流体力学講演会講演論文集，(1995.9)

[2] 片岡拓也：床下，エンジンルームを含む車体空力特性の数値解析，自動車技術会学術講演会前刷集，No.921 (1992)

[3] Y. Tamura, et al.：Visualization for Computational Fluid Dynamics and the Comparison with Experiment, AIAA Paper, No.90-3031 (1990)

[4] M. H. Smith, et al.：Analysis and Visualization of Complex Unsteady Three-Dimensional Flows, AIAA Paper, No.89-0139 (1989)

[5] D. L. Modiano, et al.：Visualization of Three-Dimensional CFD Solution, AIAA Paper, No.89-0138 (1989)

[6] G. Volpe：Streamlines and Streamribbons in Aerodynamics, AIAA Paper, No.89-0140 (1989)

[7] 岩津玲磨ほか：非圧縮性流体の流線の計算方法について，第4回数値流体力学シンポジウム講演論文集，p.475-478 (1990)

[8] 白山 晋：仮想粒子追跡法による流れの可視化，第4回数値流体力学シンポジウム講演論文集，p.483-486 (1990)

[9] D. L. Darmofal, et al.：An Analysis of 3-D Particle Path Integration Algorithm, AIAA Paper, No.95-1713-CP, Proc. 12th AIAA CFD Conference, p.766-775 (1995)

[10] S. Shirayama：Several Source of Errors in Numerical Flow Visualization Techniques, AIAA Paper, No.95-1714-CP, Proc. 12th AIAA CFD Conference, p.776-791 (1995)

[11] 田村善昭ほか：数値流体力学における可視化(Ⅰ)-(Ⅳ)，日本数値流体学会誌，Vol.2, No.3-Vol.3, No.2 (1994.7-1995.4)

[12] 中橋和博ほか：数値流体力学シリーズ第6巻，格子形成法とコンピュータグラフィックス，東京大学出版会 (1995)

[13] 小森谷徹：自動車室内気流の数値シミュレーション，流れの可視化今・昔，可視化情報学会，p.176-177 (1993)

[14] 伊藤晋吾ほか：自動車まわりの流れの渦の可視化と空力性能向上技術，可視化情報，Vol.13, No.51, p.24-31 (1993)

[15] R. Himeno, et al.：Numerical Analysis of the Airflow around Automobile Using Multi-block stractured Grids, SAE Paper, 900319 (1990)

[16] 姬野龍太郎：車まわりの流れの可視化—機械学会第71期通常総会講演会ワークショップ熱流体ビジュアライゼーション：現状と将来展望 (1994)

[17] 吉行 隆：自動車開発におけるビジュアライゼーションの活用，PIXEL, No.116 (1992)

[18] 藤谷克郎：DRAG4Dの車体空力特性開発への適用，日産技報，No.30, p.120-125 (1995)

[19] 花岡雄二：数値流体力学シリーズ第6巻，格子形成法とコンピュータグラフィックス，東京大学出版会，p.167 (1995)

[20] 藤代一成：ボリュームビジュアライゼーション概論，PIXEL, No.116 (1992)

[21] 藤井孝藏：CFDにおける可視化処理，日本航空宇宙学会誌，Vol.44, No.509, p.379-385 (1996)

[22] 姬野龍太郎：構造格子系を利用したCG—流れのコンピュータグラフィックス (CG)，機械学会講習会教材 (1991)

9 今后的动向

汽车产业是模拟分析技术利用率最高的行业之一。如第1章中所叙述的那样，特别是近年来随着缩短开发周期和消减开发成本的需求，对模拟分析的期待也越来越高。

模拟分析技术的动向与硬件的进步紧密相关。以前的计算机性能不足时，那么想办法解决这个问题，即如何用简单的算法来开发高精度的模型或者求解器成为中心的课题。但是随着计算机的性能以难以想象的速度提升，当然把一切交给计算机应该成为最有利的选择。例如最近的CAD领域实体模型的实用化，以及游戏世界的话题，与象棋高手的比赛中计算机获得一局胜利，相对于算法或者软件的进步，硬件的性能提升更能带来效果。

因为硬件性能的提升，以前完全不可能的大规模分析成为可能，同时也带来了计算结果的大型化和高精度化。这样一来，与建模相关的工作量及周期又成为新的瓶颈，模型如何才能简化，计算结果如何才能更容易观察，开发重点又转移到网格分析及前处理中。

本章的主题原本是今后的发展动向，首先对将来的市场需求或者计算机性能进行预测，其次当以硬件为前提时，预测进行什么样的软件或者系统上的技术开发，这种困难的工作是必须做的。但是这几乎是不可能的，这里主要从使用者角度的期待为基准来展望将来。

我们来考虑一下最初的分析程序。相对于实际现象搭建某个假设成立的理论模型。另一方面，将与现象相关的实物（形状）转化为CAD模型。其次，为了生成提交给求解器的输入信息，一边利用CAD模型一边进行理论模型向数值计算模型的转换。即进行通常的网格划分。然后使用分割好的网格模型进行模拟计算。计算结果根据后处理器进行可视化，对工程分析和判断提供支持。

以这样的计算程序为前提，来考察一下将来这些程序会发展到什么程度。

理论模型如何才能在不损失精度的前提下进行简化，或者如何搭建适当领域内的模型是非常重要的。这些均与求解器是密切相关的。但最重要的是以求解实际现象为目的按照最合适的假设而搭建的理论模型。通过将模拟分析真正地融入车辆开发过程，更加先进的理论模型的改进和技巧的积累，各方面都在不断地取得进步。

而对于CAD模型，虚拟开发或者数字组装正规化过程中，在实际业务中已经能够生成精度更高的模型。但目前的状况是CAD模型多数是以产品制造为目的的，因此作为模拟分析模型过于细小，多数情况下与分析的目的不符。费尽心思搭建好用于数字组装的CAD模型以后，中间过程中毫无浪费地生成分析用的模型，开发出这样高效的程序是非常重要的。在这几年当中汽车开发过程的数字化进步迅速，CAD数据生成和分析模型搭建已经与汽车开发过程完全整合到一起。

接下来我们来考虑一下前处理和网格划分。

由于超级计算机大幅度的性能提升和价格下降，以前从实用性角度出发无法进行的大量数值计算已经成为可能。大规模的碰撞分析和流体力学分析就有很多这样的优秀案例。

9 今后的动向

目前的碰撞分析虽然可以完成10万节点的任务，2000年时数百万节点的大规模计算也已经算是很普通的了。对于这样的情况，用户提出来的课题是分析所使用的模型的搭建时间如何才能更短，还有另外一个问题是能否提供更容易使用的友好用户界面。因此，对于这些方面的研究和技术革新，能够预想到一定会有更大幅度的进步。特别是EWS或者个人电脑用的硬件及软件这样的要素技术，今后自动网格划分也会有大幅度的技术革新。因此，在2010年左右基本上可以实现完全自动化。

后处理领域与分析相关的技术进步是最显著的。基于实体的CAD模型或者模拟结果的表示，令人眼花缭乱的CG及多媒体、虚拟化等的技术进步，不仅仅是看不见的部分实现了可视化，各种各样分析结果的显示成为可能。

以上所述无论如何都是现阶段技术的外延形式的预测。但是某种技术飞速进步，产生完全不同的概念，以前不利的方法反而成为最有利的手段，这种事情也是有可能发生的。例如，目前表现实体或者面模型时，并不是基于一般的B-REP（Boundary Representation）的数学模型，最近开始使用的3维像素模型有可能成为主流。特别是为了求得有限元法的解，如果考虑到计算机的高速化，当然将来也会发展得更高。像这种很多的与分析相关的领域也会取得突破性进展。

设计开发数字化、虚拟化的进展越快，模拟分析的重要性也会越来越高，同时还会成为将来发展的原动力。因此在不远的将来它必将是完全的汽车开发自动化中不可缺少的一部分。也就是说，再有10～15年，日常的汽车开发在量产之前取消实车或者样件的试制，一定会实现真正的设计梦工场。

［间濑俊明］